法天下学术文库

自由贸易港多元化纠纷解决机制建构研究

ZIYOU MAOYIGANG DUOYUAN HUA JIUFEN
JIEJUE JIZHI JIANGOU YANJIU

肖 雯 著

中国政法大学出版社

2023·北京

声　明　　1. 版权所有，侵权必究。

　　　　　2. 如有缺页、倒装问题，由出版社负责退换。

图书在版编目（ＣＩＰ）数据

自由贸易港多元化纠纷解决机制建构研究/肖雯著.—北京：中国政法大学出版社，2023.7
ISBN 978-7-5764-1087-7

Ⅰ.①自…　Ⅱ.①肖…　Ⅲ.①自由贸易区－经济纠纷－处理－研究－中国
Ⅳ.①D922.295.4

中国国家版本馆 CIP 数据核字(2023)第 162741 号

出 版 者	中国政法大学出版社
地　　　址	北京市海淀区西土城路 25 号
邮寄地址	北京 100088 信箱 8034 分箱　邮编 100088
网　　　址	http://www.cuplpress.com (网络实名：中国政法大学出版社)
电　　　话	010-58908586(编辑部) 58908334(邮购部)
编辑邮箱	zhengfadch@126.com
承　　　印	北京旺都印务有限公司
开　　　本	720mm×960mm　1/16
印　　　张	14.75
字　　　数	260 千字
版　　　次	2023 年 7 月第 1 版
印　　　次	2023 年 7 月第 1 次印刷
定　　　价	69.00 元

前 言

习近平总书记在党的二十大报告中指出,要"加快建设海南自由贸易港,实施自由贸易试验区提升战略,扩大面向全球的高标准自由贸易区网络"。这是党中央推进高水平对外开放,形成全面开放新格局的重大战略部署。党的十九届六中全会提出要健全社会矛盾纠纷多元预防调处化解综合机制,对社会矛盾纠纷的妥善化解提出更高要求。社会矛盾纠纷的多元有效化解是自由贸易港(简称"自贸港")法治建设的重要一环。本书以矛盾纠纷的多元化解机制构建为视角,分析在自贸港创新型、开放性建设中,推动诉讼、仲裁、调解等多重纠纷化解机制的自身发展和相互间有机联动,支持各机制在遵循国际法和国内法规则的前提下优化纠纷解决规则和衔接保障机制体系,建立自贸港多层次、全覆盖、高效率的纠纷解决机制。在国际社会日益显现出对替代性纠纷解决方式重视的背景下,在自贸港先行试验既有中国特色,又对标国际先进做法的多元、高效、自治的纠纷化解模式,有助于提升我国涉外商事纠纷解决的主导权和话语权,打造自贸港国际商事纠纷化解新高地,并助益于为全球治理贡献中国智慧和中国方案。探索在自贸港构建并完善多元化纠纷解决机制是自贸港法治建设的重要组成部分,也是完善中国特色社会主义法治体系建设,推进国家治理体系和治理能力现代化的坚实理论支撑,对形成自由、开放且包容的自贸港解纷模式新格局具备重大的理论和现实意义。

本书的主体部分共分为六章。

第一章以自贸港和多元化纠纷解决机制的基础理论入手,对研究的两个核心概念:自贸港和多元化纠纷解决机制的具体内涵,核心特征和演进发展等进行论述。并在此基础上对在自贸港构建多元化纠纷解决机制的必要性从全面深化改革的有益探索、全面依法治国的必要尝试、法治化营商环境打造的必然要求以及建设更高水平开放型经济新体制的有机组成四个部分进行深入探析。

第二章从国内典型自贸港（自贸试验区）的纠纷解决实践现状切入，全面评析海南自贸港和上海自贸试验区在纠纷化解机制方面的重要探索，聚焦其诉讼制度发展、仲裁机制完善、调解模式补阙、公共法律服务的创新和"一站式"商事纠纷平台建设等方面。并在此基础上从国际商事法庭到商事法院的构建、仲裁制度的国际化高水平发展以及顺应国际调解新趋势推动本土调解事业发展三个方面就典型区域的先进做法提炼可资借鉴的经验启示。

第三章以自贸港诉讼制度的发展向度为主要研究内容。从自贸港诉讼制度改革的理论立足点导入，指出以人为本是基础，司法公信力建设是标尺，而法治化营商环境打造则是评判衡量的重要指标。就自贸港专业化审判机制构建而言，专业化的审判团队、创新性的审判规则以及司法责任制的有效落实是建设的基本思路。而就自贸港诉讼制度的完善而言，则应从设置专门性审判机构、建设一站式诉讼服务中心以及优化配置各种司法资源三个路径予以深化。

第四章以自贸港仲裁制度的发展方向为具体研究对象。释明全力提高仲裁公信力、强化仲裁自主性以及提升仲裁队伍竞争力是自贸港仲裁事业发展的具体着力点。以自贸港仲裁机构的改革路径和具体仲裁制度的完善举措切入，分析自贸港要实现仲裁制度的全面发展，建立受欢迎的国际仲裁中心，需在仲裁机构的去行政化和与国际接轨的仲裁制度完善方面大胆革新。

第五章以自贸港调解制度的发展维度为主要研究对象。分析夯实立法基础、优化体系结构并促进职业化专业化发展是自贸港调解制度改革的重要发力点。就政策主导型调解而言，自贸港需聚焦专业发展背景下人民调解制度的转型升级，调审适度分离背景下法院特邀调解制度的完善发展以及知识产权保护强化下行政调解制度的规范。而在市场推进型调解方面，则着重阐析自贸港商事调解制度的完善路径，分析自贸港要打造商事调解纠纷化解新高地，需着眼于目前商事调解发展的瓶颈问题，从推进商事调解立法进程、规则构建、加强机构竞争力并提升人员素养，建立与国际接轨的商事调解协议执行机制几个方面勠力前行。

第六章着眼于自贸港多元化纠纷解决机制的保障体系建设。从稳固立法基础、强化司法推动、推进行政争议的柔性化解和培育全民法治理念等法治实施的关键环节夯实自贸港多元解纷机制的法治保障；从强化诉讼与非诉解纷机制间的有序衔接，完善非诉解纷机制相互间的对接互动，并最终打造全方位"一站式"的纠纷解决平台畅通自贸港多元解纷机制的衔接保障；从线上解纷方式的推广运用、多元解纷平台的有效搭建和推进解纷服务的智能化发展三个方面完善自贸港多元解纷机制的技术保障。

目录 CONTENTS

第一章　自由贸易港多元化纠纷解决机制概述 …………………… 001
　第一节　自由贸易港概述 ……………………………………………… 001
　　一、自贸港的建设背景 ………………………………………………… 001
　　二、自贸港的概念和核心特征 ………………………………………… 005
　　三、自贸港的发展演变 ………………………………………………… 011
　第二节　多元化纠纷解决机制的基础理论 …………………………… 014
　　一、纠纷解决机制的基本类型 ………………………………………… 015
　　二、多元化纠纷解决机制的源流发展 ………………………………… 018
　　三、多元化纠纷解决机制的时代价值 ………………………………… 025
　第三节　自贸港构建多元化纠纷解决机制的必要性分析 …………… 028
　　一、全面深化改革：自贸港改革开放排头兵的有益探索 …………… 028
　　二、全面依法治国：自贸港创新发展先行者的必要尝试 …………… 030
　　三、自贸港打造法治化营商环境的必然要求 ………………………… 032
　　四、自贸港建设更高水平开放型经济新体制的有机组成 …………… 035

第二章　典型自贸港（自由贸易试验区）纠纷解决实践现状 …… 037
　第一节　中国（海南）自贸港纠纷解决实践现状 …………………… 037
　　一、诉讼发展：构建自贸港纠纷解决机制的应有之意 ……………… 038
　　二、仲裁革新：构建自贸港纠纷解决机制的必由之路 ……………… 041
　　三、调解补阙：构建自贸港纠纷解决机制的内在要求 ……………… 045
　　四、公共法律服务的创新：构建自贸港纠纷解决机制的现实要求 … 047

第二节 中国（上海）自由贸易试验区纠纷解决实践现状 …………… 048
 一、与时俱进的诉讼制度发展 ……………………………………… 049
 二、与国际接轨的仲裁机制完善 …………………………………… 053
 三、"一站式"商事纠纷解决机制的平台建设 …………………… 057
第三节 典型自贸港（自由贸易试验区）解纷实践的经验启示 …… 059
 一、以现有国际商事法庭为跳板尝试构建国际商事法院 ………… 060
 二、自贸港建设为我国仲裁事业国际化带来契机 ………………… 063
 三、顺应国际调解新趋势推动自贸港调解事业发展 ……………… 067

第三章 自由贸易港诉讼制度的发展向度 ……………………………… 071
第一节 自贸港诉讼制度改革的理论立足点 …………………………… 071
 一、以人为本是自贸港诉讼制度改革的理念基础 ………………… 071
 二、司法公信力建设是自贸港诉讼制度改革的关键标尺 ………… 075
 三、法治化营商环境是自贸港诉讼制度改革的重要指标 ………… 079
第二节 自贸港专业化审判机制构建的思路释析 ……………………… 083
 一、专业化审判团队的科学组建 …………………………………… 083
 二、创新性审判规则的系统梳理 …………………………………… 088
 三、司法责任制的有效落实 ………………………………………… 091
第三节 自贸港诉讼制度完善路径分析 ………………………………… 094
 一、设置专门性审判机构 …………………………………………… 095
 二、建设"一站式"诉讼服务中心 ………………………………… 098
 三、优化配置各种司法资源 ………………………………………… 102

第四章 自由贸易港仲裁制度的发展方向 ……………………………… 106
第一节 自贸港仲裁事业发展的具体着力点 …………………………… 106
 一、提高自贸港仲裁的公信力 ……………………………………… 107
 二、强化自贸港仲裁的自主性 ……………………………………… 110
 三、提升自贸港仲裁队伍的竞争力 ………………………………… 115
第二节 自贸港仲裁机构改革路径研析 ………………………………… 118

一、仲裁机构法律地位改革的探索之路 …………………… 118
　　二、自贸港仲裁机构改革的必要性 ………………………… 122
　　三、自贸港仲裁机构改革的方向及路径选择 ……………… 125
　第三节　自贸港仲裁制度完善举措阐析 ……………………… 128
　　一、系统性强化临时措施规则 ……………………………… 129
　　二、全面完善仲裁裁决救济路径 …………………………… 133
　　三、适度引入友好仲裁理念 ………………………………… 137
　　四、探索构建临时仲裁制度 ………………………………… 139

第五章　自由贸易港调解制度的发展维度 …………………… 142
　第一节　自贸港调解制度改革的主要发力点 ………………… 142
　　一、强化自贸港调解制度的立法引领 ……………………… 143
　　二、优化自贸港调解制度的体系结构 ……………………… 146
　　三、促进自贸港调解职业化、专业化发展 ………………… 148
　第二节　自贸港调解制度完善的路径选择 …………………… 152
　　一、专业化发展背景下自贸港人民调解制度的转型升级 … 152
　　二、调审适度分离下自贸港法院特邀调解制度的完善 …… 156
　　三、知识产权保护强化下自贸港行政调解制度的规范 …… 160
　第三节　自贸港商事调解制度的完善进路 …………………… 162
　　一、商事调解制度的发展现状 ……………………………… 163
　　二、商事调解制度的发展"瓶颈" ………………………… 166
　　三、国际化背景下自贸港商事调解发展的路径选择 ……… 169

第六章　自由贸易港多元化纠纷解决机制保障体系建设 …… 176
　第一节　夯实自贸港多元化纠纷解决机制的法治保障 ……… 176
　　一、稳固自贸港解纷机制的立法基础 ……………………… 177
　　二、强化自贸港解纷机制的司法推动 ……………………… 182
　　三、柔性执法视域下自贸港行政争议的多元化解 ………… 184
　　四、全民守法氛围下自贸港解纷机制的良性培育 ………… 186

第二节　畅通自贸港多元化纠纷解决机制的衔接保障 …………… 189
一、健全自贸港诉讼与非诉讼解纷方式的衔接机制 ……………… 190
二、完善自贸港非诉解纷方式的衔接机制 ………………………… 197
三、全方位打造自贸港"一站式"纠纷解决平台 ………………… 201
第三节　完善自贸港多元化纠纷解决机制的技术保障 …………… 204
一、自贸港线上解纷方式的推广运用 ……………………………… 204
二、自贸港多元解纷平台的有效搭建 ……………………………… 210
三、自贸港多元解纷服务的智能化发展 …………………………… 214

主要参考文献 ……………………………………………………………… 217
后　记 ……………………………………………………………………… 224

第一章

自由贸易港多元化纠纷解决机制概述

自由贸易港（简称"自贸港"）作为我国进一步深化改革、扩大开放的重大战略部署，是自由贸易试验区（简称"自贸试验区"）的升级版本，作为与"一带一路"倡议相辅相成的对外开放新举措，在建设过程中，探索建立以诉讼、调解、仲裁为代表的多元纠纷化解机制有助于契合自贸港"境内关外"的法律地位，善于维系当事人商事关系的稳定，有利于港内商事争议得到便捷高效的解决，最大限度地实现当事人意思自治，为自贸港建立良好的纠纷处理国际形象。

第一节 自由贸易港概述

自贸港作为自贸试验区的升级版本，在制度创新、资源配置、经济转型和发展、法治建设和民生保障方面均需形成更大范围、更宽领域、更深层次的对外开放格局。自贸港建设对标世界最高水平开放形态，其改革深化的力度和开放政策的深度是前所未有的，作为新时代中国改革开放的最前沿阵地，自贸港的建设探索需立足国情、结合定位，勇于创新并敢于创新。

一、自贸港的建设背景

2017年10月，习近平总书记在党的十九大报告中提出："赋予自由贸易试验区更大改革自主权，探索建设自由贸易港。"[1]自此，自贸港建设正式成为重大国家战略。在党的二十大报告中，习近平总书记再次强调要"加快建

---

[1] 习近平：《决胜全面建成小康社会 夺取新时代中国特色社会主义伟大胜利——在中国共产党第十九次全国代表大会上的报告》2017年10月18日。

设海南自由贸易港,实施自由贸易试验区提升战略,扩大面向全球的高标准自由贸易区网络"。[1]自贸港战略是我国在进一步深化改革过程中进行的有益探索,为创建世界一流营商环境,营造高度开放、竞争、包容的经济发展格局进行的比自贸试验区程度更深、影响更远的对外开放新举措。

自贸港建设面临着国际国内双重背景:国际层面,在全球利益融合的大趋势不变的前提下,"逆全球化"思潮及其影响带来的贸易保护主义抬头,对多边贸易体制的负面影响深远,与之相伴的是区域性和双边性经济机制的迅速发展;国内层面,处在改革开放深水区的中国,在自贸试验区建设面临种种挑战的境遇下,亟须通过发展更高层次的开放型经济新体制实现经济和社会的进一步转型,条件已基本成熟的自贸港建设恰恰能助推更高水平开放型经济的稳步发展。

(一)国际背景

首先,"逆全球化"浪潮的逐渐显现给全球治理带来了巨大挑战。部分发达国家(地区)为了实现自身利润的最大化,将国内的优秀生产要素不断转移至劳动力低廉和资源禀赋丰富的发展中国家,导致其国内产业呈逐步空心化趋势,制造业部门失业率不断上升,传统产业利益严重受损。同时,鉴于以"金砖国家"为代表的新兴经济体国家的工业化水平迅猛发展,传统占世界贸易主导地位的发达国家对世界经济格局变化的影响力受到了削弱和威胁。而对于部分制造业落后和资源匮乏的发展中国家(地区)或不发达国家而言,其既无法像发达经济体国家那样享受来自全球的廉价商品和资源,又无法通过生产进入全球市场,导致全球贫富差距进一步扩大。

其次,受"逆全球化"思潮的影响,贸易保护主义抬头,以世界贸易组织(WTO)为主导的多边贸易格局陷入了危机。WTO作为当代最重要的国际经济组织之一,其成员之间的贸易额占世界的绝大多数,具有促进贸易谈判、进行贸易监督、解决贸易争端三大功能,是维持世界多边贸易体制正常运转的重要保障。但在当前,WTO多边规则谈判停滞不前,多哈回合谈判自2001年启动后仅于2013年达成了一份旨在提升贸易便利化水平的《巴厘一揽子协定》;长期以来的贸易监督功能逐渐流于形式;被誉为"皇

---

[1] 习近平:《高举中国特色社会主义伟大旗帜 为全面建设社会主义现代化国家而团结奋斗——在中国共产党第二十次全国代表大会上的报告》2022年10月16日。

冠上的明珠"的争端解决机制上诉机构也于 2019 年 12 月正式停摆，美国对上诉机构法官甄选和任命程序的强行干涉导致 WTO 争端解决机制彻底面临瘫痪。

伴随着以 WTO 为核心的多边贸易体制功能的失灵，与多边贸易体制相辅相成、相互竞争的区域经济机制和双边机制快速兴起。各国一般通过签订区域贸易协定、跨区域贸易协定或是双边协定的方式减少壁垒，促进合作。就区域贸易协定而言，从数量上来看，截至 2023 年 3 月，在 WTO 备案的区域贸易协定数量已有 583 个，其中已生效的有 355 个。[1] 从规模来看，区域贸易协定涉及的主体构成日益多元，涵盖范围日渐庞大。比如，2020 年 11 月 15 日，由东盟十国、中国、日本、韩国、澳大利亚、新西兰正式签署的《区域全面经济伙伴关系协定》（RCEP），成员中既有发达国家，也有发展中国家和最不发达国家。该协定生效后将建成覆盖世界近一半人口和近三分之一贸易量的发展潜力巨大的自由贸易区。在跨区域贸易协定方面，其发展初期主要是由发达国家牵头推动，但随着发展中国家等新兴经济体实力的日渐强大，许多发展中国家也开始积极参与跨区域贸易协定的制定和谈判过程。比如《跨太平洋伙伴关系协定》（TPP）在美国退出后，智利、文莱、墨西哥等发展中国家积极参与并促成了相关协议的签署。

尽管全球经贸规则面临重构，但全球利益融合的大趋势不会改变。在各国贸易、经济、技术均深度融合并相互绑定的背景下，世界经济相互依存的现状不会变，经济全球化是不可逆转的发展趋势，逆全球化只是经济深度全球化的阶段性产物，是发达国家遏制发展中国家崛起的手段之一。中国作为最大的发展中国家经济体，更应立足于自身不断崛起的综合国力和国际影响力，在区域性、跨区域经贸合作中占据主导地位，更大范围地凝聚广泛的发展中国家和不发达国家的利益，做"南北平衡"模式下多边贸易体制的坚定引导、支持和维护者。

（二）国内背景

首先，处于改革开放深水区的中国，需要通过发展更高水平的开放型经济助推体制机制的深度创新。在改革开放初期，劳动力、资本、资金等传统

---

〔1〕 参见世界贸易组织官方网站：www.wto.org/english/tratop_e/region_e/region_e.htm，最后访问时间：2023 年 3 月 28 日。

要素的投入是我国经济增长的主要方式,但随着人口结构的改变和发展模式的转变,传统要素的制度红利正在逐渐弱化。从人口结构来看:一方面,人口老龄化现状凸显;另一方面,流动人口的减少和生育率降低也导致劳动力供给不足。从产业结构来看,随着第二产业的饱和,越来越多的劳动力和资源向第三产业转移,加之中国经济在前些年一直处于高位增长层面,伴随经济体量逐年增大,整体经济增长速度将逐渐趋缓。尽管从整体来看,中国的对外直接投资和外商直接投资仍呈现快速增长态势,但与发达国家相比,在国际要素流动方面仍存在诸多制约。因此,我国要适应全球经济大融合的趋势,进一步融入国际经贸市场,就必须进一步提高对外开放水平,通过设立全球开放水平最高的自贸港来探索机制体制的革新之路,发展更高水平的开放型经济。

其次,中国现有的自贸试验区建设面临挑战。我国已形成"1+3+7+1+6+3"的自贸试验区整体格局,在投资便利化、贸易便利化、服务贸易开放等领域取得了体制机制创新的重大突破,但是在一些关键领域和重点行业的开放、监管模式以及制度建设上,还面临诸多挑战。第一,在开放的深度和广度上,我国的自贸试验区与世界发达自贸试验区存在一定的差距。以负面清单内容为例,虽然从 2013 年到 2019 年,内容在不断缩减,但仍属于世界上最长的负面清单。在部分已开放的领域(比如文化、金融等),开放深度也难以比肩世界先进水平。第二,在海关监管模式上,我国自贸试验区的监管内容和形式仍存进步空间。虽然目前自贸试验区已具备"境内关外"特征,并确立了"一线放开,二线管住,区内自由"的基本原则,但在实际操作中,自贸试验区只是形式上的"境内关外","一线"也并未完全放开,实际上仍然是自由度有限的特殊海关监管区域。自贸试验区内人、货物、资金等要素的流动也不是完全自由,并未脱离"境内关内"的基本特征。[1]最后,在体制机制创新方面,自贸试验区缺乏实质上的改革自主权。在行政管理体制的设置上,自贸试验区的工作主要由自贸试验区管理委员会(以下简称"管委会")统筹推进。管委会作为地方人民政府的派出机构,其行政权力一般来自行政授权,但其职权的复合性、工作的创新性、应对问题的复杂性已不是

---

[1] 孔庆峰:"我国自贸区建设如何对标国际先进经验",载《人民论坛·学术前沿》2020 年第 2 期,第 65~71 页。

派出机构这种由政府设立、功能相对单一的非法人机构所能充分协调的了，管委会行政权威性的不足直接导致其陷入了既要承担改革创新重大使命又缺乏实质性权力的两难境地。

最后，国内政策环境支撑和经验积累使自贸港的建设条件日趋成熟。党的十九大以来，我国正稳步推进全面开放新格局，贯彻创新、协调、绿色、开放、共享的新发展理念，坚定地维护和发展更高层次的开放型经济，推动发展中国家和发达国家平等对话下的经济全球化进程。赋予自贸试验区更大的改革自主权，探索建设自贸港是推进新一轮对外开放，服务我国"一带一路"倡议、京津冀协同发展战略和长江经济带三大战略需要的必由之路。自对外开放政策实施以来，我国陆续设立了经济特区、沿海开放城市、经济技术开发区、沿海经济开发区、保税区、保税港区等"先行先试"的特殊区域。2013 年起，自第一个自贸试验区在上海建立以来，中央分别于 2015 年增加了广东、天津、福建 3 个自贸试验区，于 2017 年设立了辽宁、浙江、河南、湖北、重庆、四川、陕西 7 个自贸试验区，于 2018 年支持海南全岛建设自贸港，于 2019 年新增山东、江苏、广西、河北、云南、黑龙江 6 个自贸试验区，并于 2020 年新设北京、湖南、安徽 3 个自贸试验区。从保税区到自贸试验区，铺就了中国一步步迈向更高开放水平的阶梯，而探索建设自贸港必将成为中国对标世界最高开放水平的关键一步。

二、自贸港的概念和核心特征

自贸港作为对标全球最高开放水准的特殊经济功能区，目前学者对其概念的内涵和外延仍未形成完全统一的表述。2017 年自贸港建设上升为国家战略后，一些重要性文献、文件和地方性立法亦涉及对其概念的相关界定。尽管对自贸港的概念表述存在一定差异，但境内关外、经济高度自由和营商环境法治化保障是其核心特征。

（一）自贸港的概念

尽管现代意义上的自贸港已经存在了几个世纪，但长久以来，国际上对自贸港的概念还没有形成统一表述。对"自贸港"的定义最早可追溯至密歇根大学迪尔多夫的《贸易术语：国际经济学词汇表》（第 2 版）对"自由港"的词条界定："自由港"是指在一国内对进口商品免征进口税，且提供仓储和加工的区域，并认为对外贸易区也可以叫自由区、自由港、保税仓库。[1]海关合作理事会于1973年5月18日在日本京都签署的《关于简化和协调海关业务制度的国际公约》（以下简称《京都公约》）对"自由区"的解释为："缔约方的一部分，进入这一部分的任何货物，就进口税费而言，通常视为在关境之外，并免于实施通常的海关监督措施。"《简明不列颠百科全书》中有关自贸港的表述指明"自贸港是不受当地海关干涉的地区，货品可自由卸港、搬运、制造和转口，且当货物转移到自贸港所在国家内部消费时才产生关税"。[2] 1994年版的《中美贸易年鉴》也涉及对"自贸区"的定义。其定义为："自由贸易区又称自贸区、免税区、免税贸易区、对外贸易区。一些国家在交通便利的港口划出一定的区域，置于海关管辖界限之外，完全撤离关税及复杂的海关手续等贸易障碍，只办理行政管理上的申报手续，外国船只可以自由进出，商品可以免税进区，在区内自由储存、取样、分级、装卸、重新包装、加工制造等，然后再免税出口。"[3]

目前，我国学界对自贸港的概念也未形成完全统一的说法。胡加祥认为：自贸港是设立在一国（地区）境内、海关监管之外，允许境外货物、服务、资金等生产要素自由进出的海口，可以是海港，也可以是陆港。[4]赵晋平、文丰安认为：自贸港，是设在一国或地区境内关外，货物、资金、人员进出自由、全部或绝大部分外国商品进出免征关税的特定封闭区域。[5]朱福林认为：自贸港是指划在一国或地区海洋港口或邻近区域享受"境内关外"的特殊政策，包括免税、自由通行及免除通常海关手续的区域，并且可以在区内开展加工、制造、贮藏、分拣、改装、修理、装卸等产业活动，以至再出口或在港区内销售，只有当货物需要进入本国区外其他地方时才实施关税等正

---

[1] Deardorff, *Terms of Trade: Glossary of International Economics*, Singapore: World Scientific Publishers, 2014.

[2] 《简明不列颠百科全书》编辑部编译：《简明不列颠百科全书》（第9卷），中国大百科全书出版社1985年版，第577页。

[3] 揭昊：《中国特色自由贸易港建设路径研究：理论探索与广州实践》，中国社会科学出版社2020年版。

[4] 胡加祥："我国自由贸易港建设立法模式研究"，载《法治研究》2021年第3期，第152~160页。

[5] 赵晋平、文丰安："自由贸易港建设的价值与趋势"，载《改革》2018年第5期，第5~17页。

常手续。[1]王艳红、孟广文认为：自贸港也称自由港，是全球开放水平最高的特殊经济功能区，是设在国家和地区境内，但处于海关管理关卡之外，允许来自境外的货物和资金自由进出的港口，同时允许在该区域内自由开展货物展览、储存、拆散和重新包装、改装和整理加工以及制造等多种业务活动。[2]尽管在自贸港的概念表述上学者们众说纷纭，但对自贸港的特征和内涵的把握却是基本一致的，主要涵盖境内关外，货物、服务、资金等生产要素自由流动，免征关税的特殊经济功能区等方面。

自2017年我国正式将自贸港建设纳入国家战略以来，一些重要文献、文件和地方性立法也涉及对自贸港内涵的具体界定。2017年11月10日，国务院时任副总理汪洋在《人民日报》撰文《推动形成全面开放新格局》，对自贸港诠释如下：自由港是设在一国（地区）境内、关外、货物资金人员进出自由、绝大多数商品免征关税的特定区域，是目前全球开放水平最高的特殊经济功能区。[3]2020年6月1日，中共中央、国务院印发的《海南自由贸易港建设总体方案》提到，在海南建设自贸港，是推进高水平开放，建立开放型经济新体制的根本要求；是深化市场化改革，打造法治化、国际化、便利化营商环境的迫切需要；是贯彻新发展理念，推动高质量发展，建设现代化经济体系的战略选择；是支持经济全球化，构建人类命运共同体的实际行动。[4]2021年6月10日通过的《中华人民共和国海南自由贸易港法》[5]第一章总则第1条明确规定，建设高水平的中国特色海南自贸港，有助于推动形成更高层次改革开放新格局，建立开放型经济新体制，促进社会主义市场经济平稳、健康、可持续发展。

综上所述，即使对自贸港的表述存在细微差异，但其内核是基本一致的。自由贸易港，顾名思义，"自由"和"贸易"是它的关键所在。"自由"决定了它可以摆脱海关复杂的监管程序，货物、资金、人员皆可自由进出港区；

---

[1] 朱福林："自由贸易港建设的国际镜鉴"，载《改革》2018年第8期，第113~119页。

[2] 王艳红、孟广文："我国自由贸易港建设存在的难点和对策"，载《经济纵横》2018年第5期，第83~88页。

[3] 汪洋："推动形成全面开放新格局"，载《人民日报》2017年11月10日。

[4] 《海南自由贸易港建设总体方案》。

[5] 参见《中华人民共和国海南自由贸易港法》，以下简称《海南自由贸易港法》。本书涉及我国法律法规，直接使用简称，省去"中华人民共和国"字样，全书统一，后不赘述。

"贸易"决定了它必将承担推动港区乃至周边区域经济发展、实现我国参与国际经贸规则制定的重要使命。因此，自贸港的内涵可以被归纳为：自贸港是设在一国或地区境内的特殊经济功能区，对进出港区的全部或大部分货物免征关税，在遵守所在国相关法律法规的条件下，货物、资金、人员可以自由进出，并且准许在港内开展货物自由储存、展览、拆散、改装、重新包装、整理、加工和制造等业务活动。从广义意义上去理解自贸港，该港既可以是海港，也可以是陆港。

（二）自贸港的核心特征

1. 境内关外是自贸港的基石

境内关外是自由贸易港建设的基石，也是区分其和其他区域的重要特征之一。"境"谓之国境，"关"意为关境，即自贸港虽位于国境之内，但该区域却被视为关境之外，采取特殊的海关监管政策。在税收方面，从境外进入自贸港以及从自贸港出口到境外的货物均应免征关税。但这并不意味着所有货物都可以不征关税，设立自贸港的国家通常要通过设立禁限进口货物物品"负面清单"和征税商品"正面清单"来明确不可免征关税的货物种类。此外，货物、资金、人员皆可自由进入自贸港，在自贸港内自由进行交易活动，但该项自由并不是绝对的，须遵守所在国的相关法律法规。

"一线放开""二线安全高效管住"的贸易监管制度是境内关外的主要特点。"一线"意为国境线。因此"一线放开"指货物在自贸港和境外之间流通时，不受海关监管，最大限度地减少或取消贸易管制措施，实施最为便利的货物通关管理制度，最大限度地提高"一线"的贸易便利化水平。除了规定的法定检验和例外事项外，海关径予放行，并将海关、检验检疫、海事、边检集中为一体的"单一窗口"最大限度地体现"一线"放开的开放程度。但是，这并不意味着在自贸港就完全不受海关监管，当港内交易违反所在国法律法规，严重危害所在国的国家安全时，海关同样有权依法实施监管。"二线"意为自贸港和关境内其他区域的分界线。"二线安全高效管住"要求货物在自贸港与所在国境内非自贸港区域间流动时，必须依据本国《海关法》的规定，进行严格高效的监管。同时，对"二线"管住要求以信息化手段为依托，借助"单一窗口"的平台，实现一站式、集约化的高效管理，保证货物更加自由、高效、有序地流转。"一线"充分放开和"二线"高效管住，既保证了自贸港内开放范围广、开放程度深，各生产要素自由出入境，又能有效在自贸港和非港区域间构筑监管隔断线，适用不同的海关监管政策。

2. 高度自由是自贸港的本质

"自由"是自贸港最鲜明的底色，作为开放水平最高的特殊经济功能区，自贸港应同时具备人员进出自由、贸易自由、投资自由、金融自由四大特征。在自贸港实行人员进出自由，是指人员的出入境不受限制或者仅受极小程度的限制，方便更多外国经商者入港进行考察、投资，为港内企业的创新型、复合型优秀人才引进提供便利。贸易自由是指一国或地区对来自他国的货物或服务尽可能地降低关税，减少非关税壁垒，对进出口货物进行较少管制，最大限度地简化货物流通过程中的程序和手续。自贸港框架下的贸易自由，其贸易便利化程度对标全球最高水平，实现最大限度地促进过境贸易、转口贸易和跨境电商发展，真正做到"一线放开、二线高效管住、区内自由"。投资自由即允许资本在港内自由流动，主要表现为外资准入自由化、提供投资优待，通过实行"准入前国民待遇+负面清单"管理制度，健全投资体系。随着自贸港外资引入的规模扩大，金融自由亦会成为其发展的重点之一。金融自由首先体现在对外汇管制没有任何形式的限制，外汇在自贸港内可以自由兑换上；其次是资金进出自贸港没有任何限制，只要是企业或个人的合法收入都可以自由进出；最后是政府对金融市场和金融机构实行"少干预、多监管"的政策，支持金融服务创新，推动离岸金融业务发展。

3. 法治化营商环境是自贸港建设的保障

国际化、法治化、便利化的营商环境是自贸港建设的重要保障。营商环境是一个国家或地区开展国际经济交流与合作、参与国际竞争的重要制度基础，表现为国家制度环境中影响企业活动的经济、政治、社会和法律等要素的集合。[1]2018年4月13日，习近平总书记在庆祝海南建省办经济特区30周年大会上的讲话强调海南要"加快形成法治化、国际化、便利化的营商环境和公平开放统一高效的市场环境"[2]。随后，《中共中央、国务院关于支持海南全面深化改革开放的指导意见》进一步确立了营商环境的阶段发展目标，对海南自贸港营商环境提出了具体要求，到2025年"营商环境达到国内

---

[1] 蔡宏波、钟超："中国特色自由贸易港的营商环境与法治建设"，载《暨南学报（哲学社会科学版）》2021年第6期，第44~51页。

[2] 习近平："在庆祝海南建省办经济特区30周年大会上的讲话"，载人民网：http://cpc.people.com.cn/n1/2018/0414/c64094-29925838.html，最后访问时间：2023年3月31日。

一流水平",到 2035 年"营商环境跻身全球前列"。中共中央、国务院印发的《海南自由贸易港建设总体方案》同样提出,到 2025 年,"营商环境总体达到国内一流水平";到 2035 年,"营商环境更加优化,法律法规体系更加健全"。

自贸港要实现开放、包容的发展对营商环境的法治化程度提出了极高的要求。无论是宏观层面还是微观层面,良好的营商环境对自贸港的贸易、投资和金融的自由开放都具有显著的积极影响。从宏观层面来看,法治化的营商环境是自贸港建设的内在要求和重要保障,要实现自贸港建设的高质量和高标准,就必须打造与之相适应的、法治化程度高的营商环境。2019 年 2 月,习近平总书记在中央全面依法治国委员会第二次会议上指出:"法治是最好的营商环境。"[1]健全的法律制度体系和高效的法治实施体系不仅是营造良好营商环境的必要保证,也是保证自贸港各项政策得到真正落实的制度基础,更是全面依法治国的必然要求。从微观角度而言,大量的外资在选择进入某个市场开展投资活动前,都会对该市场的营商环境进行综合评估,"法治程度"恰是营商环境评价的重要指标之一;对已经进入市场的经济主体而言,法治化营商环境能有效保护市场主体的劳动成果,为市场主体创造公平的竞争环境,激励企业大胆创新;在资源配置方面,法治化营商环境能够促进资源的灵活流动和有效配置。

法治化的营商环境首先要求"制度先行",以完善的制度对接国际高标准的贸易和投资规则。第一,要通过创新举措营造符合自贸港营商环境法治化要求的制度环境,市场主体的准入条件有法可依,经营环境透明高效,竞争态势公平合理是题中应有之义。为此,自贸港可以在法律授权的范围内,通过立改废释并举,自主调整地方性法规和规章内容,适度对接国际先进开放规则,因地制宜地制定符合自贸港发展定位的具体规则。第二,要注重监管体系的建设。自贸港的监管体制应当是一种基于规则的,与市场主体保持适当距离的外部规范控制形式。[2]因此,为保证市场的开放度和自由度,监管体制的运行既要保证市场机制的良性运转,又要注意控制监管的边界与限度。最后,要建立能够体现公平正义价值的纠纷解决机制。构建法治化的自贸港

---

[1] "法治是最好的营商环境",载 https://www.chinanews.com.cn/gn/2019/05-05/8827346.shtml,最后访问时间:2022 年 5 月 6 日。

[2] 黄琳琳:"自由贸易港设立法治路径的比较研究",载《南海法学》2018 年第 5 期,第 64~73 页。

营商环境,在实现提高贸易自由、投资自由、金融自由等各项指标的同时离不开科学合理的纠纷解决机制。纠纷能够得到公平合理的解决,是几乎所有投资者在选择投资目的地时的重要考量因素。一方面,司法公正在任何时候都是法治化营商环境的基本要求;另一方面,鉴于自贸港所涉纠纷在很大比例上是涉外纠纷,为了给外国当事人提供多样态的纠纷解决方式,尝试构建仲裁、调解、和解等充分尊重当事人意思自治、便捷高效的替代性纠纷解决方式也是自贸港纠纷解决机制构建的切实可行之路。

三、自贸港的发展演变

国际上成熟的自贸港多肇始于商品经济发达的国家或地区,在国际形势变化和经济发展开放战略的促动下,各国依据自身条件和需要发展衍生出不同模式和功能的自贸港。而我国自贸港建设战略可以被溯及改革开放初期,是历经了保税区、出口加工区、保税物流园区、保税港区、综合保税区、自贸试验区等不同发展阶段的区域特殊形式,是在探索和经验累积下顺势而为的必然选择。

(一)自贸港的全球演化进程

从国际视角来看,自贸港的发展分为三个阶段。

首先,是初步形成阶段。该阶段从16世纪世界上第一个自贸港诞生到20世纪40年代第二次世界大战前,这段时期全球自贸港数量增长迅速,主要发挥着与转口贸易相关的货物运输、装卸、仓储等功能。这段时期建立的自贸港类型有三:一是地理位置优越的欧洲国家,为促进本国经济发展,扩大对外贸易而建立的自贸港,如世界上第一个自贸港——意大利雷格亨自由港,德国的汉堡自由港、不来梅自由区,法国的马赛自由港、敦刻尔克自由区,丹麦的哥本哈根自由港等;二是欧洲帝国主义为瓜分世界经济市场、实现经济对外扩张而在其殖民地或半殖民地建立的自贸港,如直布罗陀自由港、新加坡自由港等;三是美洲大陆一些国家或地区为扩大对外贸易,促进经济发展而划出的特殊区域,如乌拉圭的科洛尼亚自由贸易区、墨西哥的蒂华纳自由区和墨西卡利自由区、美国的布鲁克林对外贸易区等。

其次,是进阶拓展阶段。该阶段从第二次世界大战结束到20世纪70年代末。在该时期,虽然自贸港数量增长放缓,但功能和制度日益完善。在地域上,不再局限于港口区域而是逐渐向腹地延伸;在功能上,从最初的单纯发展转口贸易扩展至包括出口加工制造业在内的综合体系，并且伴随着国际贸易和国际物流发展，旅游、金融、物流等服务行业也快速发展。如德国汉堡自贸港、巴西玛瑙斯自贸港、新加坡自贸港的开放功能和保障制度均在这一阶段得到了显著提升，为其进一步发展成为世界先进自贸港奠定了基础。

最后，是完善发展阶段。该阶段从20世纪80年代至今。在这一时期，随着经济全球化进一步向纵深发展，国际竞争态势加剧，自贸港迎来了新一轮发展契机。信息技术的广泛应用、国际物流的迅猛发展、世界经济的深度融合推动自贸港逐渐升级为集转口贸易、物流枢纽、金融投资、加工制作、休闲娱乐于一体的综合型自贸港。

（二）自贸港的中国发展嬗变

我国自贸港的发展嬗变与对外开放基本国策由浅入深、由窄变宽的渐进式发展历程相伴相生、相辅相成，涵盖了包括保税区、出口加工区、保税物流园区、保税港区、综合保税区、自贸试验区在内的六种海关特殊监管区域形式的演化发展。

1. 保税区

保税区是改革开放初期，我国探索建设开放型经济的重要尝试。根据《保税区海关监管办法》的规定，保税区是海关监管的特定区域。海关依照该办法对进出保税区的货物、运输工具、个人携带物品实施监管。保税区与我国境内的其他地区之间，应当设置符合海关监管要求的隔离设施。[1]保税区具有形式上"境内关外"的特点，含有国际贸易、出口加工和保税仓储等功能，是后续各种海关特殊监管区域的雏形。

2. 出口加工区

2001年中国加入世界贸易组织后，对外贸易体量迅速膨胀，世界各国间的经济联系越来越紧密。同时，我国作为发展中国家在加工制造业方面的优势吸引了许多发达国家来投资建厂。因此，为进一步吸引外资，促进经济发展，出口加工区应运而生。根据《海关对出口加工区监管的暂行办法》的规定，加工区是海关监管的特定区域。海关在加工区内设立机构，并依照该办法

---

[1] 国务院、国务院海关总署《保税区海关监管办法》（海关总署令第65号），1997年8月1日。

对进、出加工区的货物及区内相关场所实行 24 小时监管。[1]

3. 保税物流园区

随着国内加工贸易的逐渐发展,离境退税政策已经无法满足深加工结转和保税物流发展的需要,共同构建保税区与港区联动的时机已然成熟,保税物流园区由此诞生。根据《海关对保税物流园区的管理办法》的规定,保税物流园区是指经国务院批准,在保税区规划面积或者毗邻保税区的特定港区内设立的、专门发展现代国际物流业的海关特殊监管区域。[2]

4. 保税港区

保税港区整合了保税区、出口加工区、保税物流园区的政策和功能,根据《海关保税港区管理暂行办法》的规定,保税港区是指经国务院批准,设立在国家对外开放的口岸港区和与之相连的特定区域内,具有口岸、物流、加工等功能的海关特殊监管区域。[3]从功能上看,保税港区整合了前述区域的各种功能;从政策上看,保税港区享有海关特殊监管区域的优惠政策;从区位上看,保税港区实现了港口与陆地区域的融合,是自贸港模式的直接雏形。

5. 综合保税区

综合保税区等海关特殊监管区域是经国务院批准,实行特殊的税收政策和进出口管理政策,由海关按照国家有关规定实施监管的经济功能区。综合保税区集保税区、出口加工区、保税物流区、保税港区的功能于一身,是目前发展最快、规模最大的海关特殊监管区域。2015 年 9 月 6 日,国务院办公厅印发的《加快海关特殊监管区域整合优化方案》提出,逐步将现有出口加工区、保税物流园区、跨境工业区、保税港区及符合条件的保税区整合为综合保税区;新设立的海关特殊监管区域统一命名为综合保税区。[4]截至 2022 年 3 月,在全国 168 个海关特殊监管区域中,综合保税区数量 156 个,占比 92.9%。综合保税区对发展对外贸易、吸引外商投资、促进产业转型升级发挥着基础性作用,是我国构建开放型经济的重要平台。

---

[1] 国务院、海关总署《海关对出口加工区监管的暂行办法》(海关总署令第 81 号)2000 年 5 月 24 日。

[2] 海关总署《海关对保税物流园区的管理办法》(海关总署令第 134 号)2005 年 11 月 28 日。

[3] 海关总署《海关保税港区管理暂行办法》(海关总署令第 164 号)2007 年 9 月 3 日。

[4] 国务院办公厅《加快海关特殊监管区域整合优化方案》(国办发〔2015〕66 号)2015 年 9 月 6 日。

6. 自贸试验区

自贸试验区是自贸园区中开放层次较高、政策体系较完善的部分区域，二者是包含与被包含的关系。自贸试验区上承保税区、出口加工区等早期对外开放的初步探索，下启世界开放水平最高的自贸港，在自贸港的形成发展过程中的铺垫和助推作用显著。中国自贸试验区的发展历经六个阶段：第一个阶段，2013年9月29日上海自贸试验区的挂牌成立标志着我国首个自贸区的诞生。第二个阶段，增加广东、天津、福建三个自贸试验区。自贸试验区不再局限于海关特殊监管区的地理范围，而是采取"围网内+围网外"的划区，既涵盖物理围网内的海关特殊监管区域又涉及划入围网外的新园区部分。第三个阶段，增设7个自贸试验区。2017年4月，辽宁、浙江、河南、湖北、重庆、四川、陕西自贸试验区相继挂牌成立，7个自贸区各具特色，与此前的4个自贸试验区共同形成了东中西协调、陆海统筹的全方位、高水平对外开放新格局。第四个阶段，2018年4月13日，基于海南岛特殊的区位优势和发展势头，中央决定在海南全岛建设自贸试验区的基础上，进一步探索以自贸区为基础但开放程度进阶提升的中国特色自贸港建设。第五个阶段，2019年8月，山东、江苏、广西、河北、云南和黑龙江自贸试验区相继设立，该批自贸试验区自设立之日起就承担了"差别化探索"的任务。该批自贸区区位跨度大，辐射范围由东向西、由南向北，产业结构各有特色，经济发展阶段存在一定的差距，为进一步优化自贸试验区布局，聚集新的经济增长极，稳步向纵深领域推进自贸试验区战略奠定了根基。第六个阶段，2020年9月，在北京、湖南、安徽新设三个自贸试验区，自贸试验区战略向首都和腹地延伸。至此我国自贸试验区已初步形成"1+3+7+1+6+3"的基本格局，为进一步建设自贸港搭建了广阔的平台。

第二节　多元化纠纷解决机制的基础理论

纠纷是人与人之间因为利益不一致而产生的一种对抗行为。[1]人是社会的基本构成单元，纠纷是社会主体间的一种利益对抗状态，这种对抗状态意味着一定范围内社会运行的正常秩序遭受到破坏。因此，为了恢复正常的社会秩序，纠纷需要被及时化解。换言之，纠纷解决是维护社会稳定的关键环节。

---

〔1〕 范愉、李浩：《纠纷解决——理论、制度与技能》，清华大学出版社2010年版，第11页。

一、纠纷解决机制的基本类型

纠纷解决是指纠纷解决的主体按照一定规则解决当事人的争议，并重新分配当事人利益的活动。纠纷解决不仅包括当事人之间协商、和解的活动，还包括当事人在官方或者民间中立第三方的主持下解决争议的活动。由此可见，纠纷解决方式的外延可以涵盖一切诉讼和非诉讼纠纷解决方式（Alternative Dispute Resolution，ADR）。[1]

（一）诉讼解决方式

诉讼是纠纷当事人向法院起诉另一方当事人，再由法院按照法律规定行使审判权的纠纷解决方式。诉讼具有统一裁判尺度、树立裁判标杆、促进公平正义的功能，是国家司法主权实现的重要方式。与其他纠纷解决方式不同的是，诉讼具有强制性特征，只要原告的起诉符合法定条件，无论被告是否同意，诉讼程序均会启动。而且，法院作出的生效裁判对当事人具有约束力和强制执行力。诉讼还具备程序的法定性、法院的权威性、法官的中立性、审判结果的终局性以及救济范围的广泛性等特征。这些特征在很大程度上决定了诉讼过程和结果的中立、客观和公正，使诉讼成为最具司法权威的纠纷解决方式。概而言之，诉讼是现代社会最正式和广泛使用的纠纷解决方式，也是保障人民权利、维护社会公平正义的最后一道防线。

（二）替代性纠纷解决方式

ADR 是诉讼外纠纷解决方式的统称，通常包括和解、调解和仲裁等多种类型，并随着上述主要类型的实践发展，派生出民商事纠纷早期中立评估、无争议事实记载和无异议调解方案认可等多种机制。

1. 和解

和解是当事方就有争议的事项进行协商、交换意见，寻求解决问题的途径并最终达成和解协议的过程。和解主要由当事人自主发起、自行磋商并由当事人自行达成解决方案的争议解决方式。[2] 其全程没有第三方的参与，任何一方都有权随时终止谈判进程。因此，当事人对和解过程有着绝对的控制

---

[1] 侯怀霞、张慧平：《纠纷解决及其多元化法律问题研究》，法律出版社 2015 年版，第 28 页。
[2] 蒋惠岭主编，最高人民法院司法改革领导小组办公室编：《域外 ADR：制度・规则・技能》，中国法制出版社 2012 年版，第 4 页。

权,但囿于和解中缺乏第三方的有效参与,往往会因当事人在谈判中介入过多主观因素而未能客观预判矛盾发展方向和纠纷解决结果,进而导致最终达成和解协议并有效化解纠纷的可能性相对低一些。

2. 调解

调解是指当事人在中立第三方的引导下,通过充分协商,最终就争议各方的权利义务安排达成自愿协议的过程。调解员利用自己的专业知识,按照一定的社会规范协助争议各方分析其牵涉的利益与冲突,预判纠纷的司法裁判结果,从而帮助争议各方化解纠纷。调解在程序启动、纠纷解决过程、对调解协议的遵守方面均高度体现了对当事人意思自治的充分尊重。在调解过程中,调解员为了帮助争议双方打破僵局,会灵活运用各种方式促成双方积极协商、解决争议。其一,调解员会主动搜集争议双方不愿互相分享的信息,改善当事方信息不对称的情况;其二,调解员会灵活运用调解技巧克服争议双方沟通的阻力,从而促成双方的有效沟通;其三,调解员还会运用其自身专业知识帮助争议双方制定切实可行且能体现基本公平的纠纷解决方案。〔1〕此外,各国根据实际需要还会在纠纷解决中对调解作一些调整,进而出现了微型审理、有部分约束力的调解、调解-仲裁等派生形态。

3. 仲裁

仲裁是指双方当事人在争议发生前或争议发生后达成仲裁协议,自愿将争议提交仲裁庭解决,并由仲裁庭最终作出裁决的一种纠纷解决方式。仲裁与调解最大的差异在于,调解员在纠纷解决过程中是促成调解协议的达成,而无权径直作出裁决,而仲裁员在仲裁过程中有权依据当事人的共同合意授权作出对争议各方均有约束力的裁决。仲裁的管辖权来源于当事人的共同合意,当事人也应受制于其所选择的仲裁庭作出的仲裁裁决。〔2〕

仲裁具有鲜明的特征:其一是自主性。当事人有权自愿决定是否启动仲裁程序,也有权自主选择仲裁地点、仲裁庭的组成以及仲裁所适用的法律。其二是仲裁程序较为灵活且一裁终局。仲裁庭作出的裁决对当事各方具有终局法律效力,有效避免了诉讼程序冗长的弊端。其三是保密性。仲裁案件不公开审理和裁决,能够有效地保障当事各方的商业秘密,因而被广泛用于商

---

〔1〕 廖永安等:《中国调解的理念创新与机制重塑》,中国人民大学出版社2019年版,第53页。
〔2〕 李乾贵、胡弘、吕振宝:《现代仲裁法学研究》,中国政法大学出版社2018年版,第21页。

事纠纷的解决。其四是仲裁的专业性较强。仲裁员往往由具备不同行业知识的专业人士担任，既包含法律专家，也包含金融、经济、贸易等其他领域的专家。当事人可以根据纠纷实际需要选择专业对口又熟悉法律的仲裁员组成仲裁庭，最终实现更有针对性、更具专业性的纠纷化解效果。

4. 早期中立评估

早期中立评估是帮助当事人在纠纷解决的早期，借助评估员的专业性和中立性，依循一定的程序，对纠纷的具体情况进行客观分析，并对可能出现的诉讼或仲裁结果进行预判，辅助纠纷各方理智选择解纷方式的一种解纷模式。中立评估人是双方当事人合意选任的，通常由具备专业知识和丰富经验的律师或退休法官担任。该种解纷模式为当事各方提供了在中立评估人的主持下面对面地交流和对抗的平台。中立评估人需要在审查双方当事人提交的证据、听取双方的陈述后，出具一份对案件的评估报告，帮助当事人明晰他们在案件中的优势和劣势。[1]这份评估报告虽然不具有法律拘束力，但它不仅可以帮助双方当事人客观地认识自己在案件中所处的位置，还可以预测案件进入诉讼程序后可能产生的审判结果，使当事人在结果可预测的基础上理性地选择未来的纠纷解决方式，既能在诉源治理上发挥一定作用，又能帮助当事人加强对纠纷解决最终结果的理解和认同。

5. 无争议事实记载机制

无争议事实记载机制是当事人在调解过程中，倘若未能就权利义务的最终安排达成涉及全案的调解协议，但为巩固调解过程的阶段性成果，在调解员的主持下就当事人间无争议的事实进行书面记录，并经由当事人签名确认后，该项事实即获得证据效力。在后续诉讼过程中，只要该经由当事各方确认的事实不损害国家利益、社会公共利益或第三人利益，即可成为案件证据，当事人无需再对该项事实进行举证和质证的一种阶段性纠纷解决方式。《最高人民法院关于人民法院进一步深化多元化纠纷解决机制改革的意见》明确将该种解纷方式规定其中，是我国多元化纠纷解决机制构建的一大重要探索。该机制虽不能实现最终的纠纷化解目的，但它能有效衔接调解程序和后续诉讼程序，节约审判时间和司法资源，进而提高审判效率。

---

[1] 林轲亮：《早期中立评估制度研究——多元化纠纷解决机制的另一维度》，法律出版社 2017 年版，第 32 页。

6. 无异议调解方案认可机制

该机制亦非单一独立性纠纷化解机制，而是为促成纠纷当事人调解协议的达成采取的以当事人默示同意为基础的调解协议达成方式。该机制可对有效打破调解僵局、大幅推进调解效率发挥正面作用。但为充分保障纠纷当事人在调解程序中主体地位的实现，无异议调解方案认可机制须得到事前授权方可被采用。调解员在获得争议各方事前授权的前提下，制作适当折中的调解方案并送达当事人，当事人未在规定期间内提出书面异议的，视为该调解方案达成，若任一方在规定期限内提出书面异议，该调解方案则不成立。该机制的探索适用可避免当事人在正面调解时的情绪对立，缓和调解氛围。折中调解方案制定后，通过默示同意的方式赋予调解协议效力，一方面避免了直接协商可能引发的再生冲突，另一方面，合理异议期间的设置，亦赋予了当事人对调解方案给予充分考量的时间。

二、多元化纠纷解决机制的源流发展

多元化纠纷解决机制是包括诉讼在内的，由各种不同性质、功能和形式的纠纷解决方式共同构成的一个整体系统。在该系统内，各种纠纷解决方式之间的关系是相互配合、有机统一的。[1] 而 ADR 是能够替代诉讼解决纠纷的其他纠纷解决方式的统称。虽然多元化纠纷解决机制和 ADR 不是同一概念，但是二者都强调了非诉讼解决方式在纠纷化解中的重要地位。我国构建多元化纠纷解决机制与世界 ADR 运动的潮流殊途同归。因此，立足于我国实践，研析世界各国 ADR 的发展趋势，并进而对自由贸易港的纠纷化解机制构建进行深入探讨具有现实意义。

（一）国外 ADR 的发展

20 世纪后半期，ADR 运动在世界范围内兴起。ADR 不仅可以支持司法系统，减少法院"诉讼爆炸"的压力，还可以为纠纷当事人提供更多寻求公正的机会，满足社会主体多样化的解纷需求。由此，ADR 受到了世界各国的广泛关注，并在不同程度上被纳入了各国的司法改革框架。需要注意的是，世界各国由于国情、司法体制、法律传统和文化背景等方面的差异，在 ADR 的发展和形式上也有所区别，既有通过立法形式直接推进的，也有依靠市场化

---

[1] 范愉、李浩：《纠纷解决——理论、制度与技能》，清华大学出版社 2010 年版，第 21 页。

运作、实践反馈等方式先探索、再逐步制度化建立的。[1]

20世纪后半期，基于民事司法的困境和社会现实的需要，美国开始自下而上地探索替代诉讼解决纠纷的新方式。[2] 1976年，美国"庞德会议"[3]提出了"多门法院"的概念，主张发展包括调解、仲裁在内的ADR，为当事人提供更多的纠纷解决方式，实现诉讼分流，进而减轻司法系统压力。随着美国法院对ADR态度的变化，其法院附设ADR的程序也日渐完善。1990年，美国颁布的《民事司法改革法》倡导法院积极推行ADR以减轻司法系统压力。[4] 1998年，美国颁布了《ADR法》对法院附设ADR的程序进行具体规范，从而进一步扩大了美国法院附设ADR的规模，使法院成了促进ADR发展的重要平台和核心力量。[5]具体而言：其一，《ADR法》要求美国法院至少设置一种ADR形式，并且法院需要积极引导诉讼当事人选择合适的ADR方式解决纠纷。只有当事人同意采用，案件才能进入ADR程序。但是，在法律明文规定或者法官认为确有必要时，法官也可以主动启动ADR程序。其二，该法要求法院设置和完善ADR开展的具体规则和ADR中立第三方的选择标准等，从而保障ADR程序的顺利进行。法院的主导促成和实践的顺势发展，美国ADR程序日臻完善，当事人越来越多地选择适用早期中立评估、调解、小型审判和仲裁等方式化解纠纷，又在实践中进一步促进了美国ADR的发展。

受到世界范围内ADR运动的影响，英国也将ADR纳入了民事司法改革的框架。1996年，负责民事诉讼改革的沃尔夫勋爵在《最终报告》[6]中提出，为了解决诉讼迟延、诉讼成本高等问题，法院需要倡导当事人采取诉讼

---

〔1〕 齐树洁：《民事司法改革研究——中欧高等教育合作项目研究成果》，厦门大学出版社2000年版，第400页。

〔2〕 范愉："当代世界多元化纠纷解决机制的发展与启示"，载《中国应用法学》2017年第3期。

〔3〕 1976年罗科斯庞德会议期间，哈佛大学法学院桑德教授递交了一份题为《庞德会议——未来司法之展望》的简短学术报告。文章中描绘了一个有着几扇门的法庭。一扇通向调解，一扇通向仲裁，还有一扇留给法官和陪审团的全程审判。

〔4〕 齐树洁：《美国民事司法制度》，厦门大学出版社2011年版，第27页。

〔5〕 齐树洁：《美国民事司法制度》，厦门大学出版社2011年版，第31页。

〔6〕 1995年6月，在对英国的民事诉讼制度进行了广泛的调查研究后，沃尔夫勋爵发表了名为《接近正义》（Access to Justice）的民事司法改革中期报告，并在1996年7月发表了《接近正义》的最终报告。这两份报告系统阐述了英国当时的民事诉讼制度存在的问题、改革方向和改革建议，从而极大地推进了英国民事司法的改革进程。

以外的方式解决纠纷,把诉讼作为最后的救济手段。[1] 1998年,英国公布的《民事诉讼规则》明确将ADR引入法院系统,从而为ADR提供了立法支持。英国的《民事诉讼规则》为法院引进诉前议定书和案件管理的制度。其一,诉前议定书制度保证了当事人在起诉前按照诉前议定书的具体规定进行友好沟通。双方当事人围绕具体纠纷进行沟通后,对自身的处境有了大致判断,再协商选择适宜的纠纷解决方式,或是达成和解或是诉讼。并且,诉前议定书的规定具有一定的强制性,对于违反诉前议定书规定的当事人,在进入诉讼程序后,法院可以对其采取诉讼费用方面的制裁措施。[2] 其二,法院通过案件管理制度促使当事人选择ADR方式解决纠纷。具体而言,在诉讼进行中,法院需要积极引导当事人采用合适的ADR方式解决纠纷并协助当事人达成和解协议。当事人同意尝试其他方式解决纠纷后,可以书面请求法院中止诉讼程序,法官也可以依职权中止诉讼程序。当事人在诉讼中止期满时仍未能达成和解协议的,法院会将案件分配给合适的承办法官进行审理。其三,英国的《民事诉讼规则》扩大了法律援助资金的适用范围。法律援助资金从原先仅适用于诉讼程序扩大至包括调查、仲裁、早期中立评估、调解等在内的ADR程序。[3] 自英国的《民事诉讼规则》生效后,当事人愈加信任ADR这种纠纷解决方式,并且愿意优先选择适用ADR方式化解纠纷。

和英美法系国家不同,基于法律文化传统和司法制度的差异,很多大陆法系国家对ADR的系统性研究起步较晚。同时,相较于英美法系国家倾向于采用司法推进的模式促进ADR发展,大陆法系国家则习惯于采用立法模式。[4] 日本主要通过立法形式推动ADR的发展。例如,1952年的《民事调停法》和2007年的《ADR促进法》以及行政委员会制定的有关ADR的单行法规。而且,日本的ADR一直以司法ADR和行政ADR为主,民间ADR的数量较少,但《ADR促进法》为民间ADR发展提供了法律基础,为当事人提供了更多的纠纷化解方式备选,促进了日本民间ADR的普及和完善。欧盟大多数

---

[1] 张永红:"英国的'诉调对接'程序",载蒋惠岭主编,最高人民法院司法改革领导小组办公室编:《域外ADR:制度·规则·技能》,中国法制出版社2012年版,第142页。

[2] 齐树洁主编:《民事审前程序》,厦门大学出版社2009年版,第299页。

[3] 齐树洁主编:《外国ADR制度新发展》(第2版),厦门大学出版社2017年版,第21页。

[4] 龙飞:"替代性纠纷解决机制立法的域外比较与借鉴",载《中国政法大学学报》2019年第1期,第81~95、207~208页。

国家也是通过立法形式推动 ADR 的发展。其一，1997 年，德国颁布的《仲裁程序修订法》以《联合国国际贸易法委员会国际商事仲裁示范法》为蓝本，完善仲裁程序的相关立法，也顺应国际仲裁法统一的趋势，提高了德国在国际仲裁领域的地位。同样，为了适应不断发展的国际仲裁需要，1999 年的瑞典《仲裁法》和 2011 年的葡萄牙《自愿仲裁法》均开始实施。其二，在调解领域：2001 年，欧洲理事会部长委员会发布《关于要求成员国采用替代诉讼的手段解决行政纠纷的建议》，要求各成员在立法和实践中推广使用包括调解在内的 ADR 方式解决行政争议。2003 年，奥地利率先颁布了欧洲第一部民事案件调解法，该法被认为是欧洲首部法典化的调解程序规则。2008 年欧洲议会及欧盟理事会发布《关于民商事调解若干问题的 2008/52/EC 指令》，要求各成员在 2011 年 5 月 21 日前将该指令的内容转换为国内法。鉴于此，欧盟各成员通过立法形式促进了其国内调解制度的蓬勃发展。[1] 至 2013 年，欧盟大多数的成员相继修改国内法有关调解制度的规定或制定新的调解法。例如，2009 年，匈牙利修改了《调解法》；2010 年，希腊颁布了《调解法》；2012 年，西班牙和德国颁布了《调解法》等。[2]

（二）中国特色的多元化纠纷解决机制的发展

随着我国法治建设的全方位拓展和深入，公民的维权意识日渐增强，诉讼案件数量呈指数级增长。为了缓和法院案多人少，仲裁、调解机构等人多案少的矛盾，平衡各解纷机构的案源压力，有效发挥各种解纷机制的自身优势，以公平、高效化解矛盾争议为基本出发点，最高人民法院一直在纠纷解决的多元化机制构建上频频发力。整体而言，我国多元化纠纷解决机制主要历经了探索试点、方案制定、扩大试点、升级换代和持续深化五个阶段。

1. 探索试点阶段

分别于 2004 年和 2007 年发布的《最高人民法院关于人民法院民事调解工作若干问题的规定》和《最高人民法院关于进一步发挥诉讼调解在构建社会主义和谐社会中积极作用的若干意见》，重点强调了调解环节在诉讼中的重要性。2005 年，最高人民法院在《人民法院第二个五年改革纲要（2004—2008）》中首次提出了"建立健全多元化的纠纷解决机制"，为我国的多元

---

[1] 范愉：《纠纷解决的理论与实践》，清华大学出版社 2007 年版，第 206 页。
[2] 齐树洁主编：《外国 ADR 制度新发展》（第 2 版），厦门大学出版社 2017 年版，第 24 页。

化纠纷解决机制改革正式奏响序章。当时，由于该项工作刚刚起步，最高人民法院并未统一出台具体的改革意见，而是让各地法院先行探索。至2007年下半年，最高人民法院共确定了9家法院[1]作为多元化纠纷解决机制改革的首批试点单位。这些试点法院在实践中积累了许多宝贵经验，甘肃省定西市中级人民法院首创的"人民调解协议诉前司法确认机制"为本无法律强制力的非诉调解协议赋予了法律强制执行力，并在之后被写进了《人民调解法》。

2. 方案制定阶段

2008年，《中央政法委员会关于深化司法体制和工作机制改革若干问题的意见》部署了司法改革任务，其中包括"建立诉讼与非诉讼相衔接的矛盾纠纷解决机制改革"。最高人民法院以该项改革任务为基点，提出了多元化纠纷解决机制"三步走"的改革步骤，即"法院做好诉调对接、中央出台相关政策、改革成果转化立法"。2009年，最高人民法院发布《人民法院第三个五年改革纲要（2009—2013）》，再次强调要建立健全多元纠纷解决机制，要求按照"党委领导、政府支持、多方参与、司法推动"的要求，各方联动，配合有关部门大力发展替代性纠纷解决机制。同年，最高人民法院发布了《关于建立健全诉讼与非诉讼相衔接的矛盾纠纷解决机制的若干意见》，要求人民法院完善诉讼与其他替代性纠纷解决方式的衔接机制，完善诉讼活动中多方参与的调解机制，规范和完善司法确认程序，为人民群众提供更加多元、便捷、灵活和高效的纠纷解决机制。这些规定鼓励了人民调解、商事调解、行业调解和各类仲裁等替代性纠纷解决方式的发展和完善，在缓解法院面临的诉讼爆炸和司法资源有限压力的同时，为公众的纠纷解决提供了多样态方式，满足了纠纷化解的切实需求。[2]

3. 扩大试点阶段

2010年，针对全国法院在调解工作中出现的问题，《最高人民法院关于进一步贯彻"调解优先、调判结合"工作原则的若干意见》要求人民法院不仅要牢固树立"调解优先"的理念，还要规范和完善调解工作制度。人民法院在收到当事人起诉后、正式立案之前，对于未经调解的案件，要积极引导当事人

---

[1] 这九家法院分别是吉林省高级人民法院、河北省廊坊市中级人民法院、甘肃省定西市中级人民法院、云南省曲靖市中级人民法院、福建省莆田市中级人民法院、上海市浦东新区人民法院、重庆市渝中区人民法院、福建省厦门市同安区人民法院和广东省东莞市第二人民法院。

[2] 龙飞："论国家治理视角下我国多元化纠纷解决机制建设"，载《法律适用》2015年第7期。

优先选择合适的调解组织化解纠纷。2010年，我国通过的《人民调解法》正式以立法的形式确立了人民调解协议的司法确认制度，赋予经人民调解委员会调解形成的调解协议以强制执行效力。2011年，中央社会治安综合治理委员会、最高人民法院等16家单位联合会签的《关于深入推进矛盾纠纷大调解工作的指导意见》提出，有关单位不仅要坚持调解优先的理念，而且要形成合力，共同构建一个多层次、多领域解决纠纷的"大调解"格局。2012年修正的《民事诉讼法》规定的法院先行调解、司法确认等制度进一步巩固了司法改革成果，为多元化纠纷解决机制的发展提供了法治保障。2012年，最高人民法院印发《关于扩大诉讼与非诉讼相衔接的矛盾纠纷解决机制改革试点总体方案》的通知，提出了"深化多元纠纷解决机制改革"的试点工作。随后，最高人民法院确定了42家地方法院作为试点法院，并有针对性地安排试点内容，如法院需要构建诉调对接工作平台，完善和创新诉调对接工作机制，加强经费保障和人员培训等。同年，《最高人民法院、中国保险监督管理委员会关于在全国部分地区开展建立保险纠纷诉讼与调解对接机制试点工作的通知》提出在32个地区开展保险纠纷诉讼与调解对接机制试点工作。2013年年底至2014年年初，最高人民法院对42家试点法院的多元解纷工作进行了评估和总结。

4. 升级换代阶段

2014年10月，十八届四中全会通过《中共中央关于全面推进依法治国若干重大问题的决定》对完善多元化纠纷解决机制改革作出了新的战略部署："健全社会矛盾纠纷预防化解机制，完善调解、仲裁、行政裁决、行政复议、诉讼等有机衔接、相互协调的多元化纠纷解决机制。"2014年底，在总结试点法院工作的基础上，最高人民法院发布《关于确定多元化纠纷解决机制改革示范法院的决定》，提出要在全国确定50家示范法院，让示范法院发挥引领改革的作用，力争完成中央部署的多元化纠纷解决机制改革任务。2015年，最高人民法院发布《关于全面深化人民法院改革的意见——人民法院第四个五年改革纲要（2014—2018）》（下文简称《四五改革纲要》）再次提出了"健全多元化纠纷解决机制"的任务。具体而言，人民法院要继续推进诉讼与非诉讼纠纷解决机制的有机衔接，推进在不同领域建立专业性的纠纷解决组织建设，推动仲裁制度和行政裁决制度完善，建立调解联动工作体系，推动多元化纠纷解决机制的立法进程。同年，中共中央办公厅、国务院办公厅

《关于完善矛盾纠纷多元化解机制的意见》从中央改革决策层面提出健全社会矛盾纠纷预防化解机制、完善多元纠纷解决机制的改革任务。2016 年，为了贯彻落实《关于完善矛盾纠纷多元化解机制的意见》和《四五改革纲要》，最高人民法院印发了《最高人民法院关于人民法院进一步深化多元化纠纷解决机制改革的意见》和《最高人民法院关于人民法院特邀调解的规定》。这是人民法院在总结过去经验基础上，对"深化多元化纠纷解决机制改革"作出的具体部署。2018 年 6 月，中共中央办公厅、国务院办公厅印发的《关于建立"一带一路"国际商事争端解决机制和机构的意见》对最高人民法院提出了设立国际商事法庭要求。2018 年 11 月，最高人民法院发布"一带一路"国际商事争端解决机制配套文件，为形成"一站式"国际商事多元纠纷化解机制提供了制度保障。[1]

5. 持续深化阶段

2019 年 2 月，最高人民法院发布的《关于深化人民法院司法体制综合配套改革的意见——人民法院第五个五年改革纲要（2019—2023）》再次提出了"深化多元化纠纷解决机制改革"的任务。具体而言，人民法院需从健全"一带一路"国际商事争端解决机制，坚持把非诉讼纠纷解决机制挺在前面，推动建立统一的在线矛盾纠纷多元化解平台，完善相互协调的多元纠纷解决体系等方面部署工作。在深化多元化纠纷解决机制改革进程中，2019 年 7 月，《最高人民法院关于建设一站式多元解纷机制、一站式诉讼服务中心的意见》提到"完善诉调一体对接机制"，并且强调要促进"诉调对接实质化"。2019 年 12 月第十三届全国人大常委会第十五次会议作出《全国人民代表大会常务委员会关于授权最高人民法院在部分地区开展民事诉讼程序繁简分流改革试点工作的决定》，2020 年 1 月最高人民法院印发《民事诉讼程序繁简分流改革试点方案》的通知，授权部分地区法院探索健全、完善诉讼分流和衔接机制。2020 年 2 月，《最高人民法院、中华全国总工会关于在部分地区开展劳动争议多元化解试点工作的意见》要求各级人民法院和总工会开展劳动争

---

[1] 最高人民法院组织召开国际商事纠纷多元化解决机制座谈会，发布并正式施行《最高人民法院办公厅关于确定首批纳入"一站式"国际商事纠纷多元化解决机制的国际商事仲裁及调解机构的通知》《最高人民法院国际商事法庭程序规则（试行）》《最高人民法院国际商事专家委员会工作规则（试行）》三项规范性文件。参见最高人民法院国际商事法庭网：http://www.gov.cn/zhengce/2018-06/27/content_ 5301657.htm，最后访问时间：2022 年 5 月 13 日。

议多元化解试点工作。2020年10月，《中共中央关于制定国民经济和社会发展第十四个五年规划和二〇三五年远景目标的建议》提出坚持和发展新时代"枫桥经验"，完善各类调解联动工作体系，构建源头防控、排查梳理、纠纷化解、应急处置的社会矛盾综合治理机制。2021年2月，中央全面深化改革委员会第十八次会议强调："要坚持和发展新时代'枫桥经验'，把非诉讼纠纷解决机制挺在前面，推动更多法治力量向引导和疏导端用力，加强矛盾纠纷源头预防、前端化解、关口把控，完善预防性法律制度，从源头上减少诉讼增量。"[1] 2021年6月，为及时解决试点法院反映的问题，《最高人民法院关于进一步健全完善民事诉讼程序繁简分流改革试点法院特邀调解名册制度的通知》提出了完善试点法院特邀调解名册制度的具体措施。2021年11月，《中共中央关于党的百年奋斗重大成就和历史经验的决议》提出坚持和发展新时代"枫桥经验"，坚持系统治理、依法治理、综合治理、源头治理，完善信访制度，健全社会矛盾纠纷多元预防调处化解综合机制。我国的多元化纠纷解决机制建设得到了持续深化，长足发展。

三、多元化纠纷解决机制的时代价值

习近平总书记在中央全面依法治国工作会议上提出："历史和现实告诉我们，只有传承中华优秀传统法律文化，从我国革命、建设、改革的实践中探索适合自己的法治道路……"[2]在我国漫长的法制发展进程中，既有以和为贵的调解文化，也有贴近群众，就地化解矛盾纠纷的"枫桥经验"。在我国不断创新的社会治理模式中，还闪耀着以人为本，实现社会善治的核心要求。多元化纠纷解决机制的构建，既厚含历史底蕴，又契合善治要求，是展现中国智慧的有益路径和实现社会善治的重要举措。

（一）多元化纠纷解决机制是展现中国智慧的有益路径

不论是被誉为"东方之华"的中国调解经验还是极具中国特色的"枫桥经验"，均是中国智慧在纠纷化解领域的高光展示，可为我们在新时代构建多

---

[1] "习近平主持召开中央全面深化改革委员会第十八次会议并发表重要讲话"，载中华人民共和国中央人民政府网：http://www.gov.cn/xinwen/2021-02/19/content_5587802.htm，最后访问时间：2022年5月13日。

[2] 习近平："坚定不移走中国特色社会主义法治道路，为全面建设社会主义现代化国家提供有力法治保障"，载《求是》2021年第5期。

元化解纷机制提供有益经验借鉴。这些中国智慧既体现了中华法律文化博大精深的积淀，也能在现今多元化纠纷解决机制的改革中呈现与时俱进的生机与活力。

首先，中国自古以来就有"和为贵""无讼""厌诉"的法律文化传统，儒家思想亦主张礼法结合，德主刑辅，无不体现了对社会和谐稳定的追求。这种追求对中国的司法体制产生了深远影响，首要就体现在调解制度在中国的纠纷解决机制中兴盛不衰上。[1]我国传统的调解制度通过"和合"方式来解决矛盾与化解冲突，倡导不同行为主体之间相互包容、相互妥协。传统调解制度分为官府调解、官批民调、民间调解三种形式，其中民间调解最为常见，还可细分为乡里调解、宗族调解和邻里调解。民间调解的价值在于及时化解双方矛盾，从而维系熟人社区关系，具有很强的自治色彩。调解人一般是德高望重的乡绅，在调解时常用说教的方式促使双方达成和解。[2]在现代社会，调解继续发挥着化解矛盾、维持社会稳定的重要作用。现代调解制度在传承传统调解基础上，融入了包括现代司法观念，形成了包括法院调解、行政调解、仲裁调解、律师调解、商协会调解、人民调解在内的完整的大调解体系。现代调解制度更注重调解程序的公正性以及对当事人意志的实现。[3]具体表现为强化调解员的中立地位，促进调解员职业化、专业化发展，并且在调解程序开展和最终权利义务分配上，为当事人保留较强的控制力。[4]

其次，"枫桥经验"尽管自诞生之日起至今已经过去近六十年，但就其持续迸发的生命力和与时俱进的创新力而言，它仍占据着纠纷化解的一席之地。它既有历史的厚度和传承，亦在基层社会治理模式创新下呈现出了勃勃生机。具体而言，它的核心功能历经了"调和阶级矛盾"—"维护社会治安"—"加强社会管理"—"创新社会治理"[5]的演变。然而，不变的是"枫桥经验"依靠人民群众化解矛盾的精神实质，是以人为本和社会自治的真实写照。

"枫桥经验"倡导的依靠人民群众预防和化解纠纷的理念，有利于增强公

---

[1] 曾宪义："关于中国传统调解制度的若干问题研究"，载《中国法学》2009年第4期，第34～46页。

[2] 廖永安等：《中国调解的理念创新与机制重塑》，中国人民大学出版社2019年版，第12页。

[3] 汤唯建："论中国调解制度的现代化转型"，载徐昕主编：《司法》（第5辑·调整的中国经验专号），厦门大学出版社2010年版。

[4] 廖永安等：《中国调解的理念创新与机制重塑》，中国人民大学出版社2019年版，第38页。

[5] 卢芳霞："走向'社会治理'的枫桥经验"，载《学习时报》2018年1月22日。

众的自治能力和社会认同感,从而形成社会各方面共同参与纠纷解决的格局。我国法院一直秉持对"枫桥经验"的传承和创新,推动矛盾纠纷的源头化解。法院在诉调对接工作中为公众提供多种纠纷解决方式,积极引导群众自主解决纠纷或选择调解、仲裁等非诉讼纠纷解决方式化解纠纷,从而促进纠纷的有效分流,改善法院在纠纷解决机制中"独舞"的局面。[1]

习近平总书记指出,我国要为全球治理格局和全球治理体制贡献中国智慧,为人类社会应对21世纪的各种挑战作出自己的贡献。[2]中国特色的多元化解纷机制集中体现了中国智慧,是我国为世界贡献的中国方案。它不仅可以提高中国在世界范围内化解国际争端、建立沟通合作关系的能力,同时也提升了中国的国际竞争力和影响力。[3]

(二) 多元化纠纷解决机制是实现社会善治的重要举措

要构建全民共建共享的社会治理格局离不开法治中国建设,而法治社会恰是法治中国的有机组成单元。激发社会组织活力,培育社会共同体,预防和化解社会矛盾,是建设法治社会进而实现公共利益最大化的切实路径。[4]

我国正处于社会转型期间,社会经济结构、文化形态、价值观念等发生着深刻变化。在社会各种新需求不断被提出的同时,鉴于利益冲突的加剧,各种新类型纠纷也层出不穷。由此,单一的纠纷解决模式无法满足社会需求,构建多元纠纷化解机制具有其内在必然性,亦关系我国社会的顺利转型和稳定发展。可以说,多元纠纷化解机制的建构过程与中国特色社会治理模式的改革相辅相成、互相促进。具体而言,多元化纠纷解决机制注重非诉讼纠纷解决和诉讼解决方式的协调发展,注重平衡社会间的各种利益关系,从而形成涵括法治、自治、德治、政治、综治等多种渠道的社会治理方式。[5]

多元化纠纷解决机制从程序启动到最终的处理结果,均彰显着当事人的

---

[1] 李少平:"传承'枫桥经验'创新司法改革",载《法律适用》2018年第17期,第2~10页。

[2] "盘点习主席关于全球治理的重要论述",载中国共产党新闻网:http://theory.people.com.cn/n/2015/1115/c40531-27816634.html,最后访问时间:2022年5月19日。

[3] 胡仕浩:"多元化纠纷解决机制的'中国方案'",载《中国应用法学》2017年第3期,第36~47页。

[4] 刘楠:"多元化纠纷解决机制改革的'眉山经验'",载《法律适用》2015年第7期,第13~17页。

[5] 张文显:"习近平法治思想研究(中)——习近平法治思想的一般理论",载《法制与社会发展》2016年第3期,第5~37页。

意思自治，是公民参与社会治理的重要表现。首先，它为当事人选择纠纷解决的方式提供多种可能性。法院在诉调对接平台中，对有起诉意愿的当事人给予诉讼辅导，并积极引导当事人选择合适的纠纷解决方式。当事人如果不愿意采取其他方式解决纠纷，再进入审判程序。在此过程中，无论当事人采用哪种纠纷解决方式，都是理性思考后的选择，确保了当事人自由意志的实现。其次，非诉讼解决方式增加了当事人自治的机会，为当事人提供平等协商对话的平台。让当事人以对话、协商、妥协的方式化解纠纷，从而培育当事人自主解纷的意识和能力。并且，经由合意达成的处理结果能收获当事人较高的满意度和接受度，从而强化了社会共同体的认同感和向心力。[1]再则，多元化纠纷解决机制能以较小的解纷成本撬动公共利益最大化的社会善治目标。不论是解纷方式的选择、解纷程序的推进还是解纷结果的最终作出，争议当事方的自主意愿均得到了充分尊重，辅之以调解员或仲裁员的专业素养，为纠纷化解提供思路、引导方向。

概言之，多元化纠纷解决机制是具有中国特色的纠纷解决方式，契合我国的国情现实，富含厚重的法律文化底蕴，也保持着与时俱进的蜕变能力。它既是我国建立国家治理体系和实现治理能力现代化的重要抓手，也是我国为促进全球治理体系和治理能力现代化贡献的中国方案。

第三节 自贸港构建多元化纠纷解决机制的必要性分析

自贸港建设是新时代全面深化改革的重要窗口。全面深化改革，推进形成全面开放新格局，必须依靠法治、运用法治，这是全面依法治国的基本要求。作为自贸港法治建设的重要组成部分，多元化纠纷解决机制的构建将为推进形成法治化营商环境和开放型经济体制提供制度保障，这不仅有利于提升中国对外开放领域的法治建设水平，还将吸引更多国家参与到中国全面开放的进程中。

一、全面深化改革：自贸港改革开放排头兵的有益探索

新中国成立七十多年以来，中国的社会经济发展取得了"当惊世界殊"

---

[1] 龙飞：《多元化纠纷解决机制促进法研究》，中国人民大学出版社2020年版，第43页。

的伟大成就,这肇始于1978年党的十一届三中全会所确立的改革开放政策,也是从这时起,中国的对外开放之路逐渐从局部开放一步一步走向全方位开放。

诚然,现有开放平台虽极大地促进了中国开放型经济的发展,但是随着国内外形势的不断变化,现有开放平台亦存在诸多约束和挑战。第一阶段是以经济特区和经济技术开发区为代表的特殊经济功能区,其虽然在改革开放初期在我国从计划经济向市场经济转型过程中发挥了重要作用,但随着我国市场经济体制的不断深入发展,其战略地位和功能属性已不断弱化。第二阶段是以保税区为代表的海关特殊监管区域,其功能聚焦于出口加工和保税仓储,但仅通过一系列税收优惠政策提高贸易便利化水平,已无法满足新形势下构建开放型经济的综合需要。第三阶段的自贸试验区虽然被赋予了更大的改革自主权,制度创新也取得了重大进展,但囿于授权不足、监管过多等原因,现有的自贸试验区并未完全实现"境内关外",开放的广度和深度均有待加强。因此,为适应国际国内发展新趋势的新要求,充分发挥自贸港这一阶段的"自由"和"开放"特征是继续深化改革的重要一环。

多元化纠纷解决机制作为自贸港改革开放的"排头兵",在推进全面深化改革的过程中具有以下三个方面的特点和优势:其一,多元化纠纷解决机制更有利于在自贸港建设过程中有效解决国际商事纠纷。与传统的商事纠纷相比,自贸港国际商事纠纷在法律关系的主体、客体和内容上都具有新的特点。就主体而言,自贸港建设势必离不开大量涉外商事活动,因此争议主体从过去的单一性主体为主发展为多元化主体并行,往往涉及两个或两个以上的国家或地区;就客体而言,在自贸港框架下的国际商事纠纷涉及的利益呈现多元化、复杂化态势;就内容而言,自贸港建设势必会带动各领域全方位开放与发展,既包括金融、贸易、教育、娱乐等传统领域,也包括数字贸易、互联网、人工智能等新兴领域,这就对自贸港纠纷解决机制提出了更加技术性、专业性和前沿性的要求。其二,多元化纠纷解决机制的构建为外国当事人提供了相对中立的制度保障。外国当事人在自贸港参与商事活动时,难免会面临各种风险,比如与当地发展理念的冲突、法律法规和公共秩序的制约、环境保护的要求限制等,因此能否合理防范和化解各种风险引发的纠纷是外国当事人在自贸港选择投资和持续从事商事活动的重要考量。任何一个当事人在纠纷解决过程中都渴望通过公平公正的程序保障自身利益并得到足够的重视和尊重,但出于对我国司法体系的了解受限和缺乏信任,外国当事人在通常情况下不会倾向于选择通过投资所在国的司法程序解决纠纷。因此，在自贸港建立多元化纠纷解决机制，为外国当事人提供更加复合的、相对独立于我国司法体制的争议解决方式，能切实有效地贴近外国投资者的内心。其三，在自贸港构建多元化纠纷解决机制能够充分发挥其示范效能，为全国提供先进的制度经验和借鉴。自贸港作为改革开放的"排头兵"，不仅负有带动港区发展的任务，而且对全国对外开放事业和社会主义现代化建设都具有标杆作用。然而，要在全国推进机制体制的革新是一个循序渐进的长期过程，不能一蹴而就、一劳永逸。必须充分发挥自贸港的"试验田"作用，对于一些创新性做法，优先在自贸港内进行尝试，待得到成功或者可行的印证后，逐步在全国范围内推而广之。因此，在全面深化改革的新形势下，既要确保纠纷得到公平合理的解决又要发挥自贸港的制度优势，离不开多元化纠纷解决机制的支持和保障。

二、全面依法治国：自贸港创新发展先行者的必要尝试

在自贸港构建多元化纠纷解决机制不仅是全面深化改革的重要探索，也是全面依法治国的必然要求。首先，多元化纠纷解决机制是中国特色社会主义法治体系的重要组成单元。20世纪60年代的"枫桥经验"为我们指明了一条坚持矛盾不上交，治理和调处矛盾于微时的有益探索。2021年，习近平总书记再次强调："要推动更多法治力量向引导和疏导端用力，完善预防性法律制度，坚持和发展新时代'枫桥经验'，完善社会矛盾纠纷多元预防调处化解综合机制，更加重视基层基础工作，充分发挥共建共治共享在基层的作用，推进市域社会治理现代化，促进社会和谐稳定。"[1]其次，全面依法治国基本方略要求将法治原则贯彻于形成全面开放新格局的全部过程之中。《中共中央关于坚持和完善中国特色社会主义制度推进国家治理体系和治理能力现代化若干重大问题的决定》明确指出各级党和国家机关以及领导干部要带头尊法、学法、守法、用法，提高运用法治思维和法治方式深化改革、推动发展、化解矛盾、维护稳定、应对风险的能力。[2]自贸港虽说是对外开放，实际上却

---

〔1〕习近平："坚定不移走中国特色社会主义法治道路，为全面建设社会主义现代化国家提供有力法治保障"，载《求是》2021年第5期。

〔2〕《中共中央关于坚持和完善中国特色社会主义制度推进国家治理体系和治理能力现代化若干重大问题的决定》（2019年10月31日中国共产党第十九届中央委员会第四次全体会议通过）。

是改革深化，每一步都涉及对旧观念、旧体制的突破和变革。[1]因此，法治不仅能通过"立法先行"确保自贸港建设始终在轨不偏离，还能通过"先行先试"进一步彰显自贸港争做改革创新先行者的决心。

"立法先行"要求通过高水平、高质量的制度供给保障自贸港分阶段、分步骤地建立自身政策和制度体系。同自贸试验区相同，自贸港建设的初衷也是制度创新。但不同于国外自贸区建设均遵循"先立法、后实践"的做法，中国自贸试验区大多采取"先设区，后立法"的模式，在初期并未建立起系统的制度体系。虽然地方政府制度创新的积极性很高，但受制于授权不足和管理体制的冲突，很难真正摆脱"政策洼地"的困境。因此，为了积极、稳步地推进中国对外开放朝着国际化、法治化方向前行，自贸港建设必须实现从政策供给到制度供给的转变。一方面，为突出强调制度的集成创新优势，应从国家层面为自贸港建设提供立法引领和法律保障，在中央的整体部署下，统筹安排各项制度创新。比如，2021年6月10日，第十三届全国人大常委会第二十九次会议表决通过的《海南自由贸易港法》就是从国家层面为地区发展提供法治保障的典型代表。另一方面，充分发挥地方的积极性和主观能动性，通过授权立法模式，让各地因地制宜地制定自贸港法规。比如，根据《海南自由贸易港法》的规定，海南省人民代表大会及其常务委员会可以根据本法，结合海南自贸港建设的具体情况和实际需要，遵循宪法规定和法律、行政法规的基本原则，就贸易、投资及相关管理活动制定法规，在海南自贸港范围内实施。

"先行先试"要求自贸港通过制度集成创新与其他国家战略联动发展，开创全面依法治国新局面。自贸港建设是新时代建设中国特色社会主义法治体系、建设社会主义法治国家的重要组成部分，因此不能单一从促进地方发展的角度看待自贸港建设，而是要结合各大国家战略，推动制度创新、发挥制度优势，强化其战略支撑作用。自贸港和"一带一路"倡议都是由习近平总书记基于对国际国内形势的判断而提出的重大战略举措，因此自贸港建设与"一带一路"倡议不能割裂开来。一方面，从"一带一路"倡议的功能定位上来看，其重要目标之一就是加强与"一带一路"沿线国家（地区）的贸易往来，而生产要素的自由流通往往在经济合作中具有至关重要的作用。自贸

---

[1] 迟福林主编：《众论：海南自由贸易港》，海南出版社2020年版。

港作为开放水平最高的特殊经济功能区恰好可借助其先天的制度优势实现货物、资金、人员等的自由流动,为中国与"一带一路"沿线各国(地区)开展更大范围、更高水平、更深层次的合作搭建桥梁。另一方面,"一带一路"倡议也对自贸港的制度创新和经济功能具有优化作用。从战略意义上来看,"一带一路"倡议和自贸港建设都在于通过更好地搭建"引进来、走出去"平台,打通中国与国际市场的通道,加快中国经济融入世界开放型经济的进程。伴随自贸港制度体系的逐渐建立,与国家各大战略的对接势必会对自贸港的法治建设水平提出更高要求,多元化纠纷解决机制作为法治体系的重要保障,无论是从自贸港的法治建设角度还是从法治中国建设的角度,都是不可或缺的关键一环。

三、自贸港打造法治化营商环境的必然要求

营商环境是市场主体在一个经济体内开展经营活动所需要面对的外部环境,这种外部环境是由政府政策、金融体系、法律规则、基础设施等多种因素决定的。良好的营商环境不仅能为市场主体节约交易成本,打造公平竞争的市场秩序,还能为经济体广泛聚集各类资源,从而推动一国或地区经济的高质量发展。

打造法治化、便利化、国际化的营商环境是我国自贸港建设的题中应有之义。一方面,良好的营商环境能够为自贸港吸引高质量的外商投资,不断提高其对外开放的水平,从而推动自贸港成为引领我国新时代对外开放的前沿高地。另一方面,加强自贸港营商环境的法治化建设既是提升投资者信心的重要举措,也是国际先进自贸港的通行做法。诚然,我国在打造自贸港法治化营商环境方面,既要积极借鉴世界先进自贸港的建设经验,顺应世界一般规律,也要结合我国的实际需求和现实情况,构建与自身相适应的制度体系。

(一)形成完备的自贸港法律体系

世界上先进的自贸港大多遵循"先立法、后实践"的做法。具体而言,大多数国家会先颁布位阶较高的法律,对自贸港的法律地位、优惠措施、海关监管等相关内容作出基本规定,然后在此基础上不断完善相关内容的实施细则,从而为本国自贸港建设提供系统化的法治保障。例如,1934 年,美国颁布了《对外贸易区法》作为其对外贸易区的基本法,又在《联邦政府法规

汇编》中制定了更为详细的实施规定，从而形成了一个较为完备的国家立法体系。[1] 再如，1965年，新加坡制定的《自由贸易区法》作为基本法指导本国自贸区建设发展。1969年，为了贯彻落实《自由贸易区法》的规定，新加坡颁布的《自由贸易区条例》制定了更为详细的实施细则，从而形成了一套较为完善的自贸区国家立法体系。

具体到我国，《海南自由贸易港法》作为海南建设自贸港的基本法，为我国海南构建自贸港提供了法律支撑。同时，该法授权海南根据自贸港建设的实际需要，就贸易、投资及相关管理活动制定具体法规，并支持海南依照中央要求和法律规定行使改革自主权，从而为海南进行自贸港的制度创新提供了基本法律依据。在该法出台之前，海南已充分运用其省级地方立法权和特区立法权，通过了《海南自由贸易港博鳌乐城国际医疗旅游先行区条例》《中国（海南）自由贸易试验区商事登记管理条例》《海南经济特区外国企业从事服务贸易经营活动登记管理暂行规定》《海南省人民代表大会常务委员会关于海南自由贸易港洋浦经济开发区等重点园区管理体制的决定》《海南省排污许可管理条例》《海南省多元化解纠纷条例》等一系列政策法规，坚持以立法的形式助推自贸港在商事管理制度、行政管理制度、生态保护制度、司法保障制度等多个领域的制度创新。在《海南自由贸易港法》颁行实施后，海南继续完善自贸港建设所需的配套政策法规，出台了《海南省人民代表大会常务委员会关于海南省契税具体适用税率和免征减征办法的决定》《海南省人民代表大会常务委员会关于将旅行社设立审批等省级管理权限调整由海南自由贸易港重点园区管理机构在重点园区范围内实施的决定》《海南自由贸易港免税商品溯源管理暂行办法》《海南自由贸易港洋浦经济开发区促进港航物流产业发展暂行办法》等一系列政策法规。借由国外及国内自贸港建设实践可知，法治化营商环境的构建需有完备的自贸港法律法规体系予以护航，方能有据可依、行稳致远。

（二）提升自贸港的制度创新能力

世界银行出具的《2020年营商环境报告》显示，中国的营商环境排名跃升至第31位，并且已经连续两年跻身全球营商环境改善最大的经济体排名前

---

[1] 王淑敏、谭文雯："中国特色自由贸易港的港口立法问题探析"，载《大连海事大学学报（社会科学版）》2018年第4期，第1~6页。

10位。尽管我国营商环境已然得到极大改善，但是与排名靠前的经济体相比，还有很大的进步空间。该报告指出，排名前20的经济体具有一些共同特征，例如经营管理制度更健全、更透明，制度性交易成本相对更低等。[1]

自贸港要打造法治化营商环境，需要政府和有关部门依法行使职权，积极应对自贸港建设过程中可能出现的风险和挑战。以海南为例，海南自贸港的建设要坚持以习近平总书记"4·13"重要讲话精神为指引，把制度集成创新摆在突出位置，突破现行政策体系和体制机制的障碍，全面推进各项工作的创新。为了优化社会治理模式，海南省积极探索构建社会治理智能化平台，并于2020年3月9日提出建设"四位一体"的社会治理新机制，努力为海南自贸港打造安全稳定的社会环境。[2]

政府是自贸港制度供给和创新的实施主体，也是法治化营商环境的主要治理主体。为打造良好的营商环境，政府要促进其职能转变，着力构建服务型政府。首先，政府要建立与自贸港相适应的高效率行政体制，提高政府办事效率，节约市场主体的制度性交易成本，激发自贸港的市场活力。其次，政府要打破市场垄断与行政垄断，确保市场主体在标准制定、准入许可、经营运营、优惠政策等方面享受平等待遇，为市场主体打造公开、透明的市场环境。[3]再次，政府要注重对市场主体的产权保护，加大对侵权的惩罚力度，并推动自贸港的知识产权保护制度化、法治化，从而激发市场主体的创新活力。最后，政府要带头落实契约原则和诚信精神，建立政府政策诚信制度，引领自贸港其他领域的信用建设，逐渐形成诚实守信的社会风气。

（三）构建并完善自贸港纠纷解决机制

公正、高效和权威的纠纷解决机制是自贸港法治化营商环境的重要内容。我国自贸港肩负着完成更大范围、更宽领域、更深层次的对外开放任务。因此，自贸港对外资开放的力度更大，市场主体的争议事项也将涉及投资、贸易、金融、知识产权等方方面面。同时，在全球数字经济时代，随着数字交

---

〔1〕 "全球营商环境报告2020"，载世界银行官网：https://openknowledge.worldbank.org/bitstream/handle/10986/32436/9781464814402.pdf，最后访问时间：2022年6月5日。

〔2〕 "四位一体"是以海南社会管理信息化平台为核心，综治中心为枢纽，以网格化服务管理、矛盾纠纷多元化解为手段的新机制建设。

〔3〕 迟福林："加快建立海南自由贸易港开放型经济新体制"，载《行政管理改革》2020年第8期，第4~9页。

易模式逐渐取代传统交易模式，各种贸易转型升级并形成各种贸易新业态，自贸港将涌现大量的新型纠纷。这些新型纠纷与传统纠纷相比具有涉外性、专业性、前端性等特点。[1]

自贸港的司法体制需要对这些新型的纠纷以及社会需求进行理性回应和化解。其一，我国需在自贸港内构建国际化的司法审判制度以及具有国际影响力的仲裁和调解等非诉讼机制，从而推动自贸港多元化纠纷解决机制的构建和完善。其二，自贸港多元化纠纷解决机制构建要求解纷主体全面掌握国际经济和贸易的政策与法规，及时对标国际商事金融裁判新规则，从而提升自贸港解纷机制的国际公信力。其三，我国还需推动自贸港解纷平台的智能化建设，从而实现现代信息技术与解纷工作的有机融合，为市场主体及时化解矛盾带来便利。[2]

四、自贸港建设更高水平开放型经济新体制的有机组成

自贸港是我国为构建更高水平的开放型经济新体制而设置的特殊经济功能区，也是我国实现高水平开放形态的重要标志。[3]其要构建更高水平的开放型经济新体制须在法治的轨道上进行，成果也要通过法律制度予以保障。2020年，《最高人民法院关于人民法院服务保障进一步扩大对外开放的指导意见》提出，人民法院要主动融入更高水平的对外开放战略，为我国建设更高水平开放型经济新体制提供有力的司法保障。2021年，《最高人民法院关于人民法院为海南自由贸易港建设提供司法服务和保障的意见》明确了人民法院要以公正、高效的司法服务体系保障海南自贸港的建设。因此，构建全面的司法保障体系是自贸港建设更高水平开放型经济新体制的重要组成部分。而多元化纠纷解决机制作为司法保障制度的关键要素，也是自贸港建设更高水平开放型经济新体制的有机组成。

自贸港建设秉持开放发展的理念，致力于打造能够有效吸引全球资源要素的国际竞争合作机制。在此过程中，世界各国的投资者因为存在经济利益、

---

[1] 谢进：《中国自贸试验区：多元化纠纷解决机制研究》，鹭江出版社2019年版，第2页。
[2] 王淑梅、张波："助力自由贸易港建设　构建一流法治化营商环境"，载《法律适用》2019年第17期，第18~25页。
[3] 迟福林："加快建立海南自由贸易港开放型经济新体制"，载《行政管理改革》2020年第8期，第4~9页。

文化传统、法律制度等方面差异，所以在开展经贸和投资活动时常常伴随着摩擦和矛盾。而纠纷能否得到及时、有效的妥善解决是我国自贸港法治建设的风向标。建设配套公正、高效、便捷的多元化纠纷解决机制，提升其司法公信力和影响力，方能为自贸港建设更高水平开放型经济新体制保驾护航。

其一，从宏观层面而言，自贸港构建多元化纠纷解决机制既要借鉴国际经验，又要充分体现中国特色。一方面，学习国际通行的商事规则和国际惯例，借鉴国际先进自贸港成熟的司法裁判规则和制度是纠纷解决机制与国际接轨的必然要求；另一方面，强调传统和文化对纠纷解决的理念引导和有机融入，促成争议方在愉快轻松的氛围中实现各方的双赢是中国特色解纷模式的创新性建构，也是自贸港多元解纷机制的必要考量。其二，在技术保障和前沿技术运用方面，要顺应数字经济时代的发展趋势，积极推动解纷机制的数字化、智能化建设。要把人工智能、大数据、"5G"等先进技术应用在纠纷解决机制的建设领域，积极探索涉外案件在线审理、在线调解、在线仲裁的互联网解纷新模式，提升解纷机制的信息化水平。[1]其三，机构和人才也是多元化纠纷解决机制构建的重要依托和必争之地：一方面，要培育高专业水平、高素质的纠纷化解人才，以人才为依托，推进解纷机制的创新和解纷能力的提升；另一方面，在机构建设和引进上，要坚持"两条腿走路"，既要探索建设新的国际商事仲裁机构和国际商事调解组织，也要在条件成熟时大力引进既有的已具备一定影响力的国际商事仲裁和调解组织。同时，引进和聘用精通国际规则、具有丰富经验和较高声誉的调解员和仲裁员，增加自贸港纠纷解决机制的国际公信力。

概言之，自贸港多元化纠纷解决机制的构建既为全面深化改革进行了有益探索，又能助益于全面依法治国，为制度创新提供镜鉴，还是自贸港打造法治化、国际化、便利化的营商环境的必备要素之一，兼能为自贸港构建更高水平开放型经济新体制提供坚实的法治服务保障。综上，构建多元化纠纷解决机制在自贸港的总体建设中地位关键，必不可少。

---

[1] 曹晓路、王崇敏："中国特色自由贸易港司法保障研究"载《法律适用》2020年第13期，第76~85页。

第二章

典型自贸港（自由贸易试验区）纠纷解决实践现状

自贸港多元化纠纷解决机制的建构研究离不开对现有自贸港和发展态势较好的自贸试验区纠纷解决的实践考察。本章基于中国（海南）自由贸易港和中国（上海）自由贸易试验区纠纷解决具体状态入手，从诉讼制度发展、仲裁机制革新、商事调解补阙、公共法律服务创新以及涵盖诉讼、仲裁和调解三元平衡的"一站式"商事纠纷解决机制平台建设等方面，全面、系统地梳理上述自贸港和自贸试验区在纠纷解决方面的实践现状。并在该现状基础上，结合新加坡、迪拜等世界先进自贸港的相关解纷实践，从国际商事法院的建构、自贸港的仲裁国际化发展和商事调解事业的有机融入等三个方面对自贸港纠纷解决机制建构的经验启示进行系统性阐述。

第一节 中国（海南）自贸港纠纷解决实践现状

海南省位于我国最南端，与菲律宾、文莱、印度尼西亚和马来西亚为邻，是往来印度洋和太平洋的海上要冲，也是连接东北亚和东南亚的区域中心。便利的地理位置、良好的生态环境以及相对独立的地理单元均助力海南始终处在我国改革开放的最前沿，是制度创新的试验田和推进高水平开放的"排头兵"。2018年4月13日，在庆祝海南建省办经济特区三十周年大会上，习近平总书记赋予了海南省改革开放新使命，在推进高质量自贸试验区的基础上逐步探索、稳步推进中国特色自贸港建设。自探索建设中国第一个自贸港以来，海南省对外贸易总额不断攀升，外向型经济发展势头较好，货物、资金自由流动更为便利。伴随着大量国际商事活动接踵而至，海南省先后出台了包括海南自由贸易账户体系、海南特色国际贸易"单一窗口"以及中国

（海南）国际知识产权交易所等在内的配套经济政策，并于 2021 年 9 月 29 日通过《海南自由贸易港优化营商环境条例》，政策优势成为拉动海南经济增长的新引擎，进一步助力海南实现高水平、高质量、高层次的深度开放。

随着海南自贸港建设的逐步推进，跨境商事纠纷不仅数量持续增长，而且纠纷类型和内容也呈现多样化和复杂化趋势，特别是与知识产权、金融、航运、医疗等领域相关的纠纷更具国际性、专业性和前沿性等特征。因此，海南也在积极探索与自贸港相适应的多元化纠纷解决机制，不断丰富其商事纠纷解决方式，力争吸引更多外资企业投资建厂、落地海南。《海南自由贸易港建设总体方案》和《海南自由贸易港法》为海南构建多元化纠纷解决机制提供了政策支持和法律保障。近年来，海南自贸港充分利用诉讼、仲裁、调解等多种方式来化解商事纠纷。设立了一系列涉外商事纠纷解决机构，包括涉外知识产权法院、国际商事仲裁院及其调解中心等，助力其提升国际商事纠纷解决水平，在国际法律服务市场特别是纠纷化解领域占据一席之地。

一、诉讼发展：构建自贸港纠纷解决机制的应有之意

2019 年 9 月 26 日，为了贯彻落实习近平总书记"4·13"重要讲话精神和《海南自由贸易港建设总体方案》的要求，经最高人民法院批复、中共海南省委机构编制委员会办公室批准，海南第一、第二涉外民商事法庭和海口知识产权法庭分别在海南省第一中级人民法院、三亚市中级人民法院和海口市中级人民法院正式挂牌成立。一年后，海南自贸港知识产权法院也正式成立，这些机构共同助力海南国际商事纠纷解决机制在诉讼方面的构建和完善。

（一）涉外民商事法庭的组建为诉讼发展添砖加瓦

海南涉外民商事法庭采用"立、审、执"一体化运行模式，内设案件管理办公室和诉讼服务中心，助力其独立完成涉外民商事案件的立案、审判和执行工作。从职能设置上看，涉外民商事法庭独具涉外审判"四专门"特色，即专门审理涉外民商事案件，专门负责与海南境内外法院审判机构对接，专门与海南涉外办事机构企业对接，拥有专门的国际化审判团队。从便利当事人诉讼的角度考虑，涉外民商事法庭在海南南北区域分设两个法庭：在北部依托海南省第一中级人民法院，设立海南第一涉外民商事法庭；在南部依托三亚市中级人民法院，设立海南第二涉外民商事法庭，这两个法庭共同集中管辖海南涉外民商事纠纷。海南涉外民商事法庭的主要特征和优势包括：

第一，是全国首批省级跨区域集中管辖涉外民商事案件的专门法庭。其中，第一涉外民商事法庭的地域管辖范围是海南北部涵盖海口等11个市县和洋浦经济开发区；第二涉外民商事法庭的地域管辖包括海南南部的三亚等8个市县。其管辖诉讼标的额为50亿元以下的第一审涉外、涉港澳台民商事案件。海南涉外民商事法庭的设立旨在对涉外民商事案件进行集中管辖，统一涉外民商事案件的裁判尺度、提升涉外民商事案件的审判质量，以期在涉外案件审理过程中尽快达到国内先进水平并建立一定的国际影响力和司法公信力，打亮自贸港司法审判的靓丽名片。

第二，具备先进的软硬件设施。在硬件设施方面，涉外民商事法庭根据受理纠纷的类型和特点，设置诉讼服务中心、互联网法庭调解室、在线纠纷调解区、同声传译室等专门区域，以供当事人根据实际需求选择纠纷化解场所。同时，涉外民商事法庭还配备了自助立案机、案件查询机、诉讼风险评估仪、同声传译机等先进智能设备。当事人在诉讼服务中心，只需出示身份证即可自助选择立案、查询、阅卷等功能，流程便捷、解纷效率得到切实提高。在软件设施方面，海南也非常注重纠纷解决在线平台的建设，目前已打造完成了国际化、专业化的涉外民商事争议在线解决平台——ODR（Online Dispute Resolution）平台。ODR平台具有在线咨询、评估、调解、仲裁等服务功能，目前已获得国家版权认证。ODR平台不仅吸引了多家国内外知名调解和仲裁机构入驻，也引进了300余名法学理论基础深厚、实践经验丰富的专业仲裁员和调解员充实专家库，收录了32 270部法律法规和近150万份案例供当事人参考查阅。为当事人提供精准、便捷、高效、智能的多机构联动一站式线上多元纠纷解决平台。

第三，致力于最终建立一站式国际商事纠纷解决机制。截至目前，涉外民商事法庭已与中国国际贸易促进委员会、香港国际争议解决及风险管理协会、澳门调解协会等解纷专业机构签署合作协议。就在当事人同意的前提下法庭和这些机构间就案件处理进行线上或线下委托以实现调解或仲裁工作的转化对接、中立评估机制建设等作出具体约定，畅通涉外民商事法庭与知名仲裁、调解机构在纠纷化解方面的合作和联动，提升海南自贸港纠纷解决机制的国际竞争力。

第四，强化以制度创新促动办案效率的提升。涉外民商事法庭为从源头化解和预防纠纷，先后推出了调解前置程序、诉前调解免除案件受理费等制度，在诉源治理方面获得了较好效果。一方面，满足了当事人高效解纷的需求，在缓和矛盾的同时也切实降低了当事人的解纷成本；另一方面，这些创新举措能有效节约诉讼资源，实现诉讼资源利用的集约化和最大化。具体而言，当事人将纠纷诉至法庭后，法庭有权在征得当事人同意的前提下将案件转入诉前调解程序，由法官或委托的商事调解机构进行调解。当事人经过调解达成协议的，法庭有权根据当事人请求，以出具调解书的方式，或是对协议进行司法确认来赋予调解协议强制执行的效力。此外，对于经过诉前调解程序达成协议的案件，法庭有权免于收取案件诉讼受理费，鼓励当事人尽量选择采用非诉讼纠纷解决方式化解纠纷。

（二）知识产权法院的设立为诉讼发展锦上添花

自2009年以来，海南省高级人民法院和各中级人民法院先后设立了专门的知识产权审判庭，对知识产权民事、行政和刑事案件进行"三合一"管辖，对知识产权案件的裁判标准的统一和审判质量的总体提升起到了正面作用。2019年9月26日，海口市中级人民法院成立知识产权法庭，按照"立审执一体化"模式运行，由法庭内不同专业团队完成案件的立案、审理到执行的全流程，这一模式不仅有利于提高案件审理的质效，也有利于积累知识产权案件的专业审判经验并集聚知识产权审判专业人才队伍。2020年8月28日，为进一步激发自贸港知识产权贸易的活力，海南设立了国际知识产权交易中心，就知识产权运营、保护、第三方服务、数据服务、证券化等方面与国内外企业积极展开合作探索，积极营造开放、包容的知识产权贸易环境，以期为自贸港建设打造经济增长新引擎。伴随着知识产权保护力度的加强、保护范围的拓展以及贸易模式的发展，知识产权相关纠纷的化解亦为司法机构提出了新命题。2020年12月26日，海南自贸港知识产权法院应运而生，对全面提升海南自贸港知识产权的司法保护力度具有重要意义。

海南自贸港知识产权法院是继北京、上海、广州后设立的第四个知识产权专门法院，集中管辖海南省内应由中级人民法院管辖的知识产权民事、行政、刑事案件以及基层人民法院第一审知识产权民事、行政和刑事判决、裁定的上诉、抗诉案件。该法院实行知识产权民事、行政、刑事案件审判"三合一"模式以及立案、审判、执行全流程办理。法官集办案、调研和服务工作于一体，致力于为当事人提供高质量、高效率的知识产权纠纷化解服务。在机构设置方面，海南自贸港知识产权法院按照"大业务、大审判、小行政"

的理念,以审判业务部分为建设主要着力点,除了政治部和审判事务部两个行政管理部门外,其余五个内设机构均为业务部门,执行局单独划设,凸显其知识产权纠纷解决的系统性和专业性。

二、仲裁革新:构建自贸港纠纷解决机制的必由之路

仲裁作为替代性纠纷解决的主要方式之一,以其灵活和高效的优势赢得了国际商事纠纷当事人的青睐,各国争相打造国际化的仲裁机构并与时俱进地更新仲裁规则,以提升本国在商事争议解决方面的国际竞争力。海南自贸港在构建多元化纠纷解决机制进程中亦十分重视国际商事仲裁机构建设,并尝试更新及完善与国际接轨的商事仲裁规则。

(一)仲裁机构的改制:仲裁困境的破解进路

鉴于《仲裁法》未明确规定仲裁机构的法律地位以及治理结构,为在建立初期获得政府财政等各方面的扶持,我国大多数仲裁机构的法律地位均"参照事业单位",这一定位不仅不利于我国仲裁事业的长期发展,也是我国仲裁机构行政化色彩浓厚的主要原因。[1]2018年12月31日中共中央办公室、国务院办公厅《关于完善仲裁制度提高仲裁公信力的若干意见》(以下简称《仲裁公信力的若干意见》)规定仲裁委员会是提供公益性服务的非营利法人,为仲裁机构"去行政化"改革提供了制度支撑。2021年7月30日,司法部公布了《仲裁法(修订)(征求意见稿)》,其中第13条亦将仲裁机构定位为其他公益性非营利法人,仲裁法的修订势必在全国范围内加快仲裁机构的改革进程。走在改革前沿的海南已于2019年率先推出改革措施,为仲裁机构改革提供了可资借鉴的实践经验。《海南省人民政府关于海南仲裁委员会更名改制的批复》和《海南国际仲裁院(海南仲裁委员会)管理办法》等规范性文件为海南仲裁委员会的改制工作提供了制度基础,并且明确了更名改制后的海南国际仲裁院不再是事业单位,而是社会公益性法定机构,作为非营利法人独立运作。

国际商事仲裁作为广受青睐的商事争议解决方式,是发达市场经济的基本配置,仲裁机构的中立性和独立性又恰是仲裁得以发展的生命力基础。海

---

[1] 谭启平:"论我国仲裁机构的法律地位及其改革之路",载《东方法学》2021年第5期,第150~164页。

南国际仲裁院作为自贸港唯一的商事仲裁机构,其机制改革的顺利进行,是仲裁机构法律地位和治理结构变革的重大突破。2020年7月8日,海南国际仲裁院第一届理事会的组建完成和第一次会议的顺利召开标志着改制工作的全面完成。自此,海南国际仲裁院建成了以理事会为主导的法人治理机构,成了全国唯一一个不再保留事业单位性质的仲裁机构,完成了决策、执行和监督相互制衡的治理机制,彰显了自贸港仲裁机构的独立性和非官方性。海南国际仲裁院第一届理事会由海南省政府直接任命理事长,其余11位理事均为国内外的知名专家和行业翘楚,搭建起了海南构建国际化、专业化仲裁机构的核心"大脑"。在第一届理事会的领导下,2020年海南国际仲裁院的工作取得了丰硕成果:新收仲裁案件3300件,同比增长19%,且结案2512件,结案率高达85%。海南国际仲裁院在2020年受理涉外案件的标的总额达1.2亿元,当事人分别来自美国、加拿大、澳大利亚等国家和地区,其国际影响力得到了一定程度的提升。此外,为了方便商事主体在海南解决纠纷,海南国际仲裁院在三亚设立了分院。三亚分院适用海南国际仲裁院的《仲裁员名册》《仲裁规则》及网络仲裁平台,旨在将海南国际仲裁院的仲裁影响力和良好声誉扩展至海南全省。具体而言,海南国际仲裁院的特征和优势主要有:

第一,治理机制具有先进性。海南国际仲裁院改革是从决策层层面进行的彻底改革,从改制伊始就明确了其非营利组织的定位,是自贸港仲裁机构积极融入全球法律竞争,逐步扩大竞争优势的重要体现。为实现仲裁机构正本清源,彻底去"行政化"目标,海南国际仲裁院不仅建立了独立自治的法人治理结构,还建立了专业高效的执行管理机构、内部监督机制以及自收自支、依法纳税的财务管理体制,并实行决策、执行、监督有效制衡的国际化治理机制。[1]同时,除理事长采用任命制外,海南国际仲裁院对所有工作人员实行全员聘用制度,不再保留事业单位编制,淡化了行政色彩,极大地提高了机构运转活力。作为仲裁机构改制彻底并成功的典范,海南国际仲裁院为全国范围内其他仲裁机构的改制之路提供了方向和路径参考。

第二,仲裁员具有国际化、专业化的特征。仲裁员是仲裁事业的重要力量,海南国际仲裁院在此次机制改革中,提升仲裁员数量、拓展仲裁员国际性、强化仲裁员专业性,为仲裁机构建设夯实核心竞争力。一方面,海南国

---

[1] 详见《海南国际仲裁院章程》。

际仲裁院优化升级仲裁员结构模式，将仲裁员从441名提升至1057名。其中，境外仲裁员从原先的222名增至258名，分别来自美国、日本、新加坡、澳大利亚等国家。[1]海南国际仲裁院选任的仲裁员不仅精通法律，还掌握金融、知识产权、建设工程、股权转让等领域知识，是国内外各领域享有较高声誉的专家，能够运用多种语言进行仲裁，是海南自贸港仲裁发展的人才队伍保障。另一方面，海南国际仲裁院还通过培训、评审和考核等常态化培养机制提高了仲裁员的专业水平。其一，海南国际仲裁院注重对仲裁员的培训，通过专家授课、案件专题研讨等方式提高仲裁员审裁案件和运用国际规则的能力。其二，海南国际仲裁院设置考核机制，分别从办案能力、文书质量等方面考核仲裁员，发挥优秀仲裁员的示范引领作用，加强对仲裁员办案的流程管理。其三，针对重大复杂或系列案件，海南国际仲裁院建立了审核人员与仲裁员交流机制，要求双方就重大问题及时交换意见，以确保裁决结果的依法、公正和适当。

（二）仲裁规则的改良：仲裁革新的未来之势

海南在国际商事仲裁方面的发展不仅体现在海南国际仲裁院的机构设置上，还体现在海南国际仲裁院制定的现代化国际商事仲裁规则上。海南国际仲裁院现在采用的仲裁规则是其在总结自有实践经验的基础上，对标国内外先进仲裁机构（包括但不限于ICC、SIAC、HKIAC等机构）的仲裁规则后全面修订的仲裁规则。相较于2017年版仲裁规则，海南国际仲裁院于2020年修订后的仲裁规则在对当事人意思自治给予充分尊重，仲裁国际化水平全面提升，仲裁费用制度完善等方面均体现出了突出优势：

第一，充分尊重当事人自主合意。其一，2020年版仲裁规则扩大了当事人意思自治的范围。当事人把争议提交至海南国际仲裁院仲裁的，既有权自行约定适用其他仲裁规则，还能对海南国际仲裁院仲裁规则中的仲裁地、仲裁语言、开庭方式和地点、证据规则的适用等相关内容进行变更，进而形成更为个性化的仲裁模式。例如，对于仲裁员的选择，海南国际仲裁院不仅继续实行仲裁员名册开放，允许当事人选择仲裁员名册以外的仲裁员，还新增了允许国际商事仲裁当事人对仲裁员国籍、地域或专业等资格进行特别约定

---

[1] "仲裁员名单详见海南国际仲裁院仲裁员名册"，载海南国际仲裁院：https://www.hnac.org.cn/list/6.html，最后访问时间：2022年6月1日。

的规定。[1]这一规定强化了新版仲裁规则的国际化特征，能吸引更多跨国争议当事人选择海南国际仲裁院仲裁。其二，海南国际仲裁院或仲裁庭享有基于当事人授信而产生的自治权利。[2]例如，海南国际仲裁院仲裁规则新增了友好仲裁规定，即当事人在仲裁协议或仲裁程序中达成书面协议的，仲裁庭可以不严格依法律规定而是作为友好公断人或依据公允善良原则进行仲裁，从而最大限度地实现当事人选择仲裁方式灵活解纷的目的。[3]另外，对于仲裁规则未明确规定之事项，海南国际仲裁院或仲裁庭有权采取适当方式有效推进仲裁程序，促使当事人高效化解纠纷。[4]最后，仲裁规则放宽了对仲裁协议书面形式的要求，不局限于纸质形式，而是包括可以有形表现所载内容的一切形式。[5]

第二，借鉴引入国际商事仲裁领域的通行做法。其一，海南国际仲裁院规定了第三方资助制度。鉴于国际商事仲裁涉及两个以上国家或地区，案情多复杂、地域跨度大、审理周期长，因此仲裁费用亦相对高昂。为缓解仲裁当事人的费用压力，从国际投资仲裁中逐步发展的第三方资助制度在国际商事仲裁中逐渐受到青睐。该制度是由案外第三方向当事人提供相关资金资助，以期获取仲裁裁决带来的经济利益的制度。为保证仲裁裁决的公正性，海南国际仲裁院规定获得第三方资助的当事人应及时书面告知对方当事人、仲裁庭及仲裁机构，并及时披露相关情况，还规定仲裁员与提供资助的第三方有利害关系时，应当回避。[6]第三方资助制度可以适度缓解仲裁当事人的经济压力，降低国际商事仲裁的提请门槛。海南国际仲裁院在仲裁规则中对这一制度的确认，势必会吸引更多国内外当事人到海南来仲裁，提升海南国际仲裁院在国际仲裁领域的影响力。其二，海南国际仲裁院引入了裁决核阅制度，规定仲裁庭在签署裁决书之前应把裁决书草案提交海南国际仲裁院核阅。在不影响仲裁庭独立作出裁决的前提下，海南国际仲裁院有权对裁决提出形式

---

[1] 参见《海南国际仲裁院（海南仲裁委员会）仲裁规则》第69条。
[2] 参见林一：《国际商事仲裁中的意思自治原则——基于现代商业社会的考察》，法律出版社2018年版，第39页。
[3] 《海南国际仲裁院（海南仲裁委员会）仲裁规则》第77条。
[4] 《海南国际仲裁院（海南仲裁委员会）仲裁规则》第3条。
[5] 《海南国际仲裁院（海南仲裁委员会）仲裁规则》第8条。
[6] 《海南国际仲裁院（海南仲裁委员会）仲裁规则》第72条。

上的修改建议，还可适当提示仲裁庭注意裁决的实体问题。裁决核阅制度不仅能减少裁决的疏漏，保障裁决质量，还能逐渐统一裁决形式，促使仲裁庭对同类裁决的结果和形式保持一致性，提高当事人对裁决结果的可预期性。[1]其三，海南国际仲裁院在国际商事仲裁中新增了庭审记录的方式。经当事人申请，海南国际仲裁院可以为仲裁庭聘请专业速录人员进行庭审记录，相关记录可以提供给当事人，聘任费用也需由当事人按仲裁规则平均分担。[2]其四，海南国际仲裁院规定国际商事仲裁当事人有权对证据规则作出特别规定，能约定适用其他更为先进、更被普遍接受的证据规则，例如国际律师协会通过的国际商事仲裁取证规则。在当事人未约定时，仲裁庭也有权根据案件审理需要选择适用其他成熟的证据规则。[3]

第三，细化完善仲裁费用的相关标准。海南国际仲裁院在参考其他仲裁机构做法的基础上，把仲裁案件费用管理规定作为新版仲裁规则的附件，为当事人提供了可预期的指引。[4]由于海南国际仲裁院新版仲裁规则涉及国内仲裁、国际商事仲裁、适用其他规则仲裁和临时仲裁等不同类型的仲裁形式，该附件还针对仲裁的不同类型制定了不同的费用标准。该费用标准包含各类案件的适用范围、收费标准、费用预收和不预交费用的后果等细节问题，体现了海南国际仲裁院收费模式的公开和透明。此外，海南国际仲裁院增加了对仲裁庭费用制裁权的规定，以促使当事人遵循诚实信用和善意仲裁的原则。例如，在当事人或代理人违反仲裁规则或存在其他不当行为而导致仲裁程序拖延或费用增加时，仲裁庭有权裁决其承担由此增加的费用。[5]

三、调解补阙：构建自贸港纠纷解决机制的内在要求

调解作为承载中国"和文化"底蕴的纠纷解决方式之一，是消解矛盾、高效解纷的首选，其灵活、便捷和成本较低等特性，使其在自贸港国际商事纠纷化解领域具有广阔的适用空间。为推动国际商事调解发展，海南先后成

---

[1]《海南国际仲裁院（海南仲裁委员会）仲裁规则》第80条。
[2]《海南国际仲裁院（海南仲裁委员会）仲裁规则》第75条。
[3]《海南国际仲裁院（海南仲裁委员会）仲裁规则》第74条。
[4] 详见"海南国际仲裁院仲裁收费标准"，载海南国际仲裁院：https://www.hnac.org.cn/list/6.html，最后访问时间：2022年6月1日。
[5]《海南国际仲裁院（海南仲裁委员会）仲裁规则》第6条。

立了海南国际仲裁院国际商事调解中心、海口国际商事调解中心、三亚国际商事调解中心以及中国贸促会海南调解中心等国际商事调解机构，聘请国内外各领域的专家担任调解员，在调解规则设计上也与《新加坡调解公约》保持衔接，以便公约生效后在自贸港无缝对接适用。

2020年6月1日，海南国际仲裁院国际商事调解中心正式成立，弥补了海南自贸港商事纠纷解决机制在调解领域的缺口。国际商事调解中心面向境内外开展业务，主要受理平等主体之间的合同纠纷和其他财产权益纠纷。调解中心在成立和培育初期，受理的案件主要来源于当事人的主动申请和法院委托：当事人不论是否订有仲裁条款，在仲裁前或者诉讼前均可以申请调解中心调解；调解中心也可以接受人民法院或者其他机构的委托，对符合其受案范围的民商事纠纷进行调解。[1] 调解中心自正式运行以来取得了良好成效，2020年全年，该中心共计受理商事调解案件41件，标的总额1080万元，其中结案38件，结案率达93%。

国际商事调解中心依托海南国际仲裁院而建，其虽初创却也背景深厚、优势明显：其一，该中心选任的调解员具有国际性和专业性。国际商事调解中心以海南国际仲裁院仲裁员库为依托，从现有仲裁员库中择优聘任调解员，建立了一支业务能力强、办案经验丰富的调解员队伍。调解中心目前有调解员365名，均具备娴熟的调解技能和办案经验，其中境内281人，港澳台地区及境外84人。调解员的专业知识覆盖法律、经济贸易、金融、知识产权、海事海商等领域，而且精通不同国家语言，具备为当事人提供高质量调解服务的能力。此外，当事人在调解员的选择上具有较高的意思自主性，其调解员选择范围并不局限于调解中心的调解员名册，名册外但被案件当事方其信赖的调解员也可以在中心调处案件。其二，调解中心在调解和仲裁、诉讼的对接程序上具有便利性。依托多年成熟的仲裁实践，海南国际仲裁院建构了"仲裁+调解"的双轨运行模式，通过精细的制度设计促使调解与仲裁程序实现无缝对接。一方面，调解中心通过优惠调解案件受理费，鼓励当事人首选调解解决纠纷，即调解案件仅按照仲裁案件收费标准的一半收取费用。另一方面，调解成功后，为保证调解结果的顺利执行，当事人可以自愿申请仲裁确认，当事人仅需补交另外一半仲裁费用即可直接进入仲裁程序对和解协议

---

[1] 受案范围详见《海南国际仲裁院（海南仲裁委员会）国际商事调解中心调解规则》。

进行仲裁确认；调解不成的，在扣除支付调解员报酬和其他必要费用外，调解中心会把剩余款项退回给当事人，并积极引导当事人把纠纷提交至仲裁庭审理。综上，国际商事调解中心通过首选调解的费用减免，调解成功的仲裁确认，以及调解不能后的仲裁介入等制度设计实现了调解与仲裁的高效衔接。此外，调解中心与人民法院等单位也在共同探索建立调解和诉讼对接的工作协作机制。例如，调解中心已与海南省高级人民法院、海南省第一中级人民法院、海口市中级人民法院签订合作协议，入驻了法院系统调解平台和"一站式诉讼服务平台"，通过合作单位的案件分流，为当事人提供便利的线上线下调解服务。

四、公共法律服务的创新：构建自贸港纠纷解决机制的现实要求

海南于 2020 年 10 月颁布的《海南自由贸易港制度集成创新行动方案（2020-2022 年）》提出把建设全岛同城化公共法律服务体系作为自贸港制度集成创新任务之一，为自贸港建设保驾护航。为此，海南省以制度创新为抓手，推动涉外律师事务所的设立、公证规则的改革和人民调解制度的创新和发展，不断完善公共法律服务体系，为海南自贸港打造良好法治环境作出了贡献。

随着海南自贸港建设的推进，涉外法律服务需求不断增加，但是海南涉外律师和律师事务所相对匮乏，涉外法律服务供给无法满足更难以引领海南自贸港建设的需求。为此，海南省于 2019 年 9 月 27 日通过的《海南经济特区律师条例》从制度上破除了制约海南涉外法律服务发展的障碍，为海南创新律师事务所的组织形式、加强律师行业对外交流与合作提供了法律依据。此外，海南省司法厅通过的《香港特别行政区和澳门特别行政区律师事务所与海南律师事务所实行合伙联营的试行办法》《海南省中外律师事务所联营实施办法》《海南省中外律师事务所互派律师担任法律顾问实施办法》《海南律师事务所聘请外籍律师担任外国法律顾问试行办法》等办法，旨在鼓励建立海南省律师事务所与国内外律师事务所联营、互派业务顾问试点的管理方式和机制。通过上述条例和办法的施行，海南在涉外法律服务发展方面已然取得良好成效：目前已引进和新设律师事务所 57 家，新增律师 275 人。其中，具有涉外法律服务能力的律师事务所有 41 家，2 家为香港合伙联营律师事务所。海南还引进了首家外国律师事务所——澳大利亚邱氏律师事务所在海口

设立驻华代表处。[1]澳大利亚邱氏律师事务所进入海南后与多家国内律师事务所签署合作协议,为进一步推动海南法律服务机构向国际化、多元化方向迈进作出了贡献。此外,海南还在全国率先实行涉外公证全省通办,自此全省具有办理涉外公证资格的机构不再受区域限制,业务范围可扩大至全省。[2]这一制度改革打破了执业区域的属地限制,为海南开展涉外公证法律服务提供了便利,符合我国对外开放的根本方向,加速推进了公证法律服务领域改革开放。

概言之,在经济全球化背景下,纠纷解决机制已不可避免地成为我国软实力的重要组成部分,而作为我国探索设立的首个自贸港,海南在吸收借鉴国际先进纠纷解决机制经验的基础上,推动诉讼制度发展,进行仲裁体制革新,弥补商事调解空缺,完善法律服务供给,正全面打造着具有中国特色的多元化纠纷解决机制。

第二节 中国(上海)自由贸易试验区纠纷解决实践现状

1990年,上海在浦东设立了我国首个海关特殊监管区域——外高桥保税区。至今,外高桥保税区已成为我国经济规模最大、业务功能最丰富的海关特殊监管区域,也成功为上海率先开展自由贸易试验区试点工作积累了丰富经验。2013年8月,我国首个自贸试验区——上海自贸试验区——在上海设立,其范围涵盖上海外高桥保税区、上海外高桥保税物流园区、洋山保税港区和上海浦东机场综合保税区4个海关特殊监管区域。这是上海以更大程度开放促进更深入改革、进一步提升整体经济实力的重要契机。2015年4月,上海自贸试验区扩大实施范围:从28.78平方公里扩展至120.72平方公里,新增陆家嘴金融片区、金桥开发片区、张江高科技片区。2019年7月,上海再次增设自贸试验区临港新片区并提出要建成世界高水平自贸试验区。伴随着上海自贸试验区范围的持续拓展,开放战略持续优化和升级,上海市经济

---

[1] "扛起公共法律服务的责任担当 为海南自贸港建设保驾护航",载海南省人民政府网:https://www.hainan.gov.cn/hainan/5309/202012/ab71629b93fe4eb8bdb84530c78a2fc6.shtml,最后访问时间:2022年6月2日。

[2] "涉外公证实现全省通办",载海南自由贸易港网:http://www.hnftp.gov.cn/zdcx/cxal/201911/t20191101_3024256.html,最后访问时间:2022年6月2日。

运行韧性不断增强。《2021 年上海市国民经济和社会发展统计公报》显示：2021 年上海市实现地区生产总值 43 214.85 亿元，比上年增长 8.1%，两年平均增长 4.8%。此外，在对外经济方面，上海 2021 年海关区货物进出口总额 75 742.70 亿元，比上年增长 17.3%。其中，进口 32 059.73 亿元，增长 18.6%；出口 43 682.96 亿元，增长 16.3%。〔1〕

上海自贸试验区的建设离不开法治的引领和保障。在中央层面，我国于 2013 年至 2017 年先后出台《全国人民代表大会常务委员会关于授权国务院在中国（上海）自由贸易试验区暂时调整有关法律规定的行政审批的决定》以及与自贸试验区建设相适应的政策方案。〔2〕在地方层面，上海于 2014 年出台地方性法规《中国（上海）自由贸易试验区条例》，从投资、贸易、金融、税收、监管等领域作出具体部署，并于 2018 年启动该条例修订工作。上海还陆续出台了一系列规范性文件以灵活调整自贸试验区的创新领域和新业态。〔3〕全方位、高水平的对外开放必然引致形态各异、类型新颖、涉及领域专业、牵涉地域广泛的商事纠纷，而合理、高效地解决这些纠纷是其营商环境优化的题中应有之义，也是上海自贸试验区培育国际竞争力的重要因素。

一、与时俱进的诉讼制度发展

鉴于涉自贸试验区案件在一般情况下案情较复杂、当事人国籍背景较复合、矛盾冲突类型多元化等特点，要求对相关案件进行司法化解的路径较之传统诉讼有一定区别，上海自贸试验区在司法制度的相应创新上主要体现为涉自贸试验区案件管辖权规定的相对集中、审判规则的适度创新、审判团队的日趋专业以及审判机制的推陈出新。

（一）涉自贸试验区案件管辖权规定相对集中

在审判机构设置上，上海自贸试验区设立了自贸试验区法庭（以下简称"上海自贸试验区法庭"）和自贸试验区专项合议庭，专项审理涉自贸试验区

---

〔1〕 "2021 年上海市国民经济和社会发展统计公报"，载上海市统计局：http://tjj.sh.gov.cn/tjgb/20220314/e0dcefec098c47a8b345c996081b5c94.html，最后访问时间：2022 年 6 月 2 日。

〔2〕《国务院关于印发中国（上海）自由贸易试验区总体方案的通知》《进一步深化中国（上海）自由贸易试验区改革开放方案》《全面深化中国（上海）自由贸易试验区改革开放方案》。

〔3〕 包括《中国（上海）自由贸易试验区关于进一步促进融资租赁产业发展的若干措施》《上海市优化营商环境条例》等地方政策条例。

案件。2013年11月和2015年4月，上海市浦东区人民法院分别设立了全国第一家自贸试验区法庭和自贸试验区知识产权法庭，以集中管辖涉自贸试验区的一审案件。上海市第一中级人民法院在金融审判庭设立了自贸试验区案件专项合议庭，依法集中受理与自贸试验区金融相关的二审案件及重大一审案件。上海市第二中级人民法院（以下简称"上海市二中院"）在民四庭设立了涉外商事审判专项合议庭，负责审理涉及上海国际经济贸易仲裁委员会《中国（上海）自由贸易试验区仲裁规则》的仲裁审查案件。上海市二中院还就涉自贸试验区案件设立了专项执行实施组和裁决组，专门负责涉自贸试验区案件的执行问题。2015年4月，上海市海事法院设立自贸试验区法庭，对与自贸试验区有关的海事案件进行集中管辖。此外，相关法院间亦注重对案件的沟通和交流，通过法院内部联席会议、典型案例指导、审判研究等形式加强一线法官间的联络，逐渐实现法官在审判涉自贸试验区案件中法律法规适用和裁判规则的统一，进而增强司法透明度和可预期性，为外国当事人到上海投资和进行贸易往来提振信心。

（二）涉自贸试验区案件审判规则适度创新

2014年4月29日，上海市第一中级人民法院发布的《上海市第一中级人民法院涉中国（上海）自由贸易试验区案件审判指引（试行）》（以下简称《审判指引》），是其积极探索自贸试验区审判程序和规则改革的重要成果。

其一，《审判指引》规定上海市第一中级人民法院可以基于不同类型案件的特殊需求，以为当事人提供专业性审判服务为最终宗旨，打破常规审判庭界限，跨审判庭约请专业法官临时加入专项合议庭审理相关案件。[1]其二，根据《最高人民法院关于完善人民法院司法责任制的若干意见》的总体要求，各级法院制定院、庭长审判管理监督权力清单，并落实裁判者责任制。对适用简易程序和普通程序审理案件的法官分别规定了与审判权相适应的办案责任，还规范了审判辅助人员亦需承担对应责任。[2]其三，为了应对立法层面的改变和可能出现的"立法真空"现象，《审判指引》确定了依法审判原则、鼓励创新与防范风险相结合原则、审判质量与效率统一原则。这些原则有助

---

〔1〕《审判指引》第86条。
〔2〕张斌主编：《浦东法院服务保障上海自贸试验区的探索与实践》，法律出版社2016年版，第330页。

于法官在法律法规没有明确规定或需要协调法律与政策规定时，坚持适用法律优先、政策补充的原则，并正确把握案件审理方向以合理行使自由裁量权。[1] 其四，针对自贸区案件所反映的立法缺位、瑕疵或法律新问题，《审判指引》规定法官应及时向有关立法机关以个案或案件综合分析的方式提出司法建议。此时法官不再是被动的审判者，而是扮演法律问题发现者和建议者角色，进而能动地参与自贸试验区各项制度的改革与创新。[2] 例如，就近几年法院受理案件所反映的市场新特点和新问题，上海自贸区法庭有针对性地制作了调研报告，提示市场风险。其制定的《上海自贸区民商事纠纷出现新趋势 营商环境稳步发展需关注三大监管风险》已为上海自贸试验区各职能部门提供有益参考。其五，在自贸试验区市场空前活跃的背景下，面对纷繁复杂的涉自贸试验区案件，上海自贸试验区法庭一方面衔接国际通行规则，在管辖权的选择和准据法适用方面充分尊重当事人自主合意，并与外国法查明机构建立长效合作机制，在外国法的适用和管辖法院的识别方面已有相关成功实践；另一方面，切实履行国际公约、条约义务，适用国际条约或国际惯例审理相关涉自贸试验区案件，同时积极开展国际司法协助，加强与其他国家在民商事司法协助方面的交流和互动。2019年越南法院依据双边条约向自贸试验区法庭提出的协助函，是来自"一带一路"国家的第一例司法协助请求，自贸试验区法庭因在该案中高效协助、配合工作，获得了最高人民法院的表彰。[3]

（三）涉自贸试验区案件审判团队日趋专业

审判团队的专业性是涉自贸试验区案件审理质效的坚实保障。上海自贸试验区相关法院已初步培育了一批熟悉国内外法律并具有一定国际视野的专业化审判团队。

第一，审判团队建设改革稳步推进，专业性持续提升。作为上海市审判团队建设试点单位，上海市二中院首创在商事审判庭内设立专门的涉外商事纠纷审判团队，组建了30支新型审判团队审理商事案件。新型审判团队是由一名法官加一名助理组成的审判单元。这批新型审判团队坚持类案办理专业化的首要原则，在案件审理过程中注重梳理裁判要点、统一裁判尺度、推进

---

[1]《审判指引》第3~5条。
[2]《审判指引》第95条。
[3] "继国家发改委'点赞'后，上海浦东法院自贸区法庭再获最高法院表彰"，载搜狐网：https://m.thepaper.cn/baijiahao_13464069，最后访问时间：2022年6月2日。

适法统一，从而提升涉外民商事案件的审理质效。同时，新型审判团队在疑难、新类型案件的审理中注重对案情和法律适用的归纳和研习，基于审判实务梳理和裁判思路总结为今后的类案审理奠定专业化基础。该涉外商事纠纷审判团队编纂的《涉外、涉港澳台商事案件审判指引》亦为其他法院审理涉外商事案件提供了借鉴指引。[1]此外，涉自贸试验区相关案件管辖的法院亦十分重视典型案例的指引作用，通过召开法院内部联席会议、公布典型案例等方式为法官提供了多种渠道精品案例学习机会。除审判团队外，审判法官自身亦十分注重对涉自贸试验区精品案例的发掘、总结和研习，在审判能力和专业化水平方面不断实现突破。

第二，人民陪审制度的对应改革初见端倪。由于涉自贸试验区纠纷具有相当的复杂性和专业性，为避免"陪而不审、审而不议"情形的出现，《审判指引》对组成专项合议庭的人民陪审员提出了更高的要求，要求人民陪审员具备与案件相契合的专业知识储备。[2]上海市第一中级人民法院于2015年4月10日聘任的9名专家陪审员，分别来自证券、银行、保险监管等金融机构及相关高校，为法院金融商事案件审理奠定了扎实的理论和实践基础。此外，针对涉自贸试验区的典型疑难、创新性案件，相关法院亦通过召开定期或不定期研讨会的方式，邀请国内外知名专家、学者与审判法官共同研析推敲，助力法官审判能力的不断攀升。

第三，涉外商事审判咨询和审判前沿性研究卓有成效。2021年3月12日，上海自贸试验区法庭组建了涉外商事专家委员会，聘任多名高校教授和国际商事领域知名学者为专家委员，成立了涉外商事司法研习社，促进上海涉外商事审判工作向着更高水平迈进。涉外商事专家委员会和涉外商事司法研习社共同在法院审判实践的基础上发掘典型案例、开展前瞻性理论研究、为涉自贸试验区案件审理夯实了理论基础、积累了案例素材、统一了裁判标准和规则适用思路。

（四）涉自贸试验区案件审判机制推陈出新

第一，现代信息技术的发展为诉讼提供了更多可能性，尤其是针对涉自

---

[1] "上海法院综配改革案例第43期 | 精心谋划 扎实推进 上海二中院深入探索中级法院审判团队改革新路径"，载搜狐网：https://www.sohu.com/a/311826697_100017141，最后访问时间：2022年6月2日。

[2]《审判指引》第87条。

贸试验区案件而言，电子信息技术的发展便捷了诉讼各项程序流程，为当事人工作减负，能切实实现纠纷化解的高质效。2017年，《最高人民法院关于加快建设智慧法院的意见》明确提出"智慧法院"建设规划。上海市法院系统在"智慧法院"建设了方面尤为强调信息化为司法审判赋能，全面推进全流程网上办案体系建设工作。2020年3月印发实施的《上海市高级人民法院关于网上立案、电子送达、电子归档的若干规定》为各级法院打造"智慧法院"提供了规则支撑。就自贸试验区而言，这一规定对于实践中广泛存在的"区内注册、区外经营"企业而言，无疑大大提高了当事人的诉讼效率、节约了诉讼时间和金钱成本。上海自贸试验区法庭还积极搭建"数字化法庭"平台，当事人可以在该平台上办理立案、文书送达、举证质证、财产保全等诉讼程序事项，实现案件办理全流程无纸化和高效化。该平台还能自动生成"数字卷宗"并实时予以更新，彻底改善传统纸质卷宗携带不便且容易丢失等弊端。

第二，诉讼工作和司法判决的权威性在某种程度上还依赖于执行工作的切实有效，为缓解法院"执行难"以及"人少案多"的突出问题，自贸区相关法院在执行机制上亦积极创新。"陪执员"制度的引入就是重大举措之一。换言之，即引进社会上的陪执员与法院系统内部执行员共同参与案件判决的执行工作。鉴于该项制度目前仅在自贸试验区探索适用，《审判指引》明确仅针对被执行财产在自贸试验区内的，法院可以选用陪执员辅助判决执行。[1] 人民陪执员的选任通常来源于两种途径：一是从人民陪审员中进行适当选择；二是在社会上吸纳既有威望又具备一定法律知识、了解基层工作、善做调解工作的社会人士参与执行工作。"陪执员"制度将社会力量引入了法院执行，巧借人民陪执员有声望、知民意、好协调的独特优势，协助法院对一些敏感、疑难案件开展执行工作，有助于减轻当事人和执行法院之间的对抗性，提高人民群众对法院执行工作的认可度。

二、与国际接轨的仲裁机制完善

仲裁一直是国际商事争议的首选解纷方式，鉴于自贸试验区内国际商事纠纷频发，仲裁在多种备选纠纷化解模式中一直居于显著位置。目前，上海共有包括上海仲裁委员会、上海国际经济贸易仲裁委员会、中国海事仲裁委

---

[1]《审判指引》第71条。

员会上海总部、世界知识产权组织（WIPO）仲裁与调解上海中心在内的4家依法登记设立的仲裁机构；还有4家境外仲裁机构在上海自贸试验区设立了代表处，包括法国国际商会（ICC）、新加坡国际仲裁中心和韩国大韩商事仲裁院等。其中，WIPO仲裁与调解上海中心是首家国际组织仲裁机构在我国设立的业务机构，这也意味着国际解纷机构在上海自贸试验区多元化纠纷解决机制的构建中已从代表处时代迈向了业务机构实质运作时代，有助于我国纠纷解决方式进一步与国际社会进行深度融合。

（一）日臻健全的仲裁制度

在国际商事领域，上海因其包容开放的政策氛围、宽松高效的经济环境和高效便捷的解纷方式，吸引着大量外国资本赴沪投资或进行贸易往来。英国玛丽女王大学发布的《2021年国际仲裁调查报告》显示上海在全球十大最受欢迎国际仲裁地中位列第八。析其原因，主要有二：

第一，重视仲裁机构的改革与转型。作为提供纠纷解决服务的专业机构，仲裁机构尤须重视其自身公信力的建设。换言之，应最大限度地减少行政对于仲裁机构的干预，赋予仲裁机构独立的人事、财务、业务权并独立承担责任。鉴于我国仲裁早期发展是以政府为主导的扶持性起步而非以市场为主导的自发性起步，大多数仲裁机构在构建之初均是由政府进行投资、组建，伴随着仲裁事业的蓬勃发展，仲裁机构在实现自给自足独立运行后应尽快完善政府资本退出机制。政府资本安全退出后，政府就不应再对仲裁机构的仲裁活动进行干涉，这不仅是仲裁公信力建设的重要组成部分，也是仲裁自治的基本要求。[1] 2021年1月出台的《上海仲裁委员会深化改革总体方案》确立了上海仲裁委员会的改革方向：厘清仲裁机构与政府各部门间的关系，实现仲裁机构从事业单位转型成非营利法人的目标。2021年8月，上海仲裁委员会初步建立了现代法人治理结构，具有私法上的独立法人地位。在内部治理结构上，上海仲裁委员会作为决策机构、秘书处作为执行机构、监事会作为监督机构，实行决策权、执行权、监督权相互分离、有效制衡的治理机制。此外，改制后的上海仲裁委员会在人员引进上尤为重视国内国际同步推进。一方面，在决策机构层面吸纳15名境内外仲裁专家作为委员会成员，其中12

---

[1] 屈茂辉、刘君之："论仲裁机构外部治理法治化"，载《湘潭大学学报（哲学社会科学版）》2020年第5期，第17~23页。

名委员为中国内地专家，1名委员为中国香港特别行政区专家，2名委员为外国籍专家，该名中国香港特别行政区专家和2名外国籍专家还同时是最高人民法院国际商事专家委员会的专家委员。另一方面，在仲裁员的聘任上兼顾国内国外，第七届上海仲裁委员会的非中国大陆籍专家有308名，占总仲裁员人数的18%。初步形成了一支不论从管理决策层还是从裁决专业层均具备国际视野的仲裁管理和工作队伍，全面助力上海打造面向世界的亚太仲裁中心。

第二，推进仲裁规则与国际通行规则接轨。2013年10月，上海国际仲裁中心设立中国（上海）自贸试验区仲裁院，并制定了《中国（上海）自由贸易试验区仲裁规则》（以下简称《上海自贸试验区仲裁规则》）。该规则规定了友好仲裁、仲裁的临时措施、紧急仲裁庭等一系列国际通行的仲裁规则。其一，引进友好仲裁制度。友好仲裁是指仲裁庭可以适用当事人双方选定的规则、惯例作出裁决的一种仲裁制度，它对仲裁裁决的作出依据并不仅限于法律，既可以最大限度地维护当事人的自主合意，赋予当事人更大的争议解决依据选择空间，又能够有效应对自贸试验区各领域创新发展进程中可能出现的立法缺位或法律适用冲突等现象。其二，创新临时措施制度。该规则主要从临时措施的种类、申请时间、发布主体这三方面进行规定。就临时措施种类而言，主要包括财产保全、证据保全、行为保全以及法律规定的其他措施；关于当事人申请临时措施的时间，可以在仲裁前或者在仲裁程序中提起；而临时措施的决定主体主要包括法院和仲裁庭。但为避免临时措施被不当滥用，只有在临时措施执行地法律允许的情况下，仲裁庭发布的临时措施才能得以强制执行。[1]此外，为防止仲裁庭组成前当事人申请临时措施的目的落空，《上海自贸试验区仲裁规则》还规定了紧急仲裁庭制度，将其作为自贸试验区临时措施的配套制度。[2]其三，在仲裁员选任上，《上海自贸试验区仲裁规则》亦采取了国际通行的开放仲裁员名册制，允许纠纷当事人在仲裁机构提供的仲裁员名册外选择合适的仲裁员，但为有效保障当事人的合法权益，仲裁规则设置了相适应的仲裁员资质审核程序。[3]值得一提的是，《上海自贸

---

[1] 《上海自贸试验区仲裁规则》第18条、第19条、第20条。
[2] 《上海自贸试验区仲裁规则》第21条。
[3] 《上海自贸试验区仲裁规则》第27条、第28条。

试验区仲裁规则》针对金额较小的争议还设置了小额仲裁程序，进一步满足当事人高效、便捷地解决纠纷的需求。

（二）良性互动的诉仲关系

司法与仲裁的良性互动是仲裁制度实现长足发展的重要保证和支撑。2014年5月4日，上海市二中院从支持仲裁制度创新发展的角度出发，颁行了《关于适用〈中国（上海）自由贸易试验区仲裁规则〉仲裁案件司法审查和执行的若干意见》（以下简称《仲裁案件司法审查和执行若干意见》），对《上海自贸试验区仲裁规则》中规定的诸多创新制度予以司法认可。其一，就当事人在仲裁员名册外选择仲裁员而言，《仲裁案件司法审查和执行若干意见》规定只要选定程序符合《自贸试验区仲裁规则》的规定，选择的仲裁员也符合我国仲裁法对仲裁员聘任条件的规定，并且选定不违反我国法律的相关规定，法院在司法审查时应对选定的仲裁员予以认可。[1]其二，为了与《自贸试验区仲裁规则》中的小额仲裁程序实现高效对接，《仲裁案件司法审查和执行若干意见》对于小额争议案件的立案审查、仲裁裁决的撤销审查等设置了较之普通案件更短的期限，旨在提升小额案件的司法审查效率。[2]

此外，诉讼与仲裁既是相互平行的两种解纷方式，也同为多元解纷机制的重要二元，二者相互促进、相互发展的良性关系对多元化纠纷解决机制的整体发展具有积极的促动作用。一方面，上海自贸试验区法庭创新发展涉外仲裁协议效力审查工作，法庭根据审判经验编纂的《管辖权异议程序中涉外仲裁协议效力审查工作指引》，对开展涉外仲裁协议效力审查工作作出具体规范，该指引要求法庭在审查涉外仲裁协议效力过程中听取涉外仲裁机构的意见，并将处理结果抄送或告知仲裁机构。[3]另一方面，在"先裁后审"协议涉外仲裁条款效力的认定问题上，自贸试验区相关法院亦有所创新。基于对我国仲裁"或裁或审"制度的规定，"先裁后审"的仲裁协议在传统上是不被认可为有效的仲裁协议。然而，为有效促动仲裁和诉讼的良性发展，切实构建复合多元化的纠纷解决机制，上海市浦东区人民法院及其二审法院上海

---

[1] 《仲裁案件司法审查和执行若干意见》第9条。
[2] 《仲裁案件司法审查和执行若干意见》第8条。
[3] "自贸区法庭制定涉外仲裁协议效力审查和司法协助调查工作指引"，载中国（上海）自由贸易试验区法庭：http://ftzcourt.gov.cn/zmqweb/thir/focus-al.jsp?id=81558，最后访问时间：2022年6月2日。

市第一中级人民法院在"BY.O 公司诉豫商集团有限公司案"中[1]确认了"先裁后审"协议中的涉外仲裁条款有效。法院认可"先裁后审"协议中涉外仲裁条款的效力,不仅彰显对当事人意思自治的充分尊重,还体现了其对涉外仲裁的司法支持态度。这一案件不仅得到了上海市高级人民法院的支持,还被列入最高人民法院公报案例,为其他法院关于"先裁后审"协议中涉外仲裁条款的效力认定提供了有益借鉴。

三、"一站式"商事纠纷解决机制的平台建设

调解作为最契合中华文化底蕴的纠纷解决方式,在"一站式"商事纠纷化解平台中占据着重要地位。上海自贸区在多元化纠纷解决机制构建中,除着眼具体纠纷解决方式个体制度的完善外,还强化各种解纷方式间的协调与对接,从诉调、仲调、诉仲等二元协调到诉讼、仲裁、调解的三元平衡,致力于构建覆盖全面、衔接流畅的"一站式"纠纷解决平台。

(一)建立成熟的诉调对接机制

2015 年 10 月,浦东区人民法院成立了"诉调对接中心自贸试验区商事争议解决分中心",积极探索构建诉调对接机制。截至 2019 年 9 月,上海自贸试验区法庭共委托各专业调解组织调解案件 4716 件,委托并正式进入调解程序案件 2489 件,成功调解 1381 件,调解成功率达 55.4%。[2]较高的调解成功率和较好的解纷效果主要源于:其一,专业调解力量的引入为上海自贸试验区内广泛涉及金融、航运、投资等纠纷化解注入行业和专业力量。其二,自贸区法庭有权在诉前委派或在诉讼中委托专业的调解组织对当事人同意的纠纷进行调解,积极引导促动当事人选择调解化解纠纷。同时,自贸试验区法庭还建立了商事纠纷特邀调解组织名册,对调解组织的特点优势、解决领域和流程、方式等予以详细说明,以便利当事人对调解组织的选择。此外,自贸试验区法庭积极推进"调解优先"引导机制建设,推进上海自贸试验区、上海现代服务业联合会、企业单位设置"调解优先"承诺机制,并编纂《中国(上海)

---

[1] 上海市二中院:BY.O 与豫商集团有限公司服务合同纠纷案件二审民事裁定书[2020]沪 01 民辖终 780 号。

[2] "上海自由贸易试验区涉外商事纠纷多元解决机制研究",载上海市司法局:http://sfj.sh.gov.cn/qmyfzs_ fzyjcg/20201125/2dc6135ae147478cadf8df0d13e9815f.html,最后访问时间:2022 年 6 月 2 日。

自由贸易试验区商事争端解决指南》积极引导当事人通过诉讼外方式解决纠纷。

2017年5月3日,上海市第一中级人民法院通过的《上海市第一中级人民法院商事多元化纠纷解决机制实施细则》(以下简称《实施细则》),在厘清委派调解和委托调解区别的基础上,从以下几个方面来完善诉调对接机制建设。一是规定商事主体单方承诺调解制度。即对于一些涉诉案件较多、涉诉概率较大的商事主体,法院允许其在诉前签订承诺调解协议。法院在审理与该商事主体有关纠纷时,仅需征得对方当事人同意即可委派调解或委托调解,进而提高调解效率。[1] 二是规定无论委派调解或委托调解是否成功,特邀调解组织或调解员均可以书面形式确定当事人在调解过程中无争议的事实,并将其作为法院在后续诉讼中事实认定的基础,[2] 从而提升纠纷化解的整体效率。三是对于当事人选择委派调解或委托调解的,《实施细则》规定了诉讼费用减免制度,鼓励当事人选择调解化解纠纷,既提高解纷效率,又降低解纷成本。四是在委派调解或委托调解成功后,当事人可以就和解协议申请司法确认,赋予和解协议以强制执行效力,弥补和解协议缺乏强制性执行效力的不足。

(二) 打造"一站式"纠纷解决平台

"一站式"纠纷解决平台建设以打通诉讼、仲裁、调解三种不同解纷方式间的隔阂和障碍为基本目的,既促进各解纷方式的自身发展,也强调三者间的有机平衡,在弥补单一机制不足的基础上,最大限度地发挥三种纠纷解决方式的独特优势。

2019年9月26日,浦东区人民法院以纠纷化解的开放多元及效率提升为出发点,率先成立了涉外商事纠纷"一站式"解决工作室,并分别与知名高校、仲裁委员会、调解中心、法律查明研究中心等机构签订合作备忘录,为多元化纠纷解决机制的发展搭建平台。[3] 涉外民商事法庭还据此建立了争议解决机构名册,向纠纷当事人提供与之合作的仲裁机构和调解组织名单及详细信息。截至2021年3月,"一站式"纠纷解决工作室已经成功调解515件

---

[1]《实施细则》第15条。

[2]《实施细则》第18条。

[3] 包括上海财经大学、华东政法大学自贸区法律研究院、上海仲裁委员会、上海国际经济贸易仲裁委员会、上海浦东新区东方调解中心、上海经贸商事调解中心、上海市东方公证处、华东政法大学外国法查明研究中心、上海市外事翻译工作者协会等14家专业机构。

案件，还对20件案件进行了诉讼与仲裁的程序对接，并为6件案件的纠纷当事人提供了法律帮助。[1]

一方面，"一站式"纠纷解决工作室以法院为纠纷解决及日常联络的集中场地，汇聚诉讼、仲裁、调解三方人力资源，由三方派驻固定人员入驻工作室，旨在将人民法院"诉调对接"的二元机制进一步拓展为"诉讼、调解、仲裁"有机结合的三元机制。同时，该工作室还借助互联网信息技术，提升远程纠纷解决能力，为当事人高效便捷、化解纠纷发挥正面作用。另一方面，该工作室与外国法查明、外语翻译等专业机构合作，在专业机构的配合与选择方面尽可能地为当事人提供便利，缩短服务衔接与反馈时间，有利于纠纷解决整体效率的提高。

综上，在纠纷解决机制的整体构建上，上海自贸试验区致力于平衡诉讼、仲裁、调解"三驾马车"的关系，最大限度地发挥三者的解纷优势。就诉讼而言，自贸试验区从宏观到微观层面、从诉讼到非诉程序、从管辖到执行阶段对自贸试验区管辖权规定、审判规则、审判团队和审判机制进行全方位创新。在仲裁层面，为加强并提升仲裁公信力建设，自贸试验区着力厘清仲裁机构与行政部门的关系、打造具有国际视野的仲裁工作队伍、改革并创新已有的仲裁规则。此外，在满足各解纷机制自身创新发展的基础上，自贸试验区还尝试构建诉讼、仲裁、调解三元平衡的"一站式"纠纷化解平台，以期为当事人提供高效、便捷、中立、专业、线上线下相结合的全方位纠纷解决服务。

第三节 典型自贸港（自由贸易试验区）解纷实践的经验启示

在自贸港探索建设多元化纠纷解决机制既是当务之急也是长远之需。为给来自世界各地的当事人提供周到的诉讼服务，我们必须立足中国国情：第一，在现有的自贸港涉外民商事法庭或自贸试验区法庭建设基础上尝试建立更加专业化的自贸港国际商事法院并完善相应的配套设施；第二，秉持服务

---

[1] "自贸区法庭'涉外商事纠纷一站式解决工作室'工作机制获国家发改委全国推广"，载中国（上海）自由贸易试验区法庭：http://ftzcourt.gov.cn/zmqweb/thir/focus-al.jsp? id=81568，最后访问时间：2022年6月2日。

性理念，加快我国仲裁事业的优化升级；第三，完善和弘扬饱含中华底蕴的调解制度，为世界多元化纠纷解决机制提供中国智慧和中国方案，使自贸港成为我国多元化纠纷解决机制发展的新高地。

一、以现有国际商事法庭为跳板尝试构建国际商事法院

横向考察世界上较先进的自贸港法院建设，建立专业化的国际商事法庭或国际商事法院已成为各国提高本国司法竞争力，打造国际纠纷解决中心的必然选择。国际商事法庭或者国际商事法院的功能也已不仅局限于传统的纠纷解决，而是扩展到为国家经济发展战略服务，通过在国际纠纷解决市场上提供优质的法律服务，让本国成为受国际社会青睐的纠纷解决中心。当前，为"坚持统筹推进国内法治和涉外法治"，我国在推进自贸试验区建设过程中已经对国际商事法庭建设进行了一系列有益尝试。如上海自贸试验区在浦东新区人民法院设立了自贸试验区法庭和自贸试验区知识产权法庭；福建自贸区相继在厦门市湖里区人民法院、福州市马尾区人民法院、平潭综合实验区设立自贸区法庭；浙江自贸区在舟山市中级人民法院、宁波海事法院分别设立自贸区法庭和自贸区海事法庭；江苏自贸区在南京江北新区人民法院设立自贸区法庭；等等。除此之外，为给自贸区提供更加专门化的司法服务和法治保障，天津、河南、广东、重庆、四川纷纷设立自贸试验区法院，对进一步提升自贸试验区法治化建设水平，"加快涉外法治工作战略布局，协调推进国内治理和国际治理"具有重大意义。随着国家各类对外开放重大战略的深入实施，对国际商事争议的解决需求与日俱增，国际商事法庭建设也在中央层面被高度重视。2018 年 6 月 25 日，最高人民法院审判委员会审议通过《最高人民法院关于设立国际商事法庭若干问题的规定》（以下简称《国际商事法庭规定》）。2018 年 6 月 29 日，最高人民法院第一国际商事法庭、第二国际商事法庭分别在深圳和西安揭牌，标志着中国国际商事法庭的正式成立。

无论是从功能定位还是从制度设计上来看，我国的国际商事法庭建设都有其独特之处，但为满足建设开放型世界经济和提升国际司法竞争力的需要，仍然存在进步空间。因此，在自贸港政策的建设背景下，以国际商事法庭为跳板在自贸港建立区域性国际商事法院并完善相关制度既是具有创新性的先进尝试，又是符合我国战略愿景的重大举措。

（一）以完善的组织结构与审级制度奠定国际商事法院基石

为彰显国际商事法院的权威性，确保国际商事法院所作判决易于得到承认与执行，吸引更多的国际商事争议当事人选择国际商事法院解决纠纷，必须构建专业化的国际商事法院组织结构和审级制度。在机构级别上，目前国际商事法院或国际商事法庭的级别主要分为两种：一种是级别较高的国际商事法院，如新加坡国际商事法庭即是新加坡最高法院内设的高等法庭，其属于新加坡法院系统中的最高级别；另一种是分级设立的国际商事法院，如迪拜国际金融中心法院由初审法院、上诉法院及其他法庭构成，具有独立、完整的法院体系。[1]在审级制度上，新加坡国际商事法庭采取一级两审制，保障了当事人向新加坡最高法院上诉庭提起上诉的权利，迪拜国际金融中心法院的独立法院体系更是通过两级两审制确保当事人的权利得到最大限度的保障。然而，我国自贸试验区及自贸港国际商事法庭和国际商事法院的级别设置和审级制度则体现了一定的特殊性。上海市浦东自贸区法庭在级别设置上是隶属于浦东新区人民法院的派出法庭，集中管辖涉自贸区的一审案件。海南省第一、第二涉外民商事法庭是隶属于海南省高级人民法院的派出法庭，管辖发生在海南各地的涉外、涉港澳台民商事案件。海南省自贸港知识产权法院则属于专门法院，其审级与中级法院相同。同时，根据《国际商事法庭规定》，我国国际商事法庭由最高人民法院设立，是最高人民法院的常设审判机构。[2]其作出的判决、裁定，是发生法律效力的判决、裁定。[3]换言之，最高人民法院设立的国际商事法庭采取一审终审制，而自贸港涉外民商事法庭与上海自贸试验区法庭仍为两审终审制。

从组织结构和审级制度上来看，中国国际商事法庭的设置已经取得了阶段性进展且已具备进一步建立国际商事法院的现实基础和实践经验。确立科学合理的组织架构和审级制度是在自贸港建立国际商事法院的第一步，也是关键一步。一方面，有利于彰显司法权威与公正，在一定程度上消除国际商事争议当事人的顾虑，扩大当事人选择自贸港国际商事法院解决纠纷的可能性；另一方面，能否为当事人的权利提供健全的救济程序也是国际商事争议

---

[1] 何其生课题组，刘桂强等："当代国际商事法院的发展——兼与中国国际商事法庭比较"，载《经贸法律评论》2019年第2期，第60~80页。

[2] 参见《国际商事法庭规定》第1条。

[3] 参见《国际商事法庭规定》第15条。

当事人选择自贸港国际商事法院的重要考量因素。

（二）以制度创新凸显国际商事法院服务理念

在国际商事纠纷解决中，国际商事法院的功能除传统的纠纷解决外，更在于在国际社会为当事人提供一种化解纠纷的公共产品、一种解决争议的服务。[1]因此，为提升本国纠纷解决制度在国际市场上的竞争力，各国的国际商事法院都进行了各具特色的制度创新，以突出其面向全球的服务性功能。如在管辖权方面，新加坡国际商事法庭中的离岸管辖可以最大限度地保证当事人意思自治，迪拜国际金融中心法院也对管辖权作了适度扩张；在外国律师代理制度方面，新加坡国际商事法庭和迪拜国际金融中心法院都允许外国律师在本国执业；在判决的承认与执行方面，新加坡国际商事法庭与迪拜国际金融中心法院都积极地与他国法院签订谅解备忘录，迪拜国际金融中心法院更是创造性地提出了将法院判决转换为仲裁裁决的做法。我国对自贸试验区法院也进行了一系列创新性探索，如上海浦东新区法院建立的涉自贸专项审判机制大幅提升了涉自贸区案件的审执效率。为以更开放的姿态提升海南自贸港的司法竞争力，在参考国际商事仲裁、新加坡国际商事法庭等示范条款的基础上，海南第一涉外民商事法庭也于2021年12月起草制定了《海南第一涉外民商事法庭协议管辖示范条款》并于12月6日经海南省第一中级人民法院审判委员会通过。

综上，为提升我国司法服务在国际市场上的竞争力，必须通过制度创新凸显我国国际商事法院的服务理念，尤其是在诉讼程序设计上，应以当事人权利保护为导向，为当事人提供更加便利、快捷的诉讼服务。这就要求自贸港国际商事法院既要顺应国际商事纠纷解决的发展趋势，围绕当事人的纠纷解决需求，与时俱进地进行制度创新，也要立足于中国国情，建设既符合中国国情又被国际社会广泛认可的纠纷解决制度。

（三）以国际化的司法队伍助推国际商事法院建设

对于国际商事法院而言，国际化的司法队伍是法院拓展国际视野、保障持续发展及提升竞争优势的关键要素。尤其是在当前各国商事法院各显神通抢占优秀人才资源的背景下，如果在司法队伍的组成上难以展现其国际影响

---

[1] 何其生："大国司法理念与中国国际民事诉讼制度的发展"，载《中国社会科学》2017年第5期，第123~146、208页。

力，那么国际商事法院的可持续高质量发展也会举步维艰。现阶段，新加坡国际商事法庭和迪拜国际金融中心法院都一方面对法官的任职条件规定了一系列的严格标准，另一方面广纳来自世界各地的优秀人才，不断提升其本国国际商事法院的国际影响力和吸引力。在我国国际商事法庭的构建过程中，具备国际视野的司法队伍建设也是重中之重。2015年6月16日发布的《最高人民法院关于人民法院为"一带一路"建设提供司法服务和保障的若干意见》就对这一问题进行了强调。同时《国际商事法庭规定》第4条也对我国国际商事法庭法官的国际化视野和专业能力作出了明确规定。虽然在我国现行法官管理制度框架下，直接引入外籍法官到我国任职是不切实际的，但为进一步提升我国国际商事法庭的国际竞争力，2018年8月26日最高人民法院成立的国际商事专家委员会特聘31名中外专家为首批专家委员，并于2020年12月8日增聘第二批24名国际商事专家委员，[1]就案件审理中的疑难问题进行国际交流。

司法队伍的国际化、专业化程度在一定程度上代表着国际商事法院的国际形象。因此，在自贸港建设国际商事法院，应当在现行法律制度框架内，不断强化司法队伍的国际化水平，构建一支能够应对复杂化、专业化国际商事纠纷的高素质审理团队。同时，高质量的法律服务人才供给是促进国际商事法院良性发展的催化剂，大力支持和培养具有国际视野、符合国际商事纠纷解决需求的涉外法律人才，亦是自贸港建设国际商事法院的关键所在。

二、自贸港建设为我国仲裁事业国际化带来契机

仲裁作为一种替代性纠纷解决方式，凭借其专业、高效、保密等优点，在满足国际民商事纠纷当事人的需求方面具有天然优势，获得了国际社会的普遍青睐。1958年《承认及执行外国仲裁裁决公约》（以下简称《纽约公约》）为仲裁裁决在全球范围内的承认与执行提供了可靠保障，仲裁更是成了多元化纠纷解决机制的重要一元。为提升本国争端解决机制在国际社会的认可度和信任度，各国对仲裁事业发展均给予高度重视，力争建立全球范围内举足轻重的国际仲裁中心。但"中心"的地位不是自封的，而是自然选择

---

[1] 参见最高人民法院国际商事法庭官网：http://cicc.court.gov.cn/html/1/218/19/141/index.html，最后访问时间：2022年6月3日。

的结果。[1]我国的仲裁事业虽起步较晚,但在历经了六十余年的发展后亦成绩斐然,然而,与国际知名仲裁地相比,我们在仲裁机构、仲裁理念、仲裁制度方面仍然存在进步空间。首先,仲裁机构是仲裁服务的直接提供者,应当根据法律服务市场的需要和当事人的需求完善其内部治理结构,确保仲裁机构独立、高效运行,而不应当受到行政机关的过多干预。其次,在仲裁理念上,应以与国际接轨的开放态度,促进涉外事务的开拓,积极参与国际仲裁规则的制定,提升我们在国际仲裁领域的话语权。最后,目前我国许多仲裁出现了向诉讼靠拢的趋势,仲裁程序比诉讼程序还要冗长[2],与当事人选择仲裁解决纠纷的初衷背道而驰。

在自贸港建设的背景下,更高水平的对外开放要求我国的仲裁事业朝着更加国际化的方向发展,不断革新仲裁理念与制度以提升我国仲裁事业的国际竞争力是当今之务。但为避免给国内仲裁市场造成冲击以及出现水土不服的现象,大规模地引进和推广并不可取。相比之下,自贸港具有得天独厚的优势,在自贸港内先行探索引进先进的仲裁理念与制度,将对我国仲裁事业向世界市场进发大有裨益。

(一)外国仲裁机构的适度准入促进国内仲裁的优化升级

纵观世界先进自贸港,无一不为外国仲裁机构提供便利和帮助,在我国自贸港建设过程中完善外国仲裁机构准入制度也能为我国仲裁市场注入新的活力,助力仲裁事业的国际化。在外国仲裁机构的准入模式方面,迪拜国际金融中心独辟蹊径,采取与伦敦国际仲裁中心合资设立仲裁机构的模式,既保持了两个机构的相对独立性,又充分发挥了各自优势。上海自贸试验区也在推进外国仲裁机构准入的道路上不断探索前进。自2015年4月中央政府在国务院印发的《进一步深化中国(上海)自由贸易试验区改革开放方案》中首次提出"支持国际知名商事争议解决机构入驻,提高商事纠纷仲裁国际化程度"以来,仅2015年到2016年期间,就有香港国际仲裁中心(HKIAC)、新加坡国际仲裁中心(SIAC)、国际商会仲裁院(ICC)以及韩国商事仲裁院(KCAB)四家国际知名仲裁机构在上海自贸区设立了代表机构。但囿于开放

---

[1] 初北平:"'一带一路'多元争端解决中心构建的当下与未来",载《中国法学》2017年第6期,第72~90页。

[2] 赖震平:"我国商事仲裁制度的阙如——以临时仲裁在上海自贸区的试构建为视角",载《河北法学》2015年第2期,第156~165页。

程度和法律制度的障碍,已入驻的仲裁机构也未能直接受理和管辖案件,难以充分发挥世界先进仲裁程序和制度的优越性。为改善这一现状,国务院于2019年7月发布的《中国(上海)自由贸易试验区临港新片区总体方案》对外国仲裁机构的业务开展作出了重要鼓励。进一步强调:"允许境外知名仲裁及争议解决机构经上海市人民政府司法行政部门登记并报国务院司法行政部门备案,在新片区内设立业务机构,就国际商事、海事、投资等领域发生的民商事争议开展仲裁业务。"为响应国务院号召,最高人民法院和上海市政府相继出台《最高人民法院关于人民法院为中国(上海)自由贸易试验区临港新片区建设提供司法服务和保障的意见》和《中国(上海)自由贸易试验区临港新片区管理办法》,为自贸试验区仲裁制度的改革创新提供鼓励和支持。

作为制度创新的试验田,在自贸港继续探索国际商事仲裁机构的准入制度,适度开放仲裁服务市场对打造引领世界潮流的纠纷解决中心具有积极意义。一方面,世界先进仲裁机构凭借其在国际上积累的声誉和经验更容易获得当事人的信任,从而为我国吸引更多外国投资者;另一方面,允许国际商事仲裁机构在中国开展业务也为国内仲裁机构学习其先进制度经验和管理规则提供了便利,倒逼国内仲裁机构优化升级。与此同时,在自贸港探索与国际仲裁机构合资建立仲裁机构的新模式,既能保障仲裁机构的独立发展,又能植根于中国土壤,让世界先进仲裁制度和管理经验与中国国情有机结合起来,提供一种多元化纠纷解决的中国智慧和中国方案。

(二)日臻完善的仲裁制度推动仲裁服务的良性发展

仲裁作为多元化纠纷解决机制的重要组成部分,在世界范围内经过悠久的历史沉淀和不断推陈出新,积累了一系列先进的仲裁制度和规则。要在自贸港提高仲裁服务质量,就必须把妥善解决当事人间的跨国争议作为自贸港仲裁服务的根本任务,构建并不断完善与国际接轨的仲裁制度与规则。新加坡国际仲裁中心和香港国际仲裁中心之所以能常年位居全球最受欢迎的仲裁机构和仲裁地前五名之列,研析其仲裁立法与仲裁规则就能发现,这与其博采众长、破旧立新的立法态度息息相关。在仲裁立法和仲裁规则的制定上,既秉持对《联合国国际贸易法委员会国际商事仲裁示范法》(以下简称《示范法》)的高度认同态度,又以青出于蓝的态势不断尝试国际商事仲裁新领域的新制度。值得注意的是,上海国际经济贸易仲裁委员会在《仲裁法》基础上制定的《上海自贸试验区仲裁规则》,以先行先试的立法精神,也创造性地增设了开放仲裁员名册、仲裁第三人、友好仲裁等制度，进一步完善了仲裁临时措施、合并仲裁制度、仲裁中的证据制度，尽可能地与国际仲裁先进制度相对接。海南国际仲裁院也在充分保障当事人意思自治的基础上，不断提升其仲裁规则的国际化水平。尽管如此，我国现行仲裁立法和仲裁规则仍然与世界先进水平存在一定差距。以临时仲裁为例，我国仲裁立法目前仍然只认可机构仲裁而不认可临时仲裁，这既不利于对当事人权益的保护也极大地限制了临时仲裁这一重要仲裁制度在我国的发展。虽然2021年7月，司法部发布的《仲裁法（修订）（征求意见稿）》在涉外仲裁部分引入了临时仲裁制度，展现出了我国仲裁制度与国际接轨的愿景，但其在许多具体规定上仍然存在一定的完善空间。

在自贸港建设背景下，我国仲裁制度的发展遇到了前所未有的挑战，也面临着前所未有的机遇。一方面，国际商事仲裁作为跨国纠纷当事人首选和国际社会普遍认可的纠纷解决方式，对一国的仲裁制度和规则提出了更高的要求。另一方面，要想在众多国际仲裁服务提供者中脱颖而出，就应不断树立和强化鼓励仲裁的纠纷解决氛围，提升我国仲裁服务的吸引力，抓住自贸港建设的改革契机，以更开放的态度不断向国际先进仲裁制度和规则靠拢，建立起专业化、国际化、现代化的仲裁制度与规则。

（三）高水平国际仲裁队伍助力仲裁事业的开拓创新

仲裁队伍的水平往往会直接影响案件的仲裁结果进而影响仲裁机构的国际影响力，这也是当事人选择仲裁机构的关键考量因素。故而，国际上先进的仲裁机构都对仲裁员的培养和选任予以高度重视。如新加坡国际仲裁中心和我国香港国际仲裁中心在仲裁队伍的组成上既涵盖来自不同国家、不同法系的法律专业人才也囊括了各行业、各领域的领军人物，以应对各种类型复杂纠纷的解决。近年来，制约我国涉外仲裁事业追平国际领先水平的一个重要因素就是我国的国际仲裁人才队伍建设仍存短板。首先，真正能从事涉外仲裁实务的专业人员数量明显不足，难以满足日渐扩张的国际仲裁服务市场需求。其次，系统性培养国际仲裁人才的体制机制有待进一步细化和完善，目前各类涉外法治人才的培养主要依托各大高校，[1]整体缺乏实质参与国际仲裁机

---

〔1〕 黄进："完善法学学科体系，创新涉外法治人才培养机制"，载《国际法研究》2020年第3期，第7~10页。

构案件审理的实践经验。最后，受制于我国目前大多数仲裁机构的事业单位属性，虽然对国际仲裁人才培养予以了高度重视但仍囿于各种束缚而收效甚微。

自贸港建设的逐步推进对我国仲裁事业的国际化提出了更高水准的要求，进而也需要一支高质量的国际仲裁人才队伍予以支撑，因此大力培养国际仲裁人才是使我国仲裁事业跻身世界先进水平的燃眉之需。这一方面要求我们从宏观上吸收先进仲裁理念，不断优化我国仲裁制度氛围，增强对国际仲裁人才的吸引力和号召力，另一方面从微观上须建立健全国际仲裁人员培养选任机制，不断提升我国仲裁人才在国际仲裁舞台上的竞争力和话语权。

三、顺应国际调解新趋势推动自贸港调解事业发展

与诉讼、仲裁通过当事人间的激烈对抗解决纠纷不同，调解更注重促进纠纷的和谐化解及当事人之间关系的良性发展，因而国际商事调解近年来发展迅速。在国际上享有盛名的国际商事调解机构的不断涌现和蓬勃发展亦印证了这一趋势。伴随着《新加坡调解公约》的生效，影响国际商事纠纷当事人选择调解作为纠纷解决方式的最大障碍——调解协议的执行问题——也得到了一定程度的缓解，国际商事调解的春天亦将到来。调解虽在我国有着深厚的历史和文化底蕴，但国际商事调解行业在我国才刚刚起步。首先，关于商事调解的立法有待完善，缺乏商事调解统一立法的规范背景无法适应当今国际商事调解迅速发展的趋势。其次，各类商事调解机构的国际化程度远远不够，调解服务质量有待加强，难以与已具成熟运营经验的国际知名商事调解机构相抗衡。最后，在国际商事调解人才的培养方面，国内调解机构在调解员的培训机制和资历认证方面，特别是在与国际接轨的调解员方面，还缺乏系统性规划和安排，极易降低调解服务质量，给当事人造成不佳体验。

自贸港建设背景下国际商事调解需求将持续增长，届时大力弘扬我国调解文化、促进我国国际商事调解的专业化发展、完善调解与其他解纷方式的衔接机制将对推动我国商事调解制度发展具有重要意义。

（一）以中华传统文化为纽带促进调解理念深入人心

在中国传统社会，诉讼被人们视为不吉利之事，而"无讼"则是人们推崇的理想司法状态，孔子的"听讼，吾犹人也。必也使无讼乎"[1]就体现了

---

[1]《论语·颜渊篇》。

希望人们能够和睦相处，减少纷争，实现"无讼"状态的憧憬。调解作为和平解决纠纷、促进和谐发展的解纷方式，是人们更乐于选择的矛盾化解方式。儒家的"和为贵""德主刑辅"理念、道家的"道法自然"观点、法家的"以刑去刑"主张等都是滋养调解制度在我国发展壮大的文化积淀和历史根基。时至今日，调解被著称为"东方智慧"也是源于其在中国的广泛应用和文化底蕴。在2014年10月召开的党的十八届四中全会第二次全体会议上，习近平总书记指出："我国古代法制蕴含着十分丰富的智慧和资源，中华法系在世界几大法系中独树一帜。要注意研究我国古代法制传统和成败得失，挖掘和传承中华法律文化精华，汲取营养、择善而用。"调解作为一种亘古通今的纠纷解决方式，正是值得我们传承和弘扬的优秀中华法律文化。

自贸港建设是我们主动融入世界潮流、寻求更深层次沟通与合作的全新尝试，而开展交流合作的基础与前提也在于"和"。因此，无论是从传承传统的角度还是从现实需要的角度，积极弘扬蕴含中华传统韵味的调解文化、充分发挥调解功能、不断丰富调解内涵，对促进纠纷和缓解决，构建和谐合作关系，提升我国商事调解影响力均具有重要意义。

（二）以专门的调解立法、调解机构和调解员队伍推动调解服务专门化

目前，在全球范围内，调解制度发展的一大趋势是调解服务的专门化，这体现在调解制度专门化、调解机构专门化以及调解人员专门化三个方面。在调解立法方面，为给调解提供完备的法治保障，马来西亚、新加坡、印度等国制定颁布了全国通行的调解法令。在调解机构方面，为使国际调解的发展不依赖于其他争端解决机构，确保其独立化和专业化运行，许多国家、地区建立了专门的国际商事调解机构，如新加坡国际调解中心和我国的香港和解中心、海口国际商事调解中心等。这些调解机构都对标世界调解领域最先进的制度标准和管理模式，以求为来自世界各地的用户提供专业调解服务。在调解员业务素质方面，鉴于调解员素质的高低是决定调解机构国际影响力的关键因素，各大调解机构都对培养专业调解员队伍予以高度重视，针对调解员任职条件和资历认证制定了一系列严格标准。如新加坡国际调解中心的四级认证机构制定的三阶段流程，均体现国际先进调解机构对调解员这一核心竞争力的严格把控。

在国际商事调解制度发展方兴未艾的背景下，与国际调解有关的许多领域还处于探索阶段。我国目前虽然已有如海南国际仲裁院国际商事调解中心、

海口国际商事调解中心等专门商事调解机构,但其仍存在缺乏独立的案件来源、案件类型单一化等亟待完善之处。现阶段,对我国而言,随着各类对外开放战略的实施,统筹推进国内法治和涉外法治、推动全球治理变革、推动构建人类命运共同体的新要求为我国在自贸港进一步开拓国际调解市场提供了大展身手的平台和机遇。为顺应国际调解服务专门化的发展潮流:首先,要加快在自贸港建立专门调解机构的进程,建立不依赖于其他争端解决机构的独立运行的国际商事调解机构,为调解制度的开拓提供独立发展空间,使调解程序免受其他外在因素的干扰。其次,为确保国际调解不偏离法治轨道,必须加快制定调解相关法律法规,确保调解与诉讼、仲裁具备同等法律地位,对调解程序、调解员资质等事项作出明确、具体的规定,使各类调解均有法可依。最后,加快弥补国际调解员这一人才缺口,通过高质量的专业技能训练和职业道德培训,培养一批现代化、专业化、国际化的符合国际标准的调解员。调解作为蕴涵东方智慧的纠纷解决方式本身就在我国有着广阔的发展空间,加之与自贸港敢于开拓创新的实践精神相结合,势必能帮助我们赶上国际调解高速发展的快车。

(三)以精准的衔接机制促进调解与其他纠纷解决方式的融会贯通

从诉讼、仲裁、调解的性质和功能来看,仲裁、调解等解纷方式的出现不是为了与诉讼分庭抗礼,恰恰相反,最大限度地发挥各种解纷方式的优势互补关系,方能为国际争端解决市场提供高效、和谐的多元解决方案。纵观世界上成熟的国际争端解决中心,无一不扩大其纠纷解决机制间的比较优势,明晰各种解纷机制的相互衔接。首先,对于调解和仲裁衔接机制而言,目前国际上也存在着形式多样的衔接模式,如《新加坡仲裁调解议定书(2014)》规定的"仲裁—调解—仲裁"是一种混合纠纷解决模式,巴黎仲裁调解中心提供仲裁程序与调解程序分别运行、相对独立的调仲同时程序。[1]其次,在诉讼过程中,调解也因能起到合理配置司法资源、提高司法效率的重要作用而贯穿于诉讼全过程。如我国香港地区司法系统就通过立法和实践对调解进行规范指引,以鼓励当事人适用调解及时解决纠纷。2018年10月30日,北京仲裁委员会/北京国际仲裁中心与北京融商一带一路法律与商事服务中心暨一

---

[1] [新]娜嘉·亚历山大:"国际调解十大发展趋势",赵蕾、樊文颖译,载《商事仲裁与调解》2021年第3期,第123~151页。

带一路国际商事调解中心签署了《关于建立仲裁与调解相衔接的一带一路多元化纠纷解决机制之合作协议》，共同推动和促进形成调解与仲裁相衔接的多元化纠纷解决机制。同时，我国《国际商事法庭规定》也强调调解、诉讼、仲裁有机衔接的重要性。[1]在自贸港建设过程中，海南第一涉外民商事法庭处理的香港居民黄某与符某的借款合同纠纷一案也是海南自贸港国际商事调解协议司法确认第一案[2]，恰是诉讼与非诉讼纠纷解决方式有机衔接的完美体现。

调解、诉讼、仲裁的衔接趋势是不可逆转的，在自贸港多元化纠纷解决机制构建过程中，调解机构、仲裁机构和司法机关必须加强沟通和合作，使各种纠纷解决方式形成合力，提高自贸港解纷机制的整体效率和竞争优势。

---

[1] 参见《国际商事法庭规定》第 11 条。
[2] 参见海南省第一中级人民法院官网：http://hnyzy.hicourt.gov.cn/preview/article?articleId=47b1e4e9-604b-4198-9bc7-33ebd200cd46&&colArticleId=undefined&&siteId=a295fe6b-d6b1-4ee7-b8a8-181c781bd891，最后访问时间：2022 年 6 月 3 日。

自由贸易港诉讼制度的发展向度

诉讼,作为一个国家司法权力背书的纠纷解决方式,具有权威性高、专业性强、执行强制力度大等特点,始终处于多元化纠纷解决机制体系中的主导地位。自贸港多元化纠纷解决机制的全面建设离不开人民法院的引领和推进。本章将以自贸港诉讼制度改革的理论立足点为切入点,指出以人为本是其改革的理念基础,司法公信力建设是其改革的关键标尺,而法治化营商环境的营造则是衡量改革进程的重要指标。从组建专业化审判团队、系统化梳理创新性审判规则以及有效落实司法责任制三个方面厘清自贸港专业化审判机制的建构思路。进而从专门性审判机构的设置、一站式诉讼服务中心的建设以及司法资源的优化配置等方面综合分析自贸港诉讼制度的完善路径。

第一节 自贸港诉讼制度改革的理论立足点

诉讼是代表国家司法权力实现的一种纠纷解决方式,是自贸港构建多元化纠纷解决方式的重要一元。诉讼与其他纠纷解决方式最大的不同在于其背后的国家司法权力背书。自贸港诉讼制度的改革须契合习近平法治思想以人民为中心的基本要求,将以人为本作为其改革的理念基础,将司法公信力建设作为其改革的关键标尺,将法治化营商环境的打造作为其改革的重要指标,朝着开放包容的方向勠力改革,方能建立涉案当事人对自贸港诉讼制度的坚定信心。

一、以人为本是自贸港诉讼制度改革的理念基础

人民是全面依法治国的出发点和落脚点,人民性也是习近平法治思想的鲜亮底色。自贸港诉讼制度改革须坚守以人为本的理念基础,坚持以人民为

中心的根本立场,践行法治为了人民、依靠人民、造福人民、保护人民。具体而言,要在改革中坚守公平正义的价值追求,不断提升人民群众在诉讼过程中的满意度和认同感,将便民利民的诉讼服务机制建设贯穿始终。

(一) 契合公平正义的价值追求

自贸港诉讼制度的改革需贯彻以人为本的理念,坚守公平正义的价值追求。司法是否公正直接关系到人民群众的合法权益能否得到切实有效的保障,坚持司法公正有利于公正、高效地解决社会纠纷,维持和稳定良好的社会秩序。而司法公正性的缺失则会严重损害司法的权威性和公信力,影响到司法体系的有效运转,会给司法权威和社会稳定带来负面影响。实现司法公正,要在司法系统运行中规范法官对具体案件的审判行为,最大限度地维护和保障人民群众的合法权益。

自贸港法院要在国内外当事人的矛盾纠纷化解中营造良好的国际形象,公平正义就是其须坚守的价值目标。具体而言,审判人员要依法合理行使审判权,将司法公正的价值内涵通过实体正义和程序正义两个方面转化为公正的审判行为和裁判结果。一方面,实体公正强调审判结果的公正,要求司法工作人员在审判过程中正确适用法律,裁判结果要兼顾适法正确、契合主流价值观念且能让诉讼当事人和其他社会公众切实感受并理解法律的公正。另一方面,程序正义是司法公正实现的具体路径,在审判过程中要切实保障当事人诉讼权利的实现。当事人诉讼权利的切实实现有利于增强其对审判结果的认同和尊重,进而增强司法权威和公信力,夯实判决的群众基础。法官在案件审理的各个阶段都应严格依照法律规定的程序进行,保证各方当事人能够充分参与诉讼全过程,确保当事人享有的各项诉讼权利都能得到彰显。在必要的情况下,法官在法庭上要依法行使释明权,就法条内容、法律适用等内容向当事人进行相应阐释,积极引导当事人表达自己的诉讼请求,保证当事人为自己的诉讼请求举证、质证、辩论等程序权利的实现等。[1] 由此可见,在自贸港诉讼制度改革凸显司法公正的进程中,不论是过程中的权利彰显还是最后结果的正义实现,均系其公平正义价值内核的具体要求。

---

[1] 王超奕:"实体公正维护与程序公正建设",载《人民论坛》2019 年第 27 期,第 122~123 页。

(二) 增强人民群众的社会认同

"努力让人民群众在每一个司法案件中感受到公平正义"[1]是习近平总书记对司法工作提出的为民要求。自贸港的司法工作必须坚持人民主体地位,以人民满意度来衡量审判工作的成效。换句话说,法院的相关工作开展不仅要合乎法律,也要合乎道德和情理,因为人民群众对公平正义的感知是复杂而感性的。让客观冷静的司法判决与主观感性的认知判断有机衔接是对自贸港诉讼制度改革提出的高标准要求。在实践中,司法审判工作中往往存在司法系统和社会公众对裁判结果认知存在分歧的情况:法官适用法律审理得出的裁判结果,在法院内部被确认正义,而社会公众大多数由于并未直接参与具体审判,其基于相关媒体报道,凭借自身朴素的公正感和直觉判断,叠加司法信息不对称、缺乏法学专业背景等原因,对案件可能得出与判决结果不相符合的预期,进而难以赋予判决结果以司法公正的意义。[2]为避免此种情况发生,切实加强人民群众的社会认同,自贸港司法机关宜从司法审判公共关系着手搭建司法与人民沟通的桥梁,持续性地向群众输出相关信息,强化司法过程和司法结果的社会认同。

司法审判公共关系是法院在司法工作中为了与公众增进了解、加强合作而采取的一种关系巩固和传播活动。司法审判公共关系不仅能够提升司法的内部凝聚力,促使司法系统正常运转,而且可以减少司法的外部摩擦力,形成公众与司法的互动和信任。[3]自贸港在完善诉讼制度过程中善用司法审判就能切实拉近法院与纠纷当事人之间的距离,获得更多的公平正义感知效果。一方面,法官在裁判过程中要充分发挥司法的宣示功能,让全面、深刻的法律精神诠释最大限度地彰显司法的公正价值。司法裁判的个案目的在于依法妥善地进行当事人间权利义务的再分配,而普遍目的则在于让法院判决发挥引导和规范人们行为的功能,使判决所蕴含的法律精神成为社会公众普遍认可的行为规范。法官有权行使释明权,对当事人进行发问,提醒当事人把不

---

[1] 习近平:"坚定不移走中国特色社会主义法治道路,为全面建设社会主义现代化国家提供有力法治保障",载《求是》2021年第5期,第4~15页。

[2] 李瑜青、邢路:"司法公正的社会认同问题研究",载《上海大学学报(社会科学版)》2019年第5期,第1~14页。

[3] 王晨:"司法公正的内涵及其实现路径选择",载《中国法学》2013年第3期,第19~25页。

明确、不充足、不恰当的陈述、主张或证据予以澄清、补充、修正或排除。这个过程也是法官进行法治宣传与开展公共关系维系工作的过程。同样，法官开展庭审小结、调解和作息诉服判等工作，阐释法律精神、论述司法裁判的依据等也是在向社会公众进行法治精神的传递。另一方面，法官在裁判之外还要充分发挥司法的宣示功能，广泛地开展法治宣传活动，助力司法与社会公众建立信任、加强互动。一方面，法院可以通过电视、网络直播、报纸和微博、微信公众号等媒体宣传，更好地向社会公众传播审判信息和法律精神，帮助公众理解、支持并尊重司法审判的过程和结果。另一方面，法院通过信息沟通机制的完善，及时反馈社会公众的意见和建议，从而不断改进司法工作，强化对公众参与的回应。为提高审判工作的社会认同度，自贸港司法机关在司法审判公共关系的建立和维护方面尤为关键。鉴于自贸港涉及大量涉外纠纷，国外当事人往往难以客观、专业地理解我国的司法体制和法律内涵，法官通过开展个案审理过程中的释明、裁判文书的说理、法律精神的阐释以及具有普遍性的法治宣传和公众参与等工作，能有效拉近自贸港法院与案件当事人间的心理距离，强化自贸港诉讼制度的社会认同。

（三）健全便民利民的诉讼服务机制

司法便民利民诉讼服务机制的完善是法院坚持司法为民的重要内容之一，亦是自贸港诉讼制度改革的题中之义。为了实现让人民群众满意这一目标，自贸港法院在具体工作中，要以更加主动的姿态和更加灵活的方式积极回应人民群众的诉求，并提供各种便民利民的措施以方便其参与诉讼。

一方面，在诉讼服务机构的"硬件"建设上，自贸港法院要不断完善诉讼服务中心、立案大厅、涉诉信访接待窗口等各种机构服务设施，细化各类窗口的功能和作用，进而提升司法服务的能力和水平。同时，法院要合理配置诉讼服务机构的司法工作人员并适当强化其服务意识，细化其工作流程、司法礼仪和服务规范，以为人民群众参与诉讼活动提供高效、便捷服务为基本出发点提出工作要求并改进工作作风。

另一方面，在司法工作各个环节的具体开展过程中，自贸港法院亦要尽可能落实便民利民措施。在立案阶段，恰当地开展诉讼引导和服务工作，为纠纷当事人降低诉讼门槛，拉近与群众的距离；诉讼文书模板的提供，诉前调解建议书和诉前调解告知书等调解引导材料的准备，网上立案平台、电脑、复印机、WiFi等软硬件设施的配备，便于纠纷当事人了解解纷类型，选择适合自身的解纷方式并流畅办理立案手续。在审判阶段，远程审判程序平台的建设及与之相匹配的各种审判文书电子文件法律效力和电子送达效力确认规则的完善，有利于符合信息化发展趋势的在线审判程序机制的建立并切实便利诉讼进程的开展。[1]在执行阶段，规范执行立案、完善执行救助、推进执行公开、畅通当事人执行监督等举措均为高效推进执行工作、保障并便利当事人合法权益的最终实现提供了有力支撑。综上可见，健全便民利民的诉讼服务机制要求自贸港法院在司法工作推进过程中，将人民群众便利化解纠纷的要求贯穿立案、审判和执行的诉讼全流程，切实提升法院的诉讼服务水平。

二、司法公信力建设是自贸港诉讼制度改革的关键标尺

关于司法公信力的重要性，习近平总书记曾经强调："如果司法这道防线缺乏公信力，社会公正就会受到普遍质疑，社会和谐稳定就难以保障。"[2]如果一国的司法具有高度公信力，其法院和法官就会被民众尊重，民众也会习惯于到司法机关寻求公力救济。同时，其司法审判结果亦会受到民众的充分尊重和认可，并自觉履行，这是一个社会法治化程度高的重要指征。相反，如果司法公信力缺失，公众对法院及其裁判结果不再认同，社会公正也难以得到保障，社会法治程度亦相应较低。[3]司法公信力建设是自贸港诉讼制度改革的重要标尺，对自贸港维护社会稳定，妥善化解矛盾纠纷，实现公平正义具有积极作用。而坚持司法公开、提高审判质效并完善司法监督则是提高自贸港法院司法公信力的工作重点。

（一）实现司法公开是提高司法公信力的主要抓手

坚持司法公开是提高司法公信力，构建开放、透明、动态、便民阳光司法机制的重要举措。只有让民众了解司法，"以看得见的方式实现正义"，才能切实提高司法公信力。这一点对于自贸港法治建设而言尤为重要，自贸港

---

[1] 杜以星："自贸区司法服务保障创新供给及不足之填补"，载《法律适用》2019年第17期。

[2] 习近平："深化司法体制改革"，载习近平：《论坚持全面依法治国》，中央文献出版社2020年版，第147页。

[3] 童建明："努力让人民群众在每一个司法案件中感受到公平正义"，载中华人民共和国最高人民检察院：https://www.spp.gov.cn/spp/zdgz/202105/t20210523_518980.shtml，最后访问时间：2022年6月10日。

法院要在涉外贸易普遍开展的环境下树立司法权威，要让不同法制背景的当事人理解并认同自贸港的司法体制，司法公开是一个非常重要的途径。

第一，需要转换司法人员的工作思维，把获知相关司法信息当作公众的一项权利来对待。司法公开的目的是促进法院与民众的互动，以增加公众对司法开展过程和裁判结果的认同和理解，进而达到提升司法公信力的效果。因此，自贸港法院应将依法保障民众知情权、参与权和监督权作为一项重要工作予以推进，把司法公开视为与社会公众信息对接的主要机制，确保民众能够及时、准确、全面地获取和掌握相关司法信息。

第二，要以公开为原则、不公开为例外，进一步细化司法公开的内容和范围。一方面，对于涉及当事人合法权益、社会公共利益或者需要社会广泛知晓的司法信息，包括法院基本情况、审判执行、诉讼服务、司法改革、司法行政事务、国际司法交流合作、队伍建设等方面的信息，自贸港法院应采取适当方式主动公开。另一方面，司法公开要有底线要求，应当避免公开可能导致损害社会公共利益、阻碍审判权运行或者侵犯当事人合法权益等情况的相关信息。特别是自贸港法院的司法公开往往会受到较大比率的境外当事人关注，因此法院在公开前应进行保密审查，过滤涉及国家秘密、审判秘密、商业秘密、公民个人信息保护等方面的信息，实现依法公开与保守秘密的有机统一。

第三，可以借助现代化信息技术不断健全司法公开方式。自贸港法院处在开放的前沿阵地，其改革举措亦应与技术发展、民众获知公众信息的有效渠道等相互匹配、同频共振。自贸港法院可以借助其官方网站、官方微博、微信公众号、小程序等技术载体进行相关信息公开，将立案流程、诉讼流程、审判组织、裁判文书等实体及程序性内容予以广而告之，增强司法机关与社会公众间的良性沟通与互动。[1]同时，自贸港法院还应继续推进审判流程公开、庭审活动公开、裁判文书公开、执行信息公开等司法公开平台建设，便利公众获知信息的渠道和平台，提升社会公众参与司法建设的广度和深度。

（二）提高审判质效是提高司法公信力的核心要求

审判质效是自贸港法院在多种纠纷化解方式中展现核心竞争力的重要方

---

〔1〕 刘言浩："中国（上海）自由贸易试验区的司法应对"，载上海市第一中级人民法院：https://www.a-court.gov.cn/platformData/infoplat/pub/no1court_2802/docs/201401/d_2270534.html，最后访问时间：2022年6月10日。

面。只有切实实现审判质量和效率的双向度提升,才能真正实现自贸港司法工作的高质量发展,为民众提供高水平的纠纷化解方式。具体而言,提高审判质效,要从三个方面具体施力:

第一,创建学习型法院,拓宽法官的知识领域。自贸港在知识产权、国际金融、信息技术、涉外民商事、海事海商等领域深耕建设时,对法官的审判能力和专业水平亦提出了较高要求。就培训动力而言:一方面,自贸港法院须定期或不定期地组织学习培训,助力法官拓宽其专业和非专业知识领域;另一方面,对审判人员自身而言,终身学习的理念、知识领域的广泛涉猎和国际视野的拓展均能为其审判质效提升奠定基础。就培训内容而言,要契合自贸港制度创新对审判工作提出的新需求:一方面,拓展法官视野,以自贸港等开放前沿区域广泛涉及的(诸如知识产权、涉外金融、信息技术等)专业知识为培训重点;另一方面,统一裁判规则,以提炼司法经验、梳理指导案例和统一裁判尺度为培训切入点,就培训方式而言,可以充分利用网络优势,更加灵活、高效和人性化地将培训任务融入法官的日常工作。此外,还应强化专业法官会议和审判委员会在统一案件法律适用、指导审判工作上的独特作用,鼓励法官在遇到重大疑难案件或可能形成新的裁判标准的案件时,积极提交专业法官会议或者审判委员会讨论,促使案件讨论更加专业深入,法理阐释更加透彻。

第二,要进一步落实司法责任制,对案件开展质量评查。司法责任制的核心要求在于"让审理者裁判,由裁判者负责",要求法官依法公正行使审判权,对案件的裁判质量负责。为扎实提高自贸港法院案件审理的整体质量,做好案件评查工作刻不容缓:一是合理设置评查指标,进行科学化考评。对于具体案件评价,要鼓励法官、各行业专业人员参与评查活动,这样不仅能加强考评的民主性,还能形成专业意见,增强业务评鉴的准确性和说服力。[1]二是通过查阅案卷与沟通座谈等方式开展定期评查、日常评查和专项评查工作。法院在开展案件质量评查工作时,先要召开座谈会了解被评查单位查办案件工作的全面情况,再详细审阅被抽查案件的卷宗材料,必要时还应就发现的问题与该单位工作人员展开沟通,着力提高解决问题的全面性和精准性。

---

[1] 龙宗智:"影响司法公正及司法公信力的现实因素及其对策",载《当代法学》2015年第3期,第3~15页。

三是依法落实案件质量审查问责制度。案件质量评查的效果主要体现在有关单位对评查发现和反馈的问题是否进行了有效整改上。所以要对被评查单位提出明确的整改要求，并根据具体情况对单位整改情况进行综合考评和追踪。同时，要建立责任追究机制，对在评查中发现存在严重质量问题案件的或者问题整改不力的单位，视情况进行通报，必要时可以通过严肃问责倒逼问题整改。

第三，要深入推进均衡结案，兼顾办案效率和质量。结案不仅是审判效率问题，也是社会正义以看得见的方式得以实现的重要保障。自贸港法院通过推进均衡结案以实现司法公信力建设，一方面能避免因仓促结案而降低办案要求，另一方面又能防止因审判效率较低而影响社会公众对审判工作的认同。这就要求自贸港法院尽可能缩短办案周期，确保案件在审限内高效结案，使人民群众看得见、感受到审判结果对社会公平正义的切实维护。其中，"繁简分流"能有效提高整体运行效率，是实现均衡结案的重要方式。"繁简分流"要求自贸港法院将受理的案件分为繁案和简案，适用不同程序标准进行案件审理。对于金融、知识产权、不动产、破产等专业领域的案件，要实行"繁案精审"，侧重保证审判质量；对于诉讼标的较小、权利义务清晰、案情相较简单的案件，可以采取小额诉讼程序、简易程序等方式进行，提高办案效率，从而在整体上实现均衡结案的效果。

（三）完善司法监督是提高司法公信力的重要保障

司法权行使直接关系到个案中当事人权利义务的重新分配，进而影响社会稳定及法律秩序的形成，关涉整个国家的法治建设。有效监督是规范权力正确行使的根本保证，不受制约和监督的权力必然滑向滥用和腐败的深渊。因此，在自贸港诉讼制度改革中，司法公信力的有效建设离不开完善的司法监督机制，以保障司法权始终在法治轨道上得以行使。

自贸港司法监督机制的完善可从内外两个向度使力，保证司法权力行使的合法性。在内部监督上，要继续发挥好检察机关的法律监督功能以及法院的自身监督作用。其一，检察机关可以综合运用抗诉、检察建议等多种方式监督和纠正不公裁判、虚假诉讼、司法人员贪污腐败等损害国家利益、社会公共利益或个人合法权益的问题。同时，法院也需积极支持检察机关的监督工作，例如探索建立重大、疑难案件听取检察机关意见和建议制度；完善和规范检察建议的提出、受理、办理、反馈机制等。[1]其二，就法院自身而言，一方面可通过提高审判人员自身素质、严格选任标准、加强职业道德教育等措施防止司法腐败的滋生；另一方面还应充分发挥审判委员会对全院审判工作的监督作用，并借助现代科学信息技术，主动公开审判流程、庭审过程、裁判文书、执行等司法信息，提升司法工作的透明度。

在外部监督上，要继续发挥人民代表大会、社会公众、新闻媒体对司法活动的监督作用。作为国家对外开放战略的最前沿，自贸港法院在接受外部监督方面，尤其要关注来自社会公众和各种新媒体的监督。对于社会公众而言，除了遵循常规地行使批评、建议、申诉、控告和检举等权利进行监督外，自贸港法院还要着力完善人民陪审员制度和人民监督员制度，保障公众对司法活动进行常态化和规范化监督。此外，随着网络、微博、微信等新媒体的迅速发展，自贸港法院要加强与新闻媒体的良性互动，通过主动公开司法信息的方式倒逼司法活动的公正、透明。一方面，要回应社会关切，在不违背案件保密要求的前提下，公开引发社会广泛关注的相关案件信息，强化对案件的释疑解惑工作，有效听取并积极回应民众的批评和意见。另一方面，也要规范媒体对案件的报道，避免炒作、渲染重大敏感案件，防止舆论影响审判权力的独立运行。

三、法治化营商环境是自贸港诉讼制度改革的重要指标

在全面开放过程中，培育具有竞争优势的营商环境是实现自贸港高质量发展的重要抓手。"法治是最好的营商环境"这一重要论断为优化营商环境指明了道路和方向：要充分发挥法治对市场的引领、推动、规范和保障作用。而作为法治建设的重要组成部分，司法在稳定市场预期、激发市场活力、促进市场发展等方面具有不可替代的作用。一个地方的营商环境好不好，在发生投资、贸易等纠纷争议时是否能高效妥善地化解矛盾，亦是非常重要的评价指标。自贸港诉讼制度改革旨在为纠纷化解的最后一步画上完满的句号。

（一）充分发挥司法职能，有效回应创新要求

自贸港法院在进行诉讼制度改革时需积极发挥其相关职能，实现与创新

---

[1] "加强对司法活动的监督"，载中华人民共和国最高人民检察院网：https://www.spp.gov.cn/spp/tt/201411/t20141117_83762.shtml，最后访问时间：2022年6月10日。

型营商环境的充分对接,助力自贸港营造世界一流的营商环境。

第一,主动回应制度创新可能带来的立法滞后现象,规范法官司法审判中的法律适用问题。自贸港在实现高水平对外发展的背景下,始终致力于通过制度创新实现开放和改革新尝试。故而,最高人民法院就自贸港营商环境建设出台的一系列司法政策、指导意见等规范性文件,在立法未全面跟上的前提下,为法官正确适用法律、统一裁判尺度和保障公民权利提供了裁判标准和审判指南。另一方面,自贸港要实现全面发展离不开金融、投资、贸易、行政监管等领域制度创新,在创新过程中,某些新业态可能出现暂时缺乏法律规制或者"政策先行、立法跟进"的现象。鉴于立法修改或出台的相对滞后性,这就需要在纠纷解决具体个案中,法院主动应对并制定法律适用方案,如通过定期发布案件审判指引、典型案例、司法审判白皮书等形式合理把握相关裁判问题。[1]

第二,要为知识产权保护提供有力的司法支撑。新型营商环境建设的主要内容是互联网+、科技金融等新兴产业发展,推进传统制造业转型升级,构建产业发展新体系,这一过程十分依赖市场各类主体的创新驱动。创新是引领发展的第一动力,保护知识产权就是保护创新。因此,要实现自贸港商事领域的创新发展,离不开对知识产权的切实保护。自贸港法院为有效应对市场主体在自主研发、科技创新时产生的对知识产权保护需求,须在司法服务和保障方面添码加力。具体而言:一是正确适用产权保护法律规定,妥善处理自贸港内涉产权保护案件,实现产权保护法治化。二是合理发挥知识产权保护临时措施的作用,依法妥善运用行为保全、证据保全等措施,及时获取并固定证据、有效保障当事人权利,进而提高市场主体获得司法救济的及时性和有效性。三是确定知识产权侵权损害赔偿的裁判原则。法官既要以知识产权的市场价值为参照确定当事人的损害赔偿,也要正确把握惩罚性赔偿构成要件,加大知识产权侵权损害赔偿力度,不断完善知识产权侵权损害赔偿制度。

(二)完善商事审判机制,维护市场交易秩序

伴随着自贸港开放经济和商业往来的快速发展,各类新型纠纷层出不穷,

---

[1]许凯主编:《中国(上海)自由贸易试验区司法保障问题研究》,北京大学出版社2020年版。

市场主体对商事纠纷得到合理、高效解决的客观需求亦不断增强。自贸港法院在进行诉讼制度改革时须不断完善商事审判机制，树立尊重市场规律、依法维护市场创新、平等保护市场主体的裁判理念，发挥司法审判对市场规范的引领作用。[1]

第一，要减少对商事主体决策的司法干预，达到减轻决策者责任、鼓励商事主体大胆尝试、勇于创新的目的。由于自贸港内市场自治程度高于港外，能否维持市场活力和市场秩序是审理涉自贸港案件时需要考量的重要因素。法官在审判时应充分尊重商事主体的自主合意，尊重市场通行的商事惯例，发挥商事惯例、行业惯例对合同争议的解释与漏洞填补作用，进而稳定商事契约的约束功能。此外，自贸港要重视诚信市场建设，维护公正高效的市场交易秩序。诚信建设制度化是完善社会主义市场经济体制、加强和创新社会治理的重要手段。法官要通过发挥商事审判的职能作用，强化对守法、守约者诚信行为的保护和宣传，加大对违法、违约行为的制裁与惩罚，从而切实维护诚实守信的市场交易秩序。

第二，要持续推进自贸港营商规则的完善。其一，在经济全球化、区域经济一体化背景下，营商规则标准的国内外衔接协调是打造优质投资贸易环境、促进市场互联互通、实现资源高效配置的必然要求。2021年10月31日印发的《国务院关于开展营商环境创新试点工作的意见》，鼓励有条件的地方进一步瞄准最高标准、最高水平先行先试。自贸港在打造对外开放新高地进程中要持续推进各领域营商规则标准的国内外衔接和协调，各级法院系统在商事审判方面也应适度尊重当事人选择适用的国际商事通行规则，为港内商事规则完善提供司法支撑。其二，伴随商事登记、股份回购等商事制度改革，要及时推进商事案件审理与商事制度改革的衔接工作。在实体上，法官在审理过程中应当准确适用注册资本认缴登记、股份回购条件放宽等制度改革后的法律规范；在程序上，法院应当依托信息技术在财产保全、先予执行、调查取证等环节予以创新，从而准确、高效地解决商事纠纷，保障市场主体合法权益。

第三，在对涉投资、贸易、金融等案件审理中，要妥善处理市场开放和

---

[1] "自由贸易港司法保障的理念定位"，载中国法院网：https://www.chinacourt.org/article/detail/2021/07/id/6139801.shtml，最后访问时间：2022年6月10日。

交易安全的关系，把严守风险防控底线作为践行市场化理念的基石。〔1〕具体而言，司法机关要加强和工商、税务、海关、金融监督管理、证监会及公安、检察等职能机关的沟通交流，搭建便捷化信息交换平台，建设多部门联动抵抗风险的组织和制度。法官在审理涉自贸港新业态相关纠纷的过程中，如果发现可能存在行业风险或市场风险，要主动提示相关部门，与相关部门建立定期交换异常案件信息机制，共同落实市场事后监管和风险防范。

（三）推动司法智能化，保持市场运行的高效性

随着大数据、人工智能、区块链等信息技术的发展，互联网以便捷、智能、开放等优势提高市场运行效率。市场运行高效性本身涵括了对司法效率的追求。党的十八大以来，推动司法智能化、建设智慧法院受到了各级法院的广泛关注和实践。从程序上看，智慧司法可通过节约案件在立案、审查、审理、调解、判决、执行等环节的时间，达到提高司法工作效率、节约司法资源的目的，从而破解"案多人少"的司法治理难题；从实体上看，智慧司法可以借助大数据整合法院判决，实现"类案类判"的司法裁判常态，从而有效提高司法救济质效。因此，在法治化营商环境建设过程中，自贸港需要持续推进现代科学技术在司法领域的深度应用，促进司法活动的质量变革、效率变革，实现司法工作与市场效率的相互对接。

第一，要完善统一的司法数据库，夯实智慧司法应用基础。智慧司法的实现依赖于庞大、全面和准确的数据支持。依托司法数据库审判人员可以实现"类案类判"的裁判常态，有效提高司法救济质效。一方面，自贸港法院应破除"信息壁垒"，建立司法数据共享平台，解决司法数据库数据收集体量不足、收集信息不全面等问题。例如，促进各级法院内部共享案件裁判文书，搭建裁判文书共享平台并确保案件信息上传的完整性和准确性。另一方面，司法机关应当加强和互联网行业协会、互联网企业、司法科研机构、律师事务所、高校等社会主体间的合作，借助他们的专业优势和人才优势，推进司法案件数据收集和分析的专业性和全面性。〔2〕

第二，要推动智慧司法在营商环境建设中的具体应用，提高市场主体解

---

〔1〕 "自由贸易港司法保障的理念定位"，载中国法院网：https://www.chinacourt.org/article/detail/2021/07/id/6139801.shtml，最后访问时间：2022年6月10日。

〔2〕 石佑启、陈可翔："法治化营商环境建设的司法进路"，载《中外法学》2020年第3期，第697~719页。

决纠纷的效率。一是在立案、受理、举证、送达、执行等程序性事项中，要推广和普及自贸港各级法院网站、公众号等智能化平台应用，提升市场主体寻求司法救济的效率。二是在案件审理过程中，审判人员可以依靠案情智能研判分析系统，提高案件审判效率。在司法数据与人工智能相结合的基础上，案情智能研判分析系统不仅可以自动识别案情，匹配并对比双方当事人的相关信息，帮助识别案件争议焦点，辅助生成庭审提纲，还能为法官推送类案量刑研判分析、辅助统一裁判尺度，从而有效缓解工作量超负荷的矛盾。[1]三是要重视对司法人员信息化、市场化、多元化思维的培养。智慧司法建设不是现代化信息技术与司法的简单结合，而是司法工作人员依照司法职能与市场发展需要而持续推动信息技术与司法的全方位深度融合。只有司法机关及其工作人员自觉将司法大数据的支持功能贯穿于立案、审理、执行全过程，并依靠数据的精细化和公开化实现司法判断的科学化，才能有效推动智慧司法和法治化营商环境建设。

第二节 自贸港专业化审判机制构建的思路释析

建立符合司法规律的审判权运行机制是自贸港诉讼制度改革的核心内容。自贸港可以通过组建专业审判团队、创新审判规则以及完善司法责任制这三方面来保证审判权运行机制的科学性和高效性。

一、专业化审判团队的科学组建

自贸港诉讼制度改革的重点在于保证审判权的独立行使，防止审判权运行受到行政权的过多干预和不当干扰，这一目标的实现有赖于厘清审判权及其监督行使间的关系，因此自贸港在专业化审判机制的建构方面，不仅要继续探索和完善专业化审判团队建设路径，保证审判权独立行使，也需强化审判监督管理，构建审判团队建设的协调管理机制。

（一）探索审判团队的建构模式

自《最高人民法院关于完善人民法院司法责任制的若干意见》正式提出

---

[1] 王佳云：“司法大数据与司法公正的实现”，载《吉首大学学报（社会科学版）》2020年第2期，第137~143页。

建设科学审判团队要求后，各地法院陆续进行了卓有成效的实践，因地制宜地形成了诸如"3+3+1""2+2+1""1+1+1""2+1+1"等由法官、法官助理和书记员组成的审判团队配备模式。[1]审判团队是设置于审判庭内部，以合议制下审判权独立行使为核心的权责明晰的审判单元，它是对传统"法院-审判庭"行政管理模式的突破，在一定程度上弱化了行政色彩。[2]例如，上海市二中院审判团队成员的配置为5名左右员额法官，并给每名法官配备1名法官助理和1名书记员。审判团队实现良好运作的基础是成员间权责清晰，各项工作合理分配。审判实务经验丰富的资深法官和法学功底深厚的优秀年轻法官是审判团队的核心成员和主力军，其工作内容着力于案件的庭审、评议、裁判三个重点程序。为确保法官不被事务性工作缠身，提升审判团队的工作质效，为法官配备一定比例的审判辅助人员是必需的。审判辅助人员主要由法官助理和书记员组成。法官助理负责协助法官开展审判工作，承担摘录证据和归纳争议焦点、组织庭前证据交换和庭前调解、调查取证等庭审辅助工作；书记员作为事务性工作者，主要负责送达法律文书、庭前准备、庭审案件记录、整理案卷材料等工作。

除了构建"法官+法官助理+书记员"三元结构模式的审判团队外，有的法院还通过组建书记员管理办公室等专门审判辅助机构，集中专项负责案件归档、庭审记录等事务性工作。在此模式下，审判团队无需配置固定的书记员，法官开庭时由书记员管理办公室统一指派书记员"驻庭"保障，结案时由法官助理将卷宗材料移送办公室归档。还有些法院组建了诉讼辅助事务中心，通过购买社会服务、委托第三方管理等方式集中外包审判辅助事务，进而提高法院整体的工作效率。各地法院在审判团队组建方面的积极做法均为自贸港诉讼制度改革提供了可资借鉴的经验和方向。在前期，自贸港法院应坚持精细化分工模式，探索构建以审判法官为主体，科学化配置审判辅助人员的审判团队，并在制度设计上充分保障法官审判工作的独立性并发挥其对整个团队的引领带动作用。在"法官+法官助理+书记员"三元审判团队模式发展相对成熟之际，自贸港法院还应大胆探索建立专门性审判辅助机构或将

---

[1] "推进科学审判团队建设 全面提高审判质效"，载中国法院网：https://www.chinacourt.org/article/detail/2017/08/id/2958492.shtml，最后访问时间：2022年6月10日。

[2] 鲁桂华："合议制下审判团队改革的实践与完善"，载《理论视野》2017年第9期，第47~53页。

审判辅助事务工作专项外包等方式，进一步保障法官审判工作的独立性，大幅提升审判工作效率。

(二) 提升审判人员的专业素养

审判人员的专业素养关乎审判团队建设的质量。自贸港法院在打造审判团队过程中要注重提升法官和人民陪审员的专业能力，充分发挥专业法官会议和审判委员会对于案件审理质效的把关作用。

第一，法官作为合议庭的主要成员，承担着查明案件事实、明确法律适用的重任，是一个审判团队的核心和灵魂。从某种意义而言，法官审判素质的高低决定了案件审判质效的高低。自贸港法院法官的选任和培养，在职业良知、职业操守和专业水平方面更需提出高标准、严要求。一般而言，审判法官素质的把控要从选任、激励和培训培养机制这几个方面来综合考虑：一是依托员额制及法官遴选制度改革，健全自贸港专业法官选任机制，以优厚的职业保障吸引法律精英人才，选拔一批法律专业知识精湛、法学理论功底深厚的人才进入法院。二是完善法官职业保障措施，夯实固稳法官在职务上和物质方面的双重保障。一方面，优化法官在审判工作实绩、职业道德、专业水平、工作能力、审判作风等方面的考核制度，[1]保证优秀法官的晋升渠道及上升空间，尽量避免法官非因法定原因被调职、停职、免职。另一方面，在物质保障上还应稳步适度提升员额法官待遇，从内部动力和外部环境两方面激励法官主动提升自身竞争优势。三是强化审判人员的培养培训机制。鉴于自贸港在审判工作中遇到的新问题、新情况较多，且法律法规、司法解释及各项创新政策不断更新，法院审判人员常学常新、终身学习理念的培养和强化亦十分重要，自贸港法院可以通过定期开展专业能力培训和研讨会，邀请专家赴院培训并与法官进行理论实务的交流研讨，为审判人员提供学习机会、营造学习氛围，助力其专业知识和分析、判断和写作等能力的综合提高。

第二，人民陪审制度是人民群众参与司法审判的重要制度。要切实体现人民陪审的制度价值，发挥人民陪审员在司法审判实务中的重要作用，强化人民陪审员的审判素养尤为重要。自贸区在这方面已进行了有益实践：鉴于大部分自贸区面临着较大数量的涉外商事纠纷解决任务，在人民陪审员的选任上，倾向于选择具有国际经贸背景、熟悉国际规则的人士参与案件审理，

---

[1]《法官法》第41条规定。

促进纠纷良性高效化解。例如，上海市浦东新区人民法院以国际金融、保险、海关及国际贸易等方面的专家充实人民陪审员队伍，参与涉自贸区贸易、投资等专业性较强的案件审理。再如，南沙自贸试验区邀请港澳人民陪审员参与审理，制定了《港澳人民陪审员管理办法》并开发了港澳人民陪审员电子管理系统，参与涉外、涉港澳民商事纠纷的审理。

有鉴于此，自贸港法院可以借鉴自贸区的相关做法，特别是针对涉外商事案件的审判，由具有专业知识和国际经贸背景的陪审员组建"专家陪审库"。在人员选任上，综合考虑其教育背景、工作经历和参与积极性等方面，均衡地在法律专业和其他专业领域选拔知识储备丰富的专家陪审人员；在技能培训上，有针对性地加强对专家陪审员在庭前阅卷、庭审调查、案件评议等方面的培训和指导；在案件分配上，根据不同审判业务部门的需要确定陪审员名单，确保人民陪审员的专业背景与具体案件类型相适应，最大限度地发挥专家陪审员价值。另外，专家陪审员虽在某些特殊案件中能有效弥补法官的知识疏漏，但也无法排除其存在滥用专业知识进行行业保护的可能性。因此还需对其进行职业道德相关培训，完善监督机制，确保专家陪审员的优势得以充分彰显。[1]

第三，案件的集体讨论机制是审判权运行中的一项独特程序，对提高法院专业化裁判水平具有积极意义，其中最典型的是专业法官会议和审判委员会集体讨论机制。专业法官会议由法官组成，主要向审判组织和审判委员会提供有关案件法律适用方面的咨询意见。审判委员会则是法院的最高审判组织，在总结审判经验、讨论重大疑难案件和其他有关审判工作问题上发挥着重要作用。在二者关系的认定上，专业法官会议往往会被作为提交审判委员会讨论案件的前置过滤机制，切实发挥审判委员会对重大敏感和疑难复杂案件的把关作用。

为切实提高自贸港法院案件讨论的专业水准，提请审判委员会讨论决定的案件，一般需要由专业法官会议先行讨论并审查把关，从而提高专业法官会议向审判委员会汇报案件的质量。同时，为充分发挥专业法官会议过滤案件的作用，自贸港法院可以对专业法官会议中法官的准入设置一定门槛，尝

---

[1] 廖永安、蒋凤鸣："人民陪审制改革目标的反思与矫正——以 A 市两试点法院为例"，载《华侨大学学报（哲学社会科学版）》2018 年第 1 期，第 67~77 页。

试跨审判专业领域、审判庭、审判团队召开专业法官会议，集思广益，触发案件讨论的更多可能性，案件讨论更有针对性，分析说理更加深入透彻、使人信服。

（三）健全审判团队的管理方式

组建专业化审判业务团队不仅要着眼于审判权力的独立运行，还权于审判人员，还需考虑审判监督管理权的充分发挥，保障审判团队的科学、健康和可持续运作。事实上，业务庭在开展审判团队建设过程中难以将审判和行政管理事务完全区分开来，再加上法官绩效考核制度的存在，法院的审判事务和行政事务无法完全分割。某些地方法院在开展审判机制改革的过程中，存在着改革审判业务机构就是要最大限度地减少管理层级，减少院、庭长数量和管理强度，如此才能真正实现案件由"审理者裁判、裁判者负责"，保障法官独立办案的认识误区。这种认识实际上忽视了管理权在审判业务开展中的重要性。从管理学理论上看，法院内设机构改革中管理层级的缩减可能会遭到相关利益群体的反对，进一步增加改革阻力；管理幅度的拓宽可能会导致对内部组织的控制缺乏关联性；对与法官仕途发展相关的制度进行弱化在一定程度上会打击法官工作的积极性。[1]

因此，自贸港审判机制改革不能陷入去领导化的误区，要充分尊重审判机构改革的管理学规律，在对院庭长的审判权、司法行政权、审判管理权等方面的职责进行规范化的同时，也需加强法官的自主管理和自我监督。其一，院、庭长本就是专业素养过硬、审判经验丰富的法官，要将其从纷繁复杂的行政管理事务中抽离出来，让其回归审判一线，带头承办重大疑难复杂案件，在具体案件中对审判人员进行业务指导和管理，推动法院整体审判水平的提升。[2]其二，要厘清院庭长审判管理和审判监督的职责。自贸港法院可以借助院庭长"权力责任清单"制度以及审判委员会、专业法官会议等工作机制，助力院长对涉及法院均衡结案、审判质效、繁简分流、审判资源调配等重大事项的宏观把控，也帮助庭长具体掌握涉其部门的审判质效指标，精准掌控本部门的审判态势。其三，要完善审判团队的绩效考核办法，探索建立有针

---

［1］肖新征："审判权厘定后审判业务机构改革的新进路"，载《人民司法》2020年第13期，第4~9页。

［2］"确立平权化制度体系 强化院庭长审判监督责任"，载中国法院网：https://www.chinacourt.org/article/detail/2017/08/id/2958492.shtml，最后访问时间：2022年6月10日。

对性的绩效考核机制。既要注重院庭长对审判团队、审判负责人的整体考核，运用办案任务的权重系数或结案率考核等确定法官在具体办案过程中的业绩指标，确保各项考核标准具体到岗、细化到人，也要赋予法官对法官助理奖惩建议权，促使法官助理顺利完成辅助办案任务。其四，还要强化审判团队的自主管理职能。通过成立法官自主管理委员会，同审判管理部门一起研判审判运行态势和审判质效数据，发挥自我管理、自我服务、自我教育和自我监督的积极作用。

二、创新性审判规则的系统梳理

规则是审判的基础和依据，审判规则的创新和完善为自贸港诉讼制度改革指明方向、清晰路径。自贸港作为与全球接轨的制度改革、规则创新的先行者，积极开展前沿性审判研究、加强创新型审判规则的供给并尽量保证港内裁判规则的统一适用，维持法律适用的稳定性，是为其审判规则创新的主要着力点。

（一）开展前沿性审判研究

自贸港作为我国对外开放的最前沿层次，其法院所承办的纠纷呈现出案情复杂、涉及法域众多、法律适用存在各种积极和消极冲突等复杂特性。因此，结合自身开放和发展特点，强化前沿性审判研究，有助于自贸港法院建立前瞻性思维，科学、高效地解决上述复杂纠纷。

第一，设立专家咨询委员会，发挥"理论知识库"和"社会智囊团"的重要作用。目前国内很多法院已陆续设置专家咨询委员会，聘任各行业的资深人士辅助审判工作。例如，广东自贸区南沙片区人民法院聘请来自我国香港特别行政区和澳门特别行政区的法律人士作为专家咨询委员，凸显了南沙"粤港澳全面合作示范区"的地域特色和多法域优势。再如，为加大金融审判的智力和专业支持，上海金融法院聘任来自科研院校、金融实务部门的资深专家组成了专家咨询委员会。自贸港法院亦可尝试在系统内建立专家咨询委员会，广泛邀请来自法学、国际贸易、国际金融、国际争端解决等领域的学者、知名律师、调解员或仲裁员等专业人士，充实其"审判智囊团"，积极开展相关理论实务方面的前瞻性研究，有效探索专业法官、专家陪审、专家咨询有机结合的专业化审判机制。

第二，调查研究是做好一切工作的前提，要充分重视法院调研工作的有序开展,切实发挥调研成果的实际转化。调研人员深入企业、基层和相关职能部门实地走访,了解相关行业、区域的发展态势以及法律需求,是最贴近自贸港各经营主体切实需求的,以此为基础提炼的审判难点和规则突破才是本着实事求是的态度,最能解决实际问题的措施和方案。广东省高级人民法院下设的涉外专业委员会为突破涉外审判实务建设中的痛难点,开展了以"涉外商事审判队伍建设"为主题的调研工作,并在此基础上探索广东省涉外商事审判队伍可持续发展策略。自贸港在建设和发展过程中面临的法律规则创新和法律适用挑战更多,为确保这些难题的解决不偏离以人民为中心的法治工作要求,贴近基层、积极开展调研工作不可或缺。自贸港法院可以通过发放调查问卷、实地走访、专题座谈等方式,广泛听取相关部门、行业专家学者、上下级法院和基层群众的建议,总结和提炼契合当地实际、兼具本土特色且符合自贸港发展方向的司法经验和对策。此外,为保证调研成果有效回应审判实践中的前沿问题,自贸港法院还应力促调研成果的及时转化,既可以书面规范化建议的方式提交至有关部门,又可以在时机成熟时转化为指导司法工作开展的规范性文件,护航自贸港的全面建设。

(二)加强创新性审判规则供给

自贸港建设是国家战略,其背靠国家层面的政策扶持,亦存在诸多改革创新的政策法规空间。在高度开放和高速发展的自贸港建设过程中,为审判人员案件审理明晰路径,适当增加审判规则供给,提供规范统一的规则指引必不可少。审判业务指导文件的制定执行,不仅能及时回应自贸港经济建设的各项需求,为港区发展提供坚实的司法保障,还能为裁判者适用法律提供参考性审判思路,推动各级法院裁判尺度的统一。[1]例如,广东自贸区根据区内建设的实际需要先后发布了包括《关于审理前海自贸区保理合同纠纷案件的裁判指引(试行)》《关于审理前海自贸区融资租赁合同纠纷案件的裁判指引(试行)》《审理涉自贸区案件裁判指引》《域外法查明办法(试行)》等在内的各项裁判指引,对融资租赁合同、保理合同等典型金融关系案件的审理、域外法查明等问题作出了规定,还出台了《珠海横琴新区人民法院类似案例辩论制度操作办法(试行)》,厘清了类案标准,创造性地将同

---

[1] 侯丹华:"法院审判业务指导文件功能探析",载《上海政法学院学报(法治论丛)》2011年第6期,第112~116页。

类案例引入法庭辩论。

然则,在创新型审判规则的制定方面,还应注意几个问题:首先,审判业务指导文件要与宪法、法律法规、司法解释的基本精神和规定保持一致,不能在自贸港地方立法没有得到特别授权的情况下,突破现行宪法、法律法规和司法解释的整体框架。其次,要加强和相关部门间的信息沟通与协调,制定与自贸港建设进程和发展阶段相适应的审判规则,及时回应各领域、各阶段的司法需求。最后,要对审判业务文件的具体落实情况进行实时追踪和适用反馈,不断提高审判业务文件的科学性和实用性。

(三) 促进自贸港内裁判标准的统一

法律适用是否统一事关法治实施的效果和法律功能的实现。在司法实践中,受制于审判人员法律适用不统一,"同案不同判""类案不同判"的现象在不同层级法院、不同地区法院甚至同一法院时有发生,对司法权威性和公信力存在较大的负面影响。造成这一问题的原因是多方面的,或是由于法律自身的不周延性、模糊性和滞后性等特点导致法官在适用法律时存在较大的自由裁量权,或是不同法官对同一法律条文的理解与认识可能存在偏差,其基于自身经验和判断作出的相似案件的判决是存在差异的。近年来,我国越发重视通过案例指导、类案检索等方式实现同案同判。2020年《最高人民法院关于完善统一法律适用标准工作机制的意见》将司法解释与司法案例共同列为工作重点。作为司法案例的核心部分,案例裁判规则是经过法官裁判行为创制的并能为今后相似案件裁判提供依据的规则。较之抽象的司法解释,案例裁判规则与具体案件事实和争议焦点紧密结合,能够进一步补充和细化法律、具象司法解释中的裁判规则,更好地规范法官自由裁量权的行使并最终促进法律适用的统一。[1]因此,充分发挥司法案例"以案释法"的作用有助于自贸港法院规范裁判规则的适用,实现裁判标准的统一,维护法治权威。

第一,要发挥指导性案例、典型案例对于自贸港各级法院的审判指导作用。虽然我国并非判例法国家,指导性案例不能直接作为裁判依据,但在司法工作人员的类案检索中具有"应当参照作出裁判"的拘束力,其参照适用具有一定的强制性。此外,其他典型司法案例权威性和拘束力虽低于指导性

---

[1] 孙跃:"论类案裁判规则及其提炼方法",载《湖北社会科学》2021年第8期,第123~131页。

案例，但是对统一审判人员的法律适用标准仍然具有重要意义。为此，自贸港法官一方面应借助现代化的案例数据库，通过"关键词+案例裁判规则"的检索模式在海量案例资源中快速进行类案检索，提高运用司法案例的效率；另一方面，法官在做类案判决时应全面掌握待决案件与参照案例在事实和法律关系上的相似性，准确理解与提炼参照案例中的裁判规则，结合自身裁判经验将裁判规则运用到具体个案中。

第二，要推动将具有普遍法律适用指导意义的案件交由较高层级的法院审理。具有普遍法律适用指导意义的案件是指尚处于审理阶段，对于全市甚至是全省范围内的类似案件审判具有普遍指导意义的案件。如上海市第一中级人民法院审结的全国首例涉自贸区外商独资企业间申请承认与执行外国仲裁裁决案件，对可以认定为涉外民事关系的其他因素作出了大胆探索，该案的裁判结果在国际商事仲裁领域展现出了中国法院支持仲裁的良好形象，也为自贸区其他法院认定涉外民事关系提供了裁判指引。因此自贸港法院亦需把审理好具有普遍法律指导意义的案件作为实现法律适用统一的关键抓手和展现自贸港良好法治形象的重要窗口。

第三，要建立自贸港内各级法院常态化沟通机制，实现案件裁判信息的无障碍交流。其一，自贸港内较高级别的法院应加强类案评查，确保法律适用统一。通过抽查案件、开座谈会等方式，对基层法院审结的一审案件进行专项评查，制作评查报告，并将评查活动中发现的问题及改进意见传达至相关法院和具体承办人员。其二，自贸港内各级法院需定期向上级法院报送典型案例和重大、敏感、新类型案件的审理情况。上级法院通过梳理、总结典型案例，对疑难重点案件做好改判、发回重审、指令再审等工作，加强对基层法院的指导。其三，港内较高级别的法院可以通过定期发布审判工作白皮书的方式，全面梳理、总结辖区内的新型疑难案件，深入剖析其中存在的问题和法律风险，规范和引导新形势下自贸港企业依法有序开展经济活动。

三、司法责任制的有效落实

《最高人民法院关于深化司法责任制综合配套改革的实施意见》（以下简称《实施意见》）就规范法官审判权行使及其审判责任追究作出了专门规定。为保证审判团队公正办案，维持审判机制的良好运作，自贸港法院须全面贯彻《实施意见》的规定，落实司法责任制，具体着力于落实法官审判责任追究与豁免制度的并轨运行，明晰法官责任承担的具体情形以及严格规范审判监督管理的权责。

（一）落实法官审判责任追究与豁免制度的并轨运行

法官依法独立审判是司法责任制追求的主要目标，落实责任与强化保障是实现这一目标的重要途径。自贸港司法制度改革不仅要强调法官对违法审判行为承担的责任，还要强化对法官职业权利的有效保障，健全依法履职免责和容错纠错制度，避免加剧法官职业风险，使审判者陷入不敢裁判的司法困境，背离司法责任制度设计的初衷。

一方面，要完善法官惩戒制度及其程序。于2019年修订的《法官法》改变了在追究法官责任上的行政问责模式，确立了由法官惩戒委员会负责从专业角度审查法官是否存在违反审判职责的行为，是法官责任制发展的重要内容。但是，法官因为其他违法违纪行为造成错案的，则依照《人民法院工作人员处分条例》《人民法院监察工作暂行规定》和《人民法院监察部门查处违纪案件的暂行办法》等规定来处理。因此，为充分发挥法官惩戒委员会的作用，完善法官错案责任追究的惩戒机制，自贸港法院须进一步细化和明确惩戒委员会的具体工作章程与运作程序，并在程序对接上保证纪检监察程序和法官责任追究程序的有序衔接。具体而言，对于法官错案责任追究，自贸港法院可以探索实行审理制，由法官惩戒委员会组成合议庭对法官违法行为进行审理，再由监察部门对涉案法官的行为提出指控和举证，同时也应充分尊重涉案法官的程序性权利，保证其辩解和举证的权利，最后，再由惩戒委员会作出相应处分建议，从而确保法官惩戒的专业性、透明度和公信力。

另一方面，要完善法官豁免制度，以强化法官履职保障机制。换言之，应对法官依法履职行为抱有一种宽容态度，只要法官在其专业认知范围内合理行使审判权就不应承担法律责任。错案在审判实践中不可避免，法官行使审判权需要对案件事实进行认定，但法官不是事件亲历者，无法完全还原过去发生的客观事实，加之受主观认识、司法经验、当事人提交的证据、审理期限等各方面因素的影响，如果一味要求法官得出绝对正确的裁判结果，否则就需承担法律责任，必然会使法官人人自危，严重打击其办案积极性。虽然我国现行法律没有对法官豁免权作出明确规定，但《最高人民法院关于完善人民法院司法责任制的若干意见》提出的八种不得作为错案追究的情形，对法官豁免权内容的确定具有一定的指导意义。自贸港法院法官更易因自贸港发展的政策倾斜和创新发展的包容度而在司法实践中遭遇新情况、面对新挑战。只有坚持豁免制度和司法责任追究并轨共行，对法官正常履职行为给予足够的包容，方能鼓励法官在新类型案件审理中卸下包袱、轻装上阵，以合法、合理解决纠纷为最终目标推进高效、科学的审判工作。

(二) 明晰法官责任承担的具体情形

在司法实践中，由于法院审判组织的形式多样，以致法官承担责任的情形相对复杂，具体而言主要涵盖独任制、合议制以及经过审判委员会讨论决定的案件责任承担等不同情况。就独任制审判的案件而言，行使裁判权的主体是独任法官，根据"让审理者裁判，由裁判者负责"的法律精神，由独任法官对案件事实认定和法律适用承担全部责任是较为妥当的责任承担方式。就合议庭审理的案件而言，一般由合议庭成员对案件事实认定和法律适用共同承担责任。但是，为避免过于机械地分配责任份额，在追究法官违法审判责任时，需具体分析合议庭成员是否存在违法审判行为、过错程度等因素，合理分配各自的责任。就提交审判委员会讨论决定的案件而言，在构成违法责任追究情形时，并不是简单地由审判委员会"一刀切"地承担所有责任，而是根据合议庭汇报的事实和审委会发表的意见予以综合评判并明确具体的责任承担。此外，审判辅助人员也需根据职责权限和分工内容承担与之相适应的责任，如果法官对其工作负有审核把关职责，则需要承担相应的责任。

(三) 严格规范审判监督管理的权与责

首先，院长和庭长作为自贸港法院的核心管理主体，肩负着对司法审判工作进行监督管理的重要职责，《实施意见》赋予了院、庭长在审判监督管理方面的相关责任，特别是根据《关于进一步完善"四类案件"监督管理工作机制的指导意见》（以下简称《四类案件指导意见》）的规定，院、庭长在自贸港法院影响重大的"四类案件"上[1]的监管责任责无旁贷。在识别机制建设上，基于《四类案件指导意见》对"四类案件"具体情形作出的界定标准，自贸港法院可依托现代信息技术建构覆盖审判工作全过程的自动化识别机制。具体而言，对于在立案阶段识别出的"四类案件"，需在线上办案平

---

[1] 四类案件：①重大、疑难、复杂、敏感的；②涉及群体性纠纷或者引发社会广泛关注，可能影响社会稳定的；③与本院或者上级人民法院的类案裁判可能发生冲突的；④有关单位或者个人反映法官有违法审判行为的。

台予以标注，以提示院、庭长注意；在案件审理阶段识别出的，由于审理"四类案件"必须采合议庭审理方式，院、庭长有权根据案件的具体情形调整审判组织或合议庭组成人员。在案件审理过程中，院、庭长可依照职务权限对案件审理全流程采取监督措施，既可以调阅卷宗、旁听庭审，还有权要求合议庭及时报告案件审理情况和评议结果；对于合议庭提交的报告存在异议的，院、庭长有权将案件提交至专业法官会议或审判委员会讨论，在必要情形下还能报请上一级人民法院审理，从而确保"四类案件"的裁判结果兼具公正性和合理性。[1]

此外，在院、庭长审判监督管理的责任追究方面，要严格条件、审慎追责。一般而言，审判监督管理责任的承担应严格从主体、客观行为和主观意识等方面进行要件把握：就主体而言，只有身负审判监督管理职责的人员，即自贸港法院院长、受院长委托的副院长和审委会委员、庭长等才可能构成该责任，其他未负有审判监督管理职责的人员不是该责任承担的适格主体；就客观方面而言，只有在监督主体怠于行使或不当行使审判监督管理权导致裁判被干预或者发生错误等严重后果时，方予以追责；就主观方面而言，监管主体只有具有故意或重大过失的主观过错，方需承担责任。总而言之，审判监督管理责任构成应慎而严之，如果泛化该责任的承担，会导致院、庭长为规避责任承担而不愿让法官独立裁判案件，回到案件审理层层审批的旧圈中。

第三节 自贸港诉讼制度完善路径分析

在诉讼制度改革进程中培育具有国际竞争力的司法机构，提供具有国际吸引力的诉讼服务对自贸港法治建设而言至关重要。自贸港可以通过设置专门性审判机构，集中、专业、高效地对涉自贸港纠纷进行审理，强化一站式诉讼服务中心建设，以充分整合内外部解纷资源，实现全流程、高智能化的诉讼服务提供，并通过强化案件繁简分流标准设置、小额诉讼程序完善和"智慧化"法院建设实现司法资源的优化配置等方式与时俱进地完善并发展其诉讼制度。

---

[1]《四类案件指导意见》第10条。

一、设置专门性审判机构

为实现自贸港诉讼制度的高效发展,树立自贸港司法机构的国际影响力和竞争力,建立专门性审判机构,对自贸港相关案件进行集中管辖,并在当事人协议管辖制度的发展上秉承支持态度,有助于实现对自贸港发展中频发的相关贸易、投资、金融等领域纠纷的高效、专业化解决。

(一) 设置自贸港法庭或自贸港法院

自贸港建设中的新领域、新业态、新模式以及有关法律法规的调整适用必然会带来新的法律问题,出现新型案件或疑难案件,对审判专业化水平也提出了更高要求。而设立专门审判机构可以集中司法资源管辖特定类型纠纷,并对新型疑难案件进行及时研判和总结,促进审判规则的完善,进而提升自贸港审判的整体水准。事实上,在自贸试验区建设中,通过设置专门审判机构的模式进行涉自贸试验区案件的集中审理尝试已频频开展,主要方式为基于对某些专门领域案件集中审理的考量,设置专门性法院或法庭。专门性法庭是法院的组成部分,其设立、管辖事项以及职能范围等均较为依赖所属法院,例如上海的自贸试验区法庭就内设于浦东新区人民法院。专门法庭往往在自贸试验区或自贸港建设初期,涉及案件体量不多但又有成立专门审判机构之必要时设立。而专门法院则是随着自贸试验区和自贸港的发展,提至法院解决的纠纷数量、类型、所涉领域均有一定扩展时,在专门法庭基础上延伸发展而成的,它在管辖事项、职能范围、法院构成、人员组成等方面均更加完善且具备一定的独立性。

对于自贸港而言,建设涉自贸港案件审理的专门性法庭还是专门性法院是根据经济发展形势、案件受理情况而定的,亦可先设立专门性法庭,待条件成熟时再转型设立专门性法院。例如,海南自贸港就通过在海口设立第一涉外民商事法庭和在三亚设立第二涉外民商事法庭的模式,集中管辖自贸港涉外民商事案件。另外,考虑到自贸港创新发展中知识产权保护对新兴产业发展的重要意义,海南还单独设置了自贸港知识产权法院,用于专门管辖港内涉知识产权的民事、行政、刑事案件,实现了港内知识产权案件审理的"三合一"。考虑到自贸港的许多优惠政策对互联网+和科技金融等新兴产业发展赋能加码,互联网、投资、金融领域纠纷亦会在自贸港发展过程中层出不穷。因此,根据自贸港经济发展和纠纷化解需要,就专业性较强的案件审理先行设置专门性法庭予以集中管辖，并在时机成熟时与时俱进地设置自贸港法院，进而整合自贸港内涉外民商事案件、知识产权案件、互联网案件、金融案件的审判工作，不失为自贸港专门性法院设置的妥帖之举。

（二）完善集中管辖制度

就自贸港诉讼制度发展而言，建立案件集中管辖制度，对同类型案件进行集中化、专业化和高质量审理，不仅能够实现法律法规的统一适用和裁判尺度的平衡，还有助于彰显审判机构的司法公信力和国际竞争力。

就自贸试验区而言，区内法庭受理的案件存在一定共性，即均受理自贸试验区范围内的投资、贸易、金融等商事纠纷，涉外商事纠纷以及知识产权纠纷。但囿于经济发展状况、自贸试验区发展规划等因素的影响，各自贸试验区设立的司法审判机构在管辖范围的设置上也存在差异，主要包括三种模式。第一种模式是"法律关系+类型限定"，该模式将自贸试验区集中管辖案件限定为涉自贸试验区的贸易、投资和金融领域纠纷。其中关于涉自贸区因素的界定即借鉴涉外法律关系的界定标准，从主体、客体、内容法律关系三要素方面来厘清是否具有涉自贸区因素。第二种模式是"地域限定+类型限定"，该模式将自贸试验区集中管辖案件限定为自贸区范围内发生的贸易、投资和金融等特定类型的纠纷。第三种模式是无差别模式，即自贸试验区法院与普通法院的受案范围一致，不对管辖权作特别规定。[1]进一步就自贸港集中管辖制度的设计而言：一方面，应服务于自贸港的建设功能，确保对国家开放战略和自贸港全面开放发展等领域频发的贸易、投资、金融领域纠纷进行集中化、专业化管辖；另一方面，还要用发展的眼光去界定集中管辖的范围，认识到专门性审判机构的管辖范围并不是一成不变的，自贸港可根据经济开放发展的各阶段及纠纷解决的实践现状对集中管辖范围作出及时调整。

再者，研析自贸试验区在集中管辖制度建设方面存在的问题有助于厘清自贸港集中管辖制度发展的思路。首先，自贸试验区法院依据集中管辖确立案件管辖权时可能与地域管辖发生冲突。加之我国《民事诉讼法》并未明确规定集中管辖制度，在产生管辖权冲突时缺乏相应的管辖权协调机制。其次，

---

[1] 向毅、田丽："自贸试验区（法庭）集中管辖机制的检视与再造——以自贸区司法深度参与自贸区治理为视角"，载《审判体系和审判能力现代化与行政法律适用问题研究——全国法院第32届学术讨论会获奖论文集（上）》2021年，第351~367页。

大部分自贸试验区法院集中管辖的范围包含了投资、贸易、金融等商事纠纷，由此需要清晰界定商事纠纷的内涵和外延。但鉴于目前我国采民商合一的立法体例，并未对商事案件作出明确规定，在民事合同和商事合同的实践区分中亦存在一定难度。最后，由于各自贸试验区在集中管辖范围上采不同标准，加之部分自贸试验区法院官网在公示管辖范围上存在疏漏，或是未及时更新或是缺乏系统性，导致当事人在识别集中管辖的受案范围上存在障碍。有鉴于此，自贸试验区和自贸港在集中管辖制度的完善可从以下几方面着手：其一，就集中管辖、级别管辖和专属管辖发生冲突时，如何适用管辖权规则的问题，可以参考某些专门法院的前期探索，规定除违反专属管辖规定外，可以突破地域管辖以实行集中管辖，实现对特定类型案件的专业化审理。其二，囿于我国立法尚未明确商事合同和民事合同的区分标准，为增强自贸港集中管辖范围案件的识别在实务中的可操作性，可借鉴已有金融法院、互联网法院的形式，把自贸港专门审判机构管辖的商事案件的管辖连结点限定在自贸港区域内，并且以正面清单方式列举与开放性经济建设有关的投资、贸易、金融等特定类型的商事案件。此外，鉴于自贸港承担着更高水平对外开放的任务，对涉外民商事纠纷得到专业化审理亦提出了更高要求，因此应当把涉外民商事案件纳入自贸港的集中管辖范围。其三，还应完善自贸试验区和自贸港审判机构的集中管辖公示规则，确保当事人能够通过便捷的方式有效地知悉。在当事人难以识别管辖范围时，法院应当提供诉讼辅导服务。

（三）发展协议管辖制度

协议管辖是当事人合同自由和私法自治原则在民事诉讼领域的自然延伸，也是民事处分原则在管辖权上的具体体现。为保障当事人意思自治在管辖权领域的适度实现，世界各国在立法和司法实践中已普遍认可并确立协议管辖制度，但多数国家的协议管辖制度并没有突破实际联系原则的限制，要求当事人选择的法院与诉争案件存在实际联系。随着经济全球化进一步向纵深发展，商事主体跨国合作日益增多，许多国家逐渐认识到协议管辖制度落入的实际联系原则窠臼将不利于一国司法机构提升国际竞争力，因而纷纷开始摒弃或者淡化实际联系原则对协议管辖的限制，转而允许当事人自由选择管辖法院，甚至不再要求案件与法院所在地存在任何客观联系。此种做法在一定程度上拓展了上述国家法院的受案范围，催生了离岸诉讼业务的增长，凸显了其国际化司法功能定位。放宽协议管辖制度适用后，当事人在选择法院时可以把更多的注意力放在对司法公信力和专业化的筛选上，由此亦可倒逼司法机构以当事人解决纠纷的实际需求为出发点，不断强化专业化建设，增强国际竞争力。[1]

在我国自贸港建设如火如荼开展的过程中，为提升自贸港司法机构的国际竞争力和影响力，海南自贸港在协议管辖制度规定上进行了积极创新，在实际联系原则的淡化方面取得了一定的突破。在参考国际商事仲裁、新加坡国际商事法庭等示范条款的基础上，海南第一涉外民商事法庭制定的《海南第一涉外民商事法庭协议管辖示范条款》（以下简称《示范条款》）规定在不违反级别管辖的前提下，对于与我国司法辖区无实际联系的第一审涉外民商事案件，当事人可以协议选择海南第一涉外民商事法庭管辖。《示范条款》的拓展适用是以更开放的姿态探索与当前国际司法趋势相符的涉外审判管辖权确立原则的重要体现，将促使海南成为外商投资、国际商事争端解决的优选地，全面推动海南自贸港建设进程。有鉴于此，我国在今后其他自贸港建设方面亦应借鉴并发扬海南经验，逐步放宽协议管辖中的实际联系要求，在最大限度尊重当事人自主合意的情况下，扩大我国自贸港司法机构在纠纷化解方面的国际竞争力和影响力。

二、建设"一站式"诉讼服务中心

长期以来我国大多数法院是以较为碎片化、零散的形式相对被动地提供诉讼相关服务，可能会导致纠纷当事人反复往返法院不同窗口寻求帮助，给当事人纠纷化解带来诸多不便，亦在一定程度上造成法院在管理工作上的负累，容易出现诉讼服务事务办理上的混乱和疏漏。为了改善这一局面，各级法院纷纷开始探索和建设"一站式"诉讼服务中心，不断更新和升级原有诉讼服务体系。从各法院的实践来看，诉讼服务中心大多是从原先的立案庭或信访接待窗口发展完善而来，它承担的工作已不再局限于传统的立案、缴费、案卷移送等，还承担了诉讼引导、立案初审、案件分流、诉讼服务等工作，亦为法院推动立案庭向诉讼服务中心转变奠定了基础。有鉴于此，自贸港"一站式"诉讼服务中心建设，要以实现法院内外部资源的整合、诉讼服务的

---

[1] 吴永辉："论国际商事法庭的管辖权——兼评中国国际商事法庭的管辖权配置"，载《法商研究》2019年第1期，第142~155页。

全流程覆盖以及智能化诉讼服务体系的建设为主要发力点。

（一）充分整合法院内外部解纷资源

司法机关需要充分考虑如何优化司法资源配置，努力提升司法资源"产出比"。"一站式"诉讼服务中心以司法资源的优化配置为目标，集合原先散落于法院不同部门的功能，作为一个有机整体直接向当事人提供诉讼服务。

第一，诉讼服务中心可以有效整合自贸港法院包括审判资源和审判辅助性事务等在内的内部资源。首先，作为案件进入法院的第一道关口，诉讼服务中心要建立系统化案件分流体系，在识别纠纷性质并初步掌握双方诉求的基础上，引导当事人按照纠纷性质和矛盾复杂度选择合适的方式化解纠纷。当事人选择诉讼方式解决纠纷的，诉讼服务中心要进一步对案件进行繁简过滤并合理分配审判资源。对于事情清楚、法律关系简单的案件可以通过小额诉讼或简易程序进行速裁快审，对于疑难复杂案件则由专门审判团队进行审理，从而实现简案快审、繁案精审的目标，有效提高案件办理的整体效率。其次，诉讼服务中心致力于实现审判辅助事务的系统化管理，让法官脱离审判辅助事务，把更多的精力放在案件审理上。囿于多数法院面临着案多人少的压力，加上处理审判辅助事务的法官助理、书记员数量有限，多数法院的法官不仅要承受案件审理的压力，还要处理较为琐碎的审判辅助事务，严重压缩了法官处理关键性审判事务的时间，不利于审判质效的提高。在司法实践中，法院以往是通过增加法官助理和书记员数量的方式来解决这一问题的，但是此种方式仍然存在碎片化管理的弊端。江苏省高级人民法院、南宁市兴宁区人民法院、上海浦东新区人民法院等一些法院已率先探索实行审判辅助事务的集约化管理。自贸港诉讼服务中心亦可基于对审判辅助事务的全面梳理，搭建平台、统一规范，依托信息化、大数据和人工智能等现代化技术支持，实现审判辅助事务的集约管理。

第二，鉴于单一诉讼方式已难以满足纠纷当事人日益增长的多元化解纷需求，自贸港法院需以更开放的姿态寻求外部资源的整合与补充，加强与其他纠纷解决机构的衔接，与时俱进地回应公众需求。上海市高级人民法院与上海市知识产权局于2021年联合发布的《关于建立知识产权民事纠纷诉调对接工作机制的实施意见》提出设立知识产权民事纠纷专业调解委员会来统筹行业调解力量，并在上海市高级人民法院立案庭的统筹推进下，与上海知识产权法院和浦东、徐汇、普陀、杨浦四家基层法院对接，开展知识产权民事纠纷跨区域调解。这就从规范性文件层面，明确了各解纷方式和解纷机构在纠纷化解中的联动与衔接。此外，为帮助诉讼参与人更好地实现诉讼权利，某些法院诉讼服务中心还积极引入律师、人民调解员、心理专家和高校师生等第三方专业人士为当事人提供诉前调解、心理疏导和诉讼咨询等诉讼增量服务。这亦不失为自贸港法院在构建"一站式"诉讼服务中心时的有益借鉴。

（二）全程覆盖诉讼服务各流程环节

社会公众对诉讼行为服务的需求是贯穿于司法全流程的，主要包括案件审理前的诉前辅导、纠纷分流，案件审理过程中的诉讼服务提供以及案件审判后的裁判文书释疑和涉诉信访处理等。因此，自贸港法院诉讼服务中心建设需及时回应纠纷当事人在诉前、诉中、诉后各环节、全流程的诉讼相关服务需求，实现诉讼服务的全流程覆盖。

在案件进入审理流程前，社会公众的诉讼服务需求已然产生，自贸港法院的诉讼服务中心建设可以从提供诉讼辅导和实现诉调对接两个方面来满足和回应纠纷当事人的需求。一是提供基础法律咨询、诉讼风险提示、诉讼流程分析、解纷结果预测等服务，让社会公众对诉讼这种解纷方式建立正确认识并对裁判结果形成合理预期。二是完善诉调对接机制，配备专门调解工作室和专职调解人员负责诉前调解工作，加强调解协议司法确认工作，进一步优化司法确认程序，实现案件有效分流并和谐高效化解纠纷。鉴于自贸港法院涉外纠纷案件频发，还可根据具体需要配备精通外语的涉外接待人员或者引入智能导诉机器人来为当事人提供诉讼服务。

在案件审理过程中，自贸港法院诉讼服务中心的工作主要聚焦于审判辅助事务的集约化管理，以案件审理进度为基础向诉讼当事人提供与之相匹配的诉讼服务，包括审判流程信息查询、与法官会面安排、材料收转、庭审通知等。对当事人在诉讼过程中提交的财产保全、证据保全、委托鉴定等申请材料，相关工作人员有权进行形式审查、发出受理回执，并对材料进行扫描备份，再及时把相关的材料流转至承办法官。

在案件审理结束后，自贸港法院提供的诉讼服务仍需继续，诉讼服务向诉后延伸可以进一步强化当事人对司法机关纠纷化解的认同感。在裁判文书送达后，当事人对诉讼程序或判决书有疑问的，诉讼服务中心需要及时解答或者联系承办法官作出回答；当事人对案件判决不满需要提起上诉、申诉或涉诉信访的，诉讼服务中心应当及时受理并指引当事人完善相应流程；当事人就案件审判工作提出投诉、举报的,诉讼服务中心应及时转交有关部门予以受理。

(三) 高效实现诉讼服务智能化建设

齐全、完备的软硬件基础设施是法院实现诉讼服务体系智能化建设、提供优质诉讼服务的基础条件,自贸港法院在设立诉讼服务大厅时亦会配备完善、智能化的软硬件设施。从当前的实践来看,诉讼服务大厅在软硬件设施的配备类型上存在相同之处:硬件设施主要包括当事人自助查询设备、排队叫号显示设备、窗口终端办案设备等;软件系统则涵盖微信公众号、网上诉讼服务平台、集约送达平台、诉讼服务办公系统等。但在实际运行中,这些数字化软硬件设施的利用率并不高,投入大量财力的智能化设备未能取得预期利用效果。导致这种现象的原因主要有二:一是相较于人工窗口而言,智能化设备往往需要当事人自己动手操作,加之流程较复杂,当事人反而更倾向于选择人工窗口来办理诉讼事务,这在一定程度上加重了窗口办案人员的工作压力;二是不同软硬件设施之间缺乏必要关联,数据无法有效联通,当事人在不同的智能化设备上可能要重复录入信息,从而大大降低了诉讼效率。自贸港法院的诉讼服务中心建设要避免智能化设备被闲置,也需从两个方面着手:一方面,最好配备工作人员或志愿者指引和辅导当事人使用智能化设备办理诉讼业务,既能避免当事人因流程复杂而放弃使用导致设备资源被浪费,又能提高诉讼业务的办理效率;另一方面,法院需要打破软硬件设备间的数据壁垒,允许在提供诉讼服务的过程中不同软硬件设备互相联网,方便调用当事人及其案件信息。当事人在立案后生成相应案件信息,只要实现当事人和案件信息相关联并允许诉讼服务中心调用这些信息,就能准确定位诉讼审理阶段,匹配当事人的诉讼服务需求,为当事人提供精准诉讼服务。[1]

此外,在互联网技术高速发展和迅速更新迭代的背景下,当事人对诉讼服务的要求以及法院提供的诉讼服务方式也在发生深刻改变,各地法院普遍建立了诉讼服务网络平台,提供网上调解、立案、开庭、送达等诉讼服务。自贸港法院在推动诉讼服务线上平台建设过程中,要保持线上和线下业务工作的并行开展,为同一业务的线上办理和线下办理赋予同样法律效力,还可

---

[1] 李鑫、王世坤:"'一站式'诉讼服务体系的构建逻辑及其实践展开",载《学术论坛》2020年第6期,第52~60页。

设置线上业务和线下业务的程序转换机制，保持线上业务和线下业务之间的数据联通，避免当事人在进行程序切换时存在反复输入信息、重复办理诉讼业务等阻碍，切实、高效地保障当事人诉讼服务的实现。

三、优化配置各种司法资源

在我国法院案多人少的常态背景下，优化配置并精准匹配各种司法资源，对进一步提升司法效能具有重要意义。自贸港法院是政策优待的高地，亦是司法资源的聚集重地。在自贸港诉讼制度改革方面，为把有限的司法资源用在最妥当的地方，明晰繁简案件识别的法律标准、完善小额诉讼程序及利用法院的智慧化建设，推进信息技术和人工智能在便利审判流程、提高裁决质量方面的作用均不失为有效的完善进路。

（一）明晰繁简案件识别的法律标准

虽然相关司法解释已经明确甄别繁简案件的主要标准是案件事实的难易程度、社会影响力大小以及法律适用是否难以决断等因素，但是这些相对原则性的标准在面对纷繁复杂的个案时往往存在适用难度。因此，自贸港法院在深入推进案件繁简分流机制完善过程中，必须进一步细化繁案和简案识别的法律标准，强化实践的可操作性和适度弹性。

一般而言，自贸试验区和自贸港司法机关在实践中主要将案由、标的额和过往审理情况作为繁简案件识别的重要因素进行考虑。[1] 首先，案由反映的是案件所涉法律关系性质，对于法律关系相对常见和简易的案件可归类为简案，而对于投资、证券、金融、公司等法律关系相对复杂案件以及知识产权、专利权纠纷等专业性较强的案件，可归属为繁案。其次，可以运用现代化信息技术对海量案件进行大数据分析，抓取案件标的额、当事人情况、诉讼请求以及案件争议焦点等审判要素作为繁简案件划分的标准。其中，关于案件标的额，有必要设定一个数值区间作为筛选案件的辅助标准；就当事人的情况而言，一方人数众多或涉信访当事人的案件一般来说案情较为复杂，具有一定的社会影响，适于归为繁案，反之则为简案；案件争点则侧面体现案件的争议和矛盾程度，可以争议点的数量以及争议的大小等标准来识别繁

---

[1] 党振兴："民事诉讼繁简分流机制现状考察及进路探究——以 M 县人民法院繁简分流及案件分配探索为样本"，载《南海法学》2021 年第 6 期，第 81~93 页。

简案件。最后，总结过往审理情况可归纳出识别繁简案件的量化参考标准。例如审结率可以直观反映一段期限内相关案由案件的审判效率，对于具有较高结案率案由的案件可以初步筛选为简案，反之则为繁案；审理周期亦能直观地反映案件审理的难易程度，简案的审理周期较短，繁案则往往相对耗时；鉴于调解和撤诉等结案方式通常具有程序简化、流程缩短的便捷性特点，在区分繁简案件时可总结历年来不同类型案件的调撤权重，将具有较高调撤率的案件类型确定为简案。[1]

互联网技术在司法领域的广泛应用亦可助力繁简案件辨别的过程和速度。自贸港司法机关可以通过电子案例库建设，把符合上述繁简案件分类标准的案由类型列举出来作为繁简案件的基础性区分标准，指引同类案件程序分流。基于已经确定的程序分流标准，借助智能化识别机制，案件进入法院后能第一时间被识别成繁案或者简案，并自动分流至相应的程序，这就会大大提升繁简案件分流的效率。然则，还需要认识到案件繁简的区别指引并不是绝对的，新类型案件刚出现时可能被识别为繁案，但是在裁判标准趋于一致时就可能被判断为简案；传统案件可能一开始被界定为简案，但随着新情况的出现，又可能转化为繁案。因此，繁简案分流工作还需充分发挥司法人员的主观能动性，结合地域特性、受理案件类型、数量以及审判经验进行动态调整。

（二）完善小额诉讼程序

为提高自贸港法院小额纠纷的化解效率，合理平衡法院的解纷投入成本和纠纷化解的社会收益，完善小额诉讼程序亦是提升司法效能，完善诉讼制度改革的有益举措。虽然我国许多法院已在小额诉讼程序设计上作出了不少探索，但该程序在我国的实际运行暂未达到预期效果。自贸港法院若能在相关小额纠纷化解中体现法院的专业、高效、便捷等特性，由量变引发质变，对其打造良好国际形象，进而成为更大金额诉讼纠纷的解决目的地奠定有益基础。

第一，关于小额诉讼程序的适用范围，2021年修正后的《民事诉讼法》将其从"简单的民事案件"调整为"简单金钱给付民事案件"，并提高了小额诉讼程序的标的额上限，从"上年度就业人员年平均工资百分之三十以下"

---

[1] 张龑、程财："从粗放到精细：繁简分流系统化模式之构建"，载《法律适用》2020年第9期，第88~98页。

修改为"百分之五十以下",同时还增加了约定适用小额诉讼程序的情形,由此在一定程度上扩大了其适用范围。自贸港法院在立案期间识别繁简案件后,对于符合适用小额诉讼标准的案件,应当依法适用小额诉讼程序,提高审判效率。

第二,为了进一步提高小额诉讼程序的简便性,自贸港法院可以为小额诉讼探索设置专门审判团队及配套速裁程序。专门审判团队的设立可以避免法官既审理普通程序案件,又负责简易程序和小额诉讼程序案件多面兼顾、来回切换的混杂局面。另一方面,自贸港法院可在授权范围内进一步探索小额诉讼所适用的民事速裁程序,缓解法院的审判压力,最大限度地发挥其效用。《最高人民法院关于民商事案件繁简分流和调解速裁操作规程(试行)》第19条至第24条针对速裁程序的具体操作设计了包括开庭的次数限制、庭审的简化方式、程序保障要求、简式裁判文书、极短审限等在内的若干规则,为自贸港法院设计速裁程序提供了方向指引。具体而言,自贸港法院小额诉讼速裁程序的规则设计可围绕简易程序再简化、简易程序加速度的思路展开,对于速裁程序的加速,通过压缩立案、答辩、举证时限等审理期限和提升案件管理水平、提高工作效率来综合实现。

第三,自贸港法院还应全面保障当事人适用小额诉讼程序的救济渠道。一方面,完善小额诉讼当事人申请再审机制,探索建立小额诉讼案件申请再审的"绿色通道"以及小额诉讼要素式申请再审模式,从而有效确保小额诉讼当事人的再审权利。另一方面,要求审判人员尊重当事人的程序知情权、异议权和选择权,履行释明告知义务。在适用小额诉讼程序开庭前,法院需要告知双方当事人一审终审等相关事项,当事人认为适用该程序违法的,可以向法院提出异议,就该项异议,法院应依法予以审查。再者,司法工作人员要依法进行审理程序转换。若在案件审理过程中发现案件不符合小额诉讼程序适用条件,法官应依法及时转由简易程序或普通程序进行审理,保证当事人诉讼权利的全面实现。

(三)"智慧化"建设对纠纷化解的有效加持

自贸港司法机关应依托互联网信息技术、大数据和人工智能技术对法院进行全面"智慧化"建设,助力当事人在技术的加持下高效、妥善地化解纠纷。具体而言,针对自贸港法院的"智慧化"建设,可以从以下几个方面为纠纷化解按下加速键:一是邀请专业人员共同打造繁简案件的智能分流系统,依托该系统，案件进入法院后能够基于已经确定的区分指引在第一时间被识别成繁案或者简案，并自动分流至相应诉讼流程，有效提升案件繁简分流的效率。二是推进电子化的案件排期系统建设。该系统可以实时更新法官空余时间，有效实现信息同步共享，合理安排法官开庭时间。对于已进入诉讼流程的案件，可以赋予双方当事人在该系统预先选择开庭日期的权利，加强纠纷当事人的参与感，适度缓解其消极抵抗情绪。三是建立电子法院、网上法院。首先要引导诉讼当事人提交电子诉讼材料，实现案件办理全程网上流转，推动诉讼档案的无纸化和电子化；其次要健全远程审判系统，使用视听传输技术以及同步视频等技术来实现在线诉讼，同时探索以庭审录音录像替代书记员的法庭记录，减轻书记员的工作负担；最后积极推广电子送达方式以解决送达难问题，充分利用通话记录、录音等方式确认送达效力。四是加强诉讼管理信息化建设，合理分配审判资源。自贸港法院可以充分运用丰富的案件信息资源和司法大数据，对法院内部不同审判团队的法官人数、人均结案数、结案方式及平均审理时间等数据进行动态分析，合理评估法官的工作业绩，准确分析并精准匹配繁简案件审理的司法工作人员，将最适当的案件分配给最适合的承办法官。

第四章

自由贸易港仲裁制度的发展方向

仲裁在国际商事关系中,是诉讼外纠纷解决机制中制度发展最为成熟、被当事人接受程度最高的纠纷化解方式。自贸港多元化纠纷解决机制的全面建构离不开仲裁制度的完善和发展。本章以自贸港仲裁制度的发展方向为研究对象,阐释自贸港仲裁事业要实现全面发展必须以提高自贸港仲裁的公信力、强化自贸港仲裁的自主性并提升自贸港仲裁队伍的竞争力为具体着力点;自贸港仲裁机构需实现以公益性和非营利性为核心的,具备完善法人治理结构的"去行政化"改革;为实现自贸港仲裁的全面发展,需完善临时措施、仲裁裁决救济、友好仲裁等具体制度规范,为自贸港建成受欢迎的国际仲裁中心夯基筑力。

第一节 自贸港仲裁事业发展的具体着力点

公信力是仲裁机构赖以生存和发展的根本,也是仲裁事业健康发展的生命线。党的十八届四中全会明确提出"完善仲裁制度,提高仲裁公信力",党的十九届六中全会提议健全社会矛盾纠纷多元预防调处化解综合机制,仲裁作为我国多元解纷方式中的重要一元,提高仲裁公信力成了中国仲裁事业发展新征程的重要指征。自主性作为仲裁的典型特征和突出优势,决定了其是否能够吸引当事人在面对争议时选择到仲裁机构进行仲裁。一旦当事人选择仲裁作为纠纷解决方式,仲裁程序的推进与仲裁裁决的作出就完全交由仲裁庭决定,因此,可以说,仲裁员的素质和仲裁庭的组成直接决定了仲裁裁决的质量。在自贸港仲裁事业发展过程中,必须以提升仲裁公信力、强化仲裁自主性、提升仲裁队伍竞争力为具体着力点,方能为中国仲裁制度的完善指明进一步改革发展的方向。

一、提高自贸港仲裁的公信力

仲裁公信力代表着社会公众对仲裁的信任度,是决定当事人选择仲裁作为解决纠纷方式的关键因素,也是仲裁事业蓬勃发展的生命线。司法部于2021年7月30日公布的《仲裁法(修订)(征求意见稿)》(以下简称《征求意见稿》)无论是从体例上还是从内容上都体现了对仲裁公信力的不懈追求。因此,在总结多年仲裁实践经验基础上完善我国仲裁立法体系是提高公信力的必由之路。仲裁规则是仲裁机构居中解决纠纷的依据,是影响仲裁公信力建设的重要因素,科学、健全的仲裁规则与仲裁公信力之间存在正相关关系。此外,仲裁公信力的提升亦离不开对仲裁机构的有效监督和制约。故而,在公信力建设上需全方位落实仲裁监督机制,为当事人创造一个良好的仲裁环境。

(一)以健全的仲裁立法保障仲裁发展

改革开放四十多年来,中国经济已深度融合到经济全球化进程中,中国的国内法治与涉外法治、国际法治已然呈现深层互动的趋势。作为全面依法治国的指导思想,习近平法治思想提出的坚持统筹推进国内法治和涉外法治,明确表明在今后的法治建设中,既要在国内层面重视国际法的作用并逐步加强涉外法治工作布局,亦需在国际层面积极参与全球法治化治理,为国际社会法治化进程提供有效的中国方案。[1]具体到自贸港的商事仲裁领域,鉴于当前自贸港法治建设是我国最具前沿性、开放性和探索性的领域,其制度建设更应注重涉外法治和国内法治的统筹推进。因此,在坚持自身特色的基础上积极探索构建与国际仲裁法治实践有效衔接的高质量仲裁立法对进一步扩大我国自贸港仲裁影响力乃至促进整体仲裁事业的健康发展大有裨益。

首先,在立法理念上,要努力寻求本土化与国际化的互动平衡。席卷世界的经济和法律全球化浪潮,同样对仲裁制度的国际化发展产生了深远影响,各国关于仲裁程序方面的共识与日俱增,仲裁立法呈现出统一趋势。为在国际仲裁市场上占据一席之地,自贸港仲裁立法在吸收借鉴国际先进经验的同时,还需继承和发扬中国法制传统中的优势特色。例如,将我国传统的"和为贵"理念融入仲裁制度建构中的先行调解制度和仲调结合制度就彰显了传

---

[1] 丁丽柏、金华:"论习近平法治思想中的国内法治与国际法治互动理念",载《广西社会科学》2021年第12期,第14~22页。

统文化在纠纷化解中的柔性力量。其次,在立法目标上,在注重实现裁决公正的同时应致力于提升仲裁效率。公正是一切解纷方式的核心价值目标,但高效便捷是仲裁吸引当事人的重要优势,在仲裁立法完善中,要注重为其高效率性提供完备的制度供给,强化仲裁解纷实践中多元化价值的共同实现。最后,在立法衔接上,各种解纷方式间的有效衔接是实现多元解纷方式共同发展的重要前提。仲裁作为与诉讼、调解比肩的纠纷解决"三驾马车"之一,长久以来,占据着解纷领域的重要地位。自贸港要实现多元纠纷解决方式的一体化建设目标,充分发挥各解纷方式的特点和优势,合理利用社会资源,更好地维护当事人的合法权益,就必须通过立法对衔接机制的主体范围、程序手段、规则依据等作出明确、具体的规定。

(二) 以完备的仲裁规则助力仲裁创新

仲裁规则是对仲裁机构开展仲裁工作的规范指引,也是仲裁机构仲裁水平和质量的直接体现。长期以来,囿于我国仲裁立法的限制,我国仲裁机构的仲裁规则相对趋于保守,与国外灵活的仲裁规则,成熟的临时仲裁、行业仲裁实践相比还有进步的空间。为应对国内国际商事仲裁行业的快速发展,切实提高我国仲裁的世界影响力和公信力,我国仲裁机构在与时俱进发展自身常规性适用的仲裁规则外,亦可针对自贸港解纷机制的特点探索构建更加开放、包容和前沿的仲裁规则。

近年来,我国各大仲裁机构的仲裁规则均已尝试引入创新性规定,积极回应仲裁事业发展的新变化,在不断吸收国际先进仲裁规则经验的同时,又兼顾我国仲裁的现实土壤和法治环境。以上海国际仲裁中心(SHIAC)发布的《上海自贸试验区仲裁规则》为例,该仲裁规则引入了仲裁员开放名册制度、合并仲裁制度、仲裁调解员制度、友好仲裁制度等,以先行先试的精神实现了自贸区仲裁规则与国际仲裁规则接轨的突破。但需注意的是,在追求国际化的同时也要关注这些先进规则在具体实践中的可操作性及对仲裁效率的影响。以开放仲裁员名册制度为例,该制度要想在实践中灵活运用并确保不对仲裁效率造成不利影响,还需对可能存在的诸如名册外仲裁员人选的资格审查和信息审查、开放仲裁员名册的聘任程序[1]等问题进行进一步的详细

---

[1] 袁发强:"自贸区仲裁规则的冷静思考",载《上海财经大学学报(哲学社会科学版)》2015年第2期,第94~103页。

说明或补充规定。

仲裁规则的创新应以提升仲裁质量和效率为出发点和落脚点,在制度引进时以理性、审慎的态度确保相关仲裁规则的设置更合理,操作性更强,更能提供优质、高效的仲裁服务。任何一项规则的创新都不是一蹴而就的,必须分步骤、分阶段地稳步推进,自贸港建设恰好提供了这样的平台。在自贸港推进仲裁规则集成创新,是推动全国仲裁机构仲裁规则创新的实践源泉,更是提升自贸港仲裁制度竞争力的必然需求。

(三) 以完善的监督机制促进仲裁升级

仲裁庭经由国家法律和当事人意思自治的双重授权被赋予了对纠纷进行裁决的权力,进而直接影响当事人的实体权利义务,因此仲裁活动同样应受到监督和制约。基于监督主体的不同,仲裁的监督机制可以被分为仲裁机构内部监督、司法监督、仲裁行业监督和社会监督。只有充分发挥各种监督机制的优势作用,构建相互补充、相辅相成的仲裁监督体系,仲裁事业才能持续良性地发展下去。

仲裁机构的内部监督是指仲裁委员会对仲裁员和仲裁程序的监督,[1]具体表现为仲裁机构的事前监督机制、事中监督机制和事后监督机制。事前监督机制是指对仲裁员的任职条件和资质审核进行严格限定;事中监督机制则作用于仲裁程序全过程,对仲裁程序的各环节进行监控和督查;事后监督则主要针对有过错的仲裁员实行责任追究制。仲裁机构的独立运行机制和一裁终局的特点决定了仲裁机构内部监督的必要性。一方面,各仲裁机构独立运行,不存在任何隶属关系,在业务上不受任何上级组织的领导和监督,其裁决质量主要依赖于仲裁庭;另一方面,即便是最为传统和稳定的纠纷解决机构——法院——也存在上诉、再审等矫正判决的内部救济机制,而仲裁一裁终局的特点更是决定了其需要加强自律监督来保障裁决质量。与其他监督方式相比,仲裁机构内部监督能够对仲裁程序实现精准和实时监督,是最直接、最彻底、最便利的监督方式,但囿于其仍存在不透明、不公开等弊端,还需其他监督方式予以补充。

仲裁的司法监督是指法院对仲裁的监督,既包括法院对仲裁的审查和控

--

[1] 胡留燕、徐前权:"论我国仲裁监督制度的完善",载《长江大学学报(社会科学版)》2018年第6期,第121~124页。

制，亦涵括法院对仲裁的支持与协助。目前，我国法院对仲裁的司法监督主要体现在撤销仲裁裁决和不予执行仲裁裁决两个方面。根据我国《仲裁法》的规定，对撤销国内仲裁裁决和涉外仲裁裁决采取"双轨制"的区分做法，对国内仲裁裁决的撤销采取的是既有实体审查又有程序审查的全面审查标准，而对涉外仲裁裁决仅审查程序性内容。而《征求意见稿》统一了国内裁决和涉外裁决的撤销标准，体现了司法监督更注重程序性审查，更加尊重仲裁庭实体权力的立法态度转变。但由于撤裁标准的统一，《征求意见稿》将《仲裁法》未规定的情形划进撤裁事由，事实上扩大了涉外裁决的撤裁事由。在执行问题上，《征求意见稿》赋予了法院在执行仲裁裁决时主动审查裁决是否违背公共利益的权力，删除了当事人在执行程序中向法院提出不予执行审查的规定。鉴于此，除违背公共利益的裁决外，仲裁裁决的司法救济将主要聚焦于裁决的撤销环节。但由于《纽约公约》和《示范法》在司法监督问题上均已确立了"双轨制"救济措施，《征求意见稿》原则上的单轨制救济或许会在后续实践中造成国内裁决和涉外裁决在司法救济层面的较大差异。因此，为统一国内裁决和涉外裁决的司法救济路径，仍应继续保持仲裁裁决撤销和不予执行的双轨制救济措施，方能一方面与《纽约公约》和《示范法》的规定保持一致，另一方面营造我国平等对待内外国仲裁的国际形象，助益于我国建设具有国际影响力的仲裁中心。

与仲裁机构内部监督和司法监督直接作用于仲裁行为本身不同，仲裁行业监督和社会监督既包含对仲裁个案进行监督，也包括对仲裁整体进行宏观上的宽泛监督，这两种监督方式既可能在个案上因行业的专业意见或社会舆论关注而产生具体的影响效果，也可能基于对仲裁行业的趋势分析、专业性评价和数据研判从整体性和宏观方面促进仲裁事业的发展。由此可见，各种监督方式虽各有优势但也都存在不足和待完善之处，只有以仲裁机构内部监督为基石，以司法监督为保障，以行业监督和社会监督为补充，构建优势互补的监督体系，方能不断提升我国的仲裁公信力，保障仲裁事业的兴旺发展。

二、强化自贸港仲裁的自主性

仲裁的自主性是仲裁相较于其他纠纷解决方式最为突出也是最为优越的特征。就其实质而言，仲裁是以当事人意思自治为基础的，尊重仲裁制度的自主性就是尊重当事人的意思自治。尊重仲裁的自主性，首先就应尊重仲裁庭的权力。经由当事人合意组成的仲裁庭是当事人意思自治的体现和延伸。此外，当事人意思自治的表现形式随着时代进步已呈现出多样化发展的趋势，仲裁协议作为体现当事人合意的载体亦应得到与时俱进的扩大解释。

（一）凸显意思自治的价值和定位

从仲裁制度的产生源流来看，其发展本质上源于政治国家与市民社会分离后前者对后者的妥协[1]，在这一过程中，社会成员基于对自身利益的追求根据自身意愿与他人签订契约进而加剧了社会成员间的利益冲突格局。基于此，以意思自治为基石的仲裁作为一种社会化纠纷解决方式应运而生。在国际商事仲裁中，意思自治原则起到了核心作用，贯穿于仲裁全过程。首先，启动仲裁程序的仲裁协议或仲裁条款是当事人意思自治的直接体现。当事人根据仲裁协议或仲裁条款的约定将纠纷提交仲裁委员会进行裁决，由此启动仲裁程序。其次，无论是仲裁过程中的程序性事项还是实体性事项均可适用意思自治原则，从仲裁庭的组成、仲裁地点、仲裁使用的语言到仲裁规则、仲裁适用的法律等。最后，当事人有权选择结案方式，即接受仲裁庭调解或继续仲裁。由此可见，意思自治原则贯穿商事仲裁始终，是仲裁持续保持长远发展的核心竞争力。

但鉴于我国《仲裁法》颁行于20世纪90年代，仲裁制度在我国的确立和发展主要基于政府的主导行为而非市场的自发选择，虽然这一过程符合中国国情也极具中国特色，但也不可避免地导致了我国仲裁立法及仲裁规则中不乏对意思自治的限制。在仲裁员的选任、快速程序、紧急仲裁等制度设计上仍然保有对意思自治进一步放开的空间。为吸引更多当事人选择到我国仲裁机构进行仲裁，已有仲裁机构本着扩大适用当事人意思自治原则的理念进行了一系列改革创新。

伴随着我国对外开放广度的拓展和强度的加深，在自贸港仲裁制度的发展上，应强化意思自治的核心地位和基石作用。不断探索完善：在仲裁员的选任上，适度放开当事人的选择范围；在仲裁程序的选择上，构建并完善对

---

[1] 郭树理："民商事仲裁制度：政治国家对市民社会之妥协"，载《学术界》2000年第6期，第190~195页。

简易程序、快速程序、紧急仲裁等特殊程序的规定，赋予当事人更广泛的意思自治空间。在仲裁立法和仲裁规则设计上更纯粹地回归意思自治的本质要求，有利于自贸港的仲裁制度提升国际性和公信力，吸引和接纳更多国内外当事人选择我国的仲裁机构进行仲裁。

(二) 拓展仲裁庭权力的授权范围

仲裁庭的权力主要及于对提交仲裁的当事人间争议作出裁决的权力，既包括对程性事项的决定权也包括对实体性事项的决定权，该项权力对仲裁程序的有序进行及当事人间争议的妥善解决具有至关重要的作用。尊重并适当扩大仲裁庭权力能够进一步强化仲裁制度自主性，有效避免由不当干预或限制仲裁庭权力造成的仲裁独立性和公正性受损现象。

扩大仲裁庭的权力范围首先体现在赋予仲裁庭自裁管辖权方面。自裁管辖权是指对当事人就仲裁管辖权提出的异议，仲裁员有权作出裁决。这种权力是当事人通过仲裁协议赋予的，它和仲裁庭所具有的裁决纠纷的实体权力一样应被看作是仲裁员为裁决纠纷所特有的基本权力。[1] 仲裁庭管辖权异议由仲裁庭决定是国际上的通行做法。以《示范法》第 16 条为蓝本的许多国际仲裁立法及国际仲裁机构的仲裁规则都对仲裁庭自裁管辖权作出了较全面和具体的规定。但在我国，仲裁协议的有效性及仲裁庭的管辖权认定均由仲裁机构而非仲裁庭作出。此种规定存在待完善空间：其一，将仲裁管辖权交由当事人选定的仲裁庭之外的其他人员来决定显然是与当事人的主观意愿不符的，有悖当事人意思自治原则。其二，在仲裁机构作出仲裁管辖权认定前，若继续仲裁程序，可能出现仲裁机构作出无管辖权认定后对此前仲裁成本的浪费，若中止仲裁程序，无疑会降低仲裁效率。其三，与仲裁机构的职能不符。仲裁机构的职责应是为仲裁庭行使仲裁权提供服务和保障，对仲裁事务进行管理，而非直接对仲裁事项作出裁决。

此外，在临时措施的发布上也应适当扩大仲裁庭的权力。长期以来，我国赋予了法院专属的采取临时措施的权力。这样的做法一方面与当事人意思自治原则不符，因为当事人合意将争议提交仲裁即意味着将与争议有关的所有事项提交仲裁庭裁决，其中就包括采取与争议有关的临时措施；另一方面

---

[1] 侯登华、赵莹雪："仲裁庭自裁管辖理论及其在我国的实践路径"，载《河北法学》2014 年第 7 期，第 185~190 页。

有损仲裁效率,仲裁机构收到当事人就临时措施提出的申请后只能转交给法院,由法院进行审查并决定是否采取。随着我国商事仲裁事业的发展,我国仲裁立法趋势以及部分仲裁机构仲裁规则已然体现出了对仲裁庭采取临时措施的突破。《征求意见稿》第47条就赋予了仲裁庭采取临时措施的权力。[1]《上海自贸区仲裁规则》的规定更是最大限度地体现了对当事人意愿的尊重,当事人可自由选择向仲裁委员会或法院提出临时措施申请,对于提交仲裁庭的临时措施申请,仲裁庭也有权依法作出决定。[2]

尊重仲裁庭的权力对当事人间纠纷的合理解决,保障当事人意思自治具有至关重要的作用,仲裁庭权力受限将直接导致仲裁庭的独立性受损,不利于我国仲裁事业的长远发展。自贸港作为我国商事仲裁制度发展的前沿阵地,应首当其冲地探索扩大仲裁庭权力的合理路径,对仲裁庭的自裁管辖权可借鉴《示范法》的规定,赋予仲裁庭对管辖权异议作出裁决的权力,对临时措施的决定权则宜参照《上海自贸区仲裁规则》的规定,以充分尊重当事人意愿及为当事人解决纠纷提供便利为出发点和落脚点,赋予仲裁庭采取临时措施的权力。

(三) 确保仲裁协议有效

仲裁协议是当事人合意将纠纷提交仲裁的意思表示,是启动仲裁程序的前提条件。有效的仲裁协议既是当事人将争议提交仲裁解决而不付诸司法救济的唯一前提,也是仲裁裁决得以承认与执行的重要依据。[3]因此,在明晰当事人仲裁意愿后,确保仲裁协议尽量有效是提升仲裁自主性的重要途径。

第一,电子商务的不断发展,赋予了仲裁协议的书面形式以更丰富的内涵。大多数国家的国内立法和国际公约都规定了仲裁协议有效必须满足书面形式这一要件。但随着数字经济时代的到来,电子商务蓬勃发展,网上仲裁等新型纠纷解决方式得以产生。随之需要解决的就是在网上仲裁中,在没有传统意义上的"书面形式"仲裁协议的情况下,如何认定仲裁协议的有效性。从仲裁协议书面形式的法律意义来看,我国仲裁立法仅规定了仲裁协议须采

---

[1] 参见《征求意见稿》第47条。
[2] 参见《上海自贸试验区仲裁规则》第18条。
[3] 杜新丽主编:《国际民事诉讼和商事仲裁》,中国政法大学出版社2005年版。

用书面形式但并未明确规定未采用书面形式的后果（如不成立或无效）。因此，仲裁协议书面形式的主要作用是证明仲裁协议及其内容的存在。故而，只要能证明仲裁合意的存在，对仲裁协议的书面形式便应做扩大解释。有关仲裁协议书面形式的国际立法也印证了这一趋势。从国际总体立法趋势看，对仲裁协议书面形式的要求呈逐渐放宽的态势。这一态势历经了从1958年《纽约公约》第2条第2款规定的严格书面形式[1]，到1985年《示范法》扩大的书面形式，[2]再到以1996年英国《仲裁法》为代表的可证明的书面形式三个阶段[3]。2006年联合国国际贸易法委员会通过的对《示范法》第7条的修改案具备两条备选案文，均对仲裁协议的书面形式作了扩大解释，备选案文二甚至未对仲裁协议的形式问题作出要求。

第二，对约定不规范的仲裁协议应尽量作出使仲裁协议有效的解释。根据我国仲裁立法和相关司法解释的规定，仲裁协议约定两个以上仲裁机构的[4]；约定由某地的仲裁机构仲裁而该地有两个以上仲裁机构，当事人无法达成一致意见的[5]；约定可以向仲裁机构申请仲裁也可以向人民法院起诉的[6]，仲裁协议都无效。尽管我国仲裁立法进一步规定，如果当事人达成一致补充协议仍然认定仲裁协议有效，但在实践中，纠纷发生后，鉴于当事人间的利益冲突和情绪对立，是很难再达成一致意见的，因此就容易出现忽视当事人的仲裁意愿对仲裁协议作出无效认定的情形。为满足当事人通过仲裁解决纠纷的意愿，对这类仲裁协议约定存在瑕疵的情形，在善用各种合理途径明确当事人仲裁真实意思表示的前提下，应以有效认定为原则，以无效认定为例外，尽量对仲裁协议作出有效解释。

在现代通信技术飞速发展的今天，选择在自贸港仲裁机构进行仲裁的仲裁协议势必会面临更多挑战：一方面，受各国法律制度、历史文化等因素影响，有关仲裁协议有效性要件的规定各不相同；另一方面，在自贸港进行的各类交易极易触及世界最前沿和便捷的交易方式，进而催生出各类新兴形式

---

[1] 参见《纽约公约》第2条第2款。
[2] 参见《示范法》第7条第2款。
[3] 参见《英国仲裁法》第5条（书面形式）第（6）项：本编所指之书面或书写形式包括其得以记录之任何方式。
[4] 参见《最高人民法院关于适用〈中华人民共和国仲裁法〉若干问题的解释》第5条。
[5] 参见《最高人民法院关于适用〈中华人民共和国仲裁法〉若干问题的解释》第6条。
[6] 参见《最高人民法院关于适用〈中华人民共和国仲裁法〉若干问题的解释》第7条。

的仲裁协议。因此，为给自贸港仲裁制度提供更广阔的发展空间，就必须以仲裁协议的有效性为基础对仲裁协议作与时俱进的扩大解释。

三、提升自贸港仲裁队伍的竞争力

功以才成，业由才广。任何事业的建设都离不开人才保障，仲裁也不例外。我国仲裁事业发展虽已取得可观进展，但是距离世界先进水平还存在一定差距，其中一个重要的制约因素就是仲裁员制度仍存较大的进步空间。因此在自贸港尝试改进仲裁员制度，健全仲裁员选任、培育和责任机制对提升我国仲裁事业竞争力的作用不容小觑。

（一）创新仲裁员选任以优化仲裁员配置

仲裁员作为仲裁程序的引导者和仲裁案件的裁决者，直接决定了仲裁质量的优劣。灵活、开放的仲裁员制度是在国际仲裁市场中提升本国仲裁吸引力、竞争力的绝对优势。长期以来，我国仲裁实行仲裁员强制名册制，当事人只能从仲裁机构提供的仲裁员名单中选定仲裁员。这样的做法虽在一定程度上可以促使仲裁庭快速组成，提高仲裁效率，但同时也存在弊端。其一，强制仲裁员名册制度直接限制了当事人选择仲裁员的范围，难以全面彰显当事人的意思自治。如果当事人无法从仲裁员名册中选定仲裁员，甚至还将由仲裁委员会主任指定仲裁员。其二，仲裁员名册信息量不足导致当事人很难选定合适的仲裁员。国内仲裁机构的仲裁员名册大多仅载明仲裁员的姓名、专业领域、所在城市，缺乏仲裁员专业背景、职业经历、道德品质等详细信息，因而当事人很难选择出自己信赖的、适合审理本案的仲裁员。相比之下，仲裁员开放名册制则可大大拓展当事人的意思自治程度。当事人有权在仲裁员名册外选择心仪的仲裁员，仲裁员名册仅起到推荐作用，这无疑能吸引更多的当事人，增强仲裁的影响力和公信力。

自贸港的建设助力于我国对外开放水平的进一步提升，目前我国在仲裁员开放名册制度上已经取得突破，已有仲裁机构在其仲裁规则中实行仲裁员开放名册制。司法部发布的《征求意见稿》第18条有关仲裁员的规定，变"仲裁员名册"为"仲裁员推荐名册"，亦展现出了我国仲裁立法尝试逐步开放仲裁员名册的积极态度。同时，第89条也对涉外仲裁中仲裁员的资质作出了特别规定，不再局限于传统的"三八两高"标准，甚至不受国籍限制，而可以由熟悉涉外法律、仲裁、经贸、科技等专门知识的中外专业人士担任。[1]

仲裁员开放名册制以其充分尊重当事人意思自治、高度开放、灵活自由的特性受到了国际仲裁机构的普遍青睐。然而，任何一项自由都应有一定的限制，完全不限制当事人选择仲裁员的范围，对国内仲裁和涉外仲裁均彻底放开仲裁员的资格条件不一定适合我国现阶段的国情。为顺应仲裁制度的发展潮流，逐步与国际仲裁制度接轨，在自贸港适度探索仲裁员开放名册制度，赋予当事人仲裁员选择上的更大自主权，一方面能够避免因为过于激进的全国性改革而给整体仲裁制度发展带来不利影响，另一方面又能保持自贸港制度建设的前沿性，为仲裁员选任的制度改进积累积极经验。具体而言，可借鉴《征求意见稿》第89条的规定，对在自贸港进行的涉外仲裁不再适用"三八两高"的硬性标准，对仲裁员的资质要求应主要集中于对专业知识和道德素养的考查。

（二）完善仲裁员培养机制以提升仲裁员质量

国家间仲裁事业的竞争，是仲裁制度的竞争，也是仲裁人才的竞争。经过几十年的发展，我国商事仲裁员的培养虽已初见起色，但还远远不能满足国际仲裁市场的需求，甚至一度成了我国对外开放向纵深拓展、参与国际法律规则制定的"瓶颈"。只有悉力培养一批高素质、精专业，有能力妥善处理国际商事争议的仲裁员，才能在激烈的国际仲裁竞争中占据一席之地。自贸港作为我国对外开放的第一阵地，其仲裁事业的持续发展乃至迸发国际影响力则更需国际化人才的助力。

第一，维护国家利益是仲裁员培养的根本立足点。国际商事仲裁员培养属于我国涉外法治人才培养的重要组成部分，也是推进全面依法治国、加强涉外法治体系建设的必然要求。虽然国际商事仲裁的主要任务是为当事人提供高质量的法律服务，维护当事人合法权益。但在国际民商事交往中，个人利益背后往往映射着国家利益。国际商事仲裁员培养必须首先以维护国家利益为根本出发点和最终落脚点，为我国深入参与国际交往奠定扎实基础。

第二，综合素质培养是仲裁员培养的基础环节。能够妥善处理国际商事纠纷的仲裁员首先应具备过硬的法律专业知识素养，从国内法的专业基础知识，到国际条约、国际惯例、重要国家的法律制度均需涉及。其次，跨国案

---

[1] 参见《征求意见稿》第89条。

件往往涉及多种语言，这要求仲裁员具备较强的外语能力，不仅要口语表达流利还要兼备准确的书面表达能力。再次，商事仲裁员还须具备良好的职业道德素养，不仅要有为当事人提供高质量法律服务的意识，还要以强烈的责任心和使命感保持对公平正义的不懈追求。最后，为对案件情势作出精准、适度的判断，商事仲裁员还须具备广泛的知识储备，既要涵盖政治、经济等方面，也应囊括历史、文化等专业知识。

第三，参与仲裁实践是仲裁员培养的关键环节。仲裁员培养不能仅仅是纸上谈兵，一定要处理好理论培养和实践培养的关系。在开展高质量仲裁员培训的同时，积极整合社会资源：一方面，将涉外实践工作部门的优质资源引入仲裁员培训，尽可能为仲裁员培训提供商事仲裁实务的第一手资料；另一方面，以国际化程度较高的仲裁机构为依托，提供国际性历练平台，让仲裁员切身参与到国际商事仲裁案件中，切实提升我国商事仲裁员的办案能力。

（三）构建仲裁员责任体系以规范仲裁员行为

仲裁员责任制度是商事仲裁制度的重要组成部分，与设立仲裁员职业和道德标准同等重要。为规范仲裁员裁决行为，保证仲裁的公正性和独立性，有必要建立完整的仲裁员责任体系。

根据仲裁员责任承担的依据不同，仲裁员的责任类型主要有民事责任和刑事责任两种。根据我国《仲裁法》第 38 条的规定，仲裁员符合《仲裁法》规定情形的，即应当承担法律责任，虽然立法在此处对责任类型并未言明，但从实践经验看，仲裁员承担责任的范畴大多属于民事责任。只有在仲裁员的行为满足《刑法》规定的枉法仲裁罪的构成要件时，其在仲裁活动中故意违背事实和法律作枉法裁决才可能构成刑事责任。[1]尽管如此，构建仲裁员责任制度的目的并不是通过严苛的责任规范来惩治仲裁员，恰恰相反，是为了保障仲裁员更好地行使权力。此外，还应注意的是，仲裁员利用自身专业能力对当事人纠纷的合理解决起到正向作用，在责任体系构建上，除了责任的承担还须兼顾责任的豁免。我国仲裁立法秉承有限豁免论，即仲裁员只有在实施了私自会见当事人、代理人，接受当事人、代理人请客送礼，收受贿赂或索取贿赂，滥用职权枉法裁判等行为时才须承担相应责任，除此之外其享有豁免权。诚然，关于仲裁员责任承担和豁免的规定仍存在一定的完善空

---

[1] 参见《刑法》第 399 条之一。

间，如其并未直接言明责任的承担类型，对民事责任的承担方式和损失赔偿范围限度亦未作出明确指引，存在是以仲裁员报酬为限还是以当事人的损失为限，当事人损失的具体构成，仲裁员承担责任的程序等问题。若无进一步的具体规定，关于仲裁员责任承担和豁免的规定便缺乏实践生命力。此外，还需注意的是，基于刑法的谦抑性特征，在仲裁员责任体系中应慎用刑事责任，更应倾向于考虑仲裁员民事责任的承担，而非对仲裁员的刑事惩罚。[1]

我国《仲裁法》和《征求意见稿》仅概括式地规定了仲裁员在法定情形下应承担法律责任，对仲裁员承担责任的具体类型以及责任豁免均无细化规定，不利于仲裁制度的良性发展。因此，一方面，为保证仲裁裁决的公正性，必须通过明确仲裁员责任制度对仲裁员行为进行监督和规制；另一方面，为避免给仲裁独立性造成负面影响，保证仲裁员在履职同时免受不正当的干扰和攻击，必须细化仲裁员责任豁免的相关规定，以确保我国仲裁事业的健康发展。

第二节 自贸港仲裁机构改革路径研析

仲裁机构的法律地位不仅关乎我国仲裁事业的长远发展，也是仲裁机构参与国际仲裁市场竞争的重要砝码。当前我国仲裁机构行政化色彩较浓、大多数仲裁机构法律地位目前仍是"参照事业单位"的现状已然影响到了我国仲裁公信力建设，致使我国仲裁事业发展受到较大局限。自贸港要构建与国际接轨的国际商事仲裁制度，吸引世界各地当事人到自贸港仲裁机构解决纠纷，亟须明确仲裁机构法律地位，弱化仲裁机构的行政化色彩，突破仲裁机构体制障碍，适时推进仲裁机构的体制改革，为我国仲裁机构的法治化市场化改革发挥先行示范作用。

一、仲裁机构法律地位改革的探索之路

根据我国《仲裁法》第14条的规定，仲裁委员会独立于行政机关，与行政机关没有隶属关系。中共中央办公厅、国务院办公厅于2019年发布的《仲

---

[1] 刘晓红："确定仲裁员责任制度的法理思考——兼评述中国仲裁员责任制度"，载《华东政法大学学报》2007年第5期，第82~90页。

裁公信力的若干意见》进一步强调不得将仲裁委员会作为任何部门的内设机构或者下属单位。但在实践中，由于我国仲裁事业起步较晚，大部分仲裁机构在其起步阶段离不开行政机关的扶持与帮助，故而导致我国多数仲裁机构从设立伊始到运行过程都不乏行政色彩。但随着仲裁市场化发展的日趋成熟，特别是在开放前沿的自贸港或者自贸试验区，仲裁机构在行政色彩弱化、机构地位改革方面已然作出一些探索。

（一）事业单位向法人结构的逐渐转变

鉴于仲裁事业发展伊始我国商会功能的式微，我国大部分仲裁机构的设立主要由行政权力主导。纵观发展较为成熟的仲裁机构，大多都在商会、行业协会的推动下建立，具有典型的民间性特征。如香港国际仲裁中心就是在香港商界、律师行业以及香港特区政府的支持下建立的。上海国际仲裁中心就是由上海市贸促会（上海国际商会）设立的仲裁机构。根据我国《仲裁法》第10条第2款的规定，仲裁委员会由符合规定的市人民政府组织有关部门和商会统一组建。但在现阶段，我国大部分商会组织发展并不成熟，功能尚不明确，不具备组建仲裁机构的能力和条件，仲裁机构的组建主要由政府牵头。由此设立的仲裁机构一方面享有政府的政策和资金支持，另一方面接受政府在业务和财务管理方面的指导。为彻底摒弃仲裁机构自组建之日起便具有的行政色彩，现有仲裁机构付出了艰辛努力。如北京国际仲裁中心（以下简称"北仲"）在1995年成立之初虽也参照事业单位进行管理，但在不久之后便主动放弃了政府给予的优惠政策，通过自身独立运行，逐步实现与行政机关脱钩。

对于仲裁机构的法律属性，《仲裁法》采取了不予明确的留白处理，但国务院于1995年发布的《重新组建仲裁机构方案》规定，仲裁委员会设立初期，其所在地的市人民政府应参照有关事业单位规定，解决仲裁委员会的人员编制、经费、用房等问题。仲裁委员会应逐步做到自收自支。[1]按照该文件的指引，绝大多数仲裁机构在成立初期均将其法律属性定位为事业单位，参照事业单位有关规定进行管理。但需注意的是，该方案只是为了解决改革开放初期我国仲裁机构初立时的困难而制定的。时移世易，随着市场经济体制的不断发展，这种行政色彩浓厚的仲裁模式已无法适应我国持续对外开放

---

[1] 参见《重新组建仲裁机构方案》第4条。

的现实。在自贸港建设过程中，已有仲裁机构逐步意识到仲裁机构落入事业单位的窠臼将不利于我国仲裁事业参与国际竞争，因而纷纷开始探索仲裁机构的改革之道。海南国际仲裁院就是我国仲裁机构改制的典型范例。为促进自贸港仲裁事业的发展，为海南自贸港营造法治化、国际化、便利化的营商环境，海南省政府决定对原海南仲裁委员会进行改制。改制后的海南国际仲裁委员会建立起了以理事会为主导的法人治理结构，作为社会公益性法定机构和非营利法人独立运作，是全国唯一一个不再保留事业单位性质的仲裁机构。[1]上海自贸试验区仲裁机构在该问题上亦紧随其后，为加快仲裁发展的国际化步伐，2021年1月，上海出台了全国首个主流仲裁机构退出事业单位体制的改革方案——《上海仲裁委员会深化改革总体方案》，明确改革后的上海仲裁委员会退出事业单位序列，注销事业编制，成为由市政府组建、市司法局登记管理、面向市场提供仲裁服务的非营利法人。

（二）人员组成行政占比的亟待降低

鉴于仲裁委员会成立初期政府的扶助和支持，我国大多数仲裁委员会在决策和人员组成方面亦具有较强的行政色彩，具体表现为：其一，仲裁委员会主任大多由当地行政机关人员兼任，如由主管司法工作的副市长或政法委书记兼任。同时根据我国《仲裁法》第31条、第32条、第36条的规定，仲裁委员会主任可通过仲裁庭的组成、仲裁规则的选定、仲裁员的回避等事项实际介入到仲裁程序中，由此将不可避免地导致仲裁程序中留有行政权痕迹。其二，很多仲裁委员会组成人员中的法律、经贸专家并未达到法律规定的比重。根据《仲裁法》第12条第2项的规定，仲裁委员会的组成人员中，法律、经济贸易专家不得少于2/3。但在实践中，由于缺乏对法律、经贸专家进行判定的实际操作标准，各仲裁机构仲裁委员会仍可变通选择其所需要的人员担任仲裁委员会委员。改制后的海南国际仲裁院，理事会作为其法人治理结构的决策层，在其构成上对理事会成员不仅有专业领域的要求，而且明文规定其中境外人士不得少于1/3，在淡化仲裁机构决策行政色彩的同时兼顾国内外仲裁专家的平衡，为海南打造更加开放包容的仲裁环境奠定了基础。

此外，仲裁委员会常设办事机构的组成也偏向行政化。根据国务院办公厅

---

［1］参见海南国际仲裁院官网：https://www.hnac.org.cn/list/12.html，最后访问时间：2022年6月4日。

于 1995 年印发的《重新组建仲裁机构方案》的规定，仲裁委员会下设办事机构。办事机构在仲裁委员会秘书长的领导下负责处理仲裁委员会日常工作。[1] 但在实践中，大多数仲裁委员会的秘书长仍由行政机关人员兼任。诚然，此种兼任方式能在一定程度上帮助协调仲裁工作，但也容易导致行政部门和仲裁机构均由一套人马支配，使兼职人员陷入既要开展行政工作又要兼顾仲裁工作的两难局面。为彻底打破此种局面，除理事长外，海南国际仲裁院实行全员聘用、合同管理的用人机制。上海自贸试验区在打造面向全球的亚太仲裁中心方面亦不遗余力，2021 年 8 月，上海仲裁委的改革任务就已基本完成，新一届委员会由 15 名境内外仲裁专家组成，初步建立起了与国际接轨的现代法人治理结构，仲裁委员会退出事业单位体制，实施决策权、执行权、监督权彼此分离、互相制衡的治理机制。

（三）财政制度行政色彩的逐步淡化

改革开放初期，受制于市场经济体制改革刚刚起步，仲裁的发展依托于政府主导而非市场促动，相当数量的仲裁机构在成立初期没有独立的经费来源，需要行政机关为其起步发展提供一定的支持，因而政府通过财政拨款帮助其度过了最困难时期。《重新组建仲裁机构方案》也明确指出仲裁委员会所在地市人民政府应参照有关事业单位规定，为成立初期的仲裁机构解决经费问题。但仲裁机构经济的独立性是其独立参与市场竞争、彰显裁决中立性、提升公信力的重要前提。就自贸港仲裁机构而言，独立的经费来源是其不断实现自我发展、参与国际竞争的重要基础。我国已有仲裁机构为摆脱对政府资助的过分依赖，作出大胆努力，为自贸港仲裁机构实现财务独立作出先行尝试。如北仲在其成立不久后，便主动放弃了政府的财务支持，实行企业化财政制度，由此实现仲裁机构的相对灵活化管理，促使北仲在国际竞争市场中日渐壮大。

鉴于我国仲裁机构在初立时对政府资助的依赖和大部分仲裁机构的事业单位属性，在财务管理上，仲裁收费被定性为行政事业性收费，实行收支两条线管理。这既强化了仲裁机构对行政机关的依赖程度，使仲裁机构易受行政机关束缚，又使仲裁机构难以实现自我独立发展，丧失业务拓展力和国际竞争力。2010 年 4 月 1 日，《财政部、国家发展改革委关于调整仲裁收费管理

---

[1] 参见《重新组建仲裁机构方案》第 12 条。

政策有关问题的通知》首先将具有一定国际影响力的中国国际经济贸易仲裁委员会的仲裁收费转为经营服务性收费，该仲裁委亦全面实行企业化管理。[1]但关于其余各地仲裁委员会的仲裁收费是否转为经营服务性收费仍由各地相关行政部门自行决定。之所以未"一刀切"地对所有仲裁机构作如此彻底性改革，主要囿于各地经济发展和市场开放程度不均衡，仲裁机构发展水平不一，财务管理的完全独立并不能普遍适用于所有仲裁机构。但就自贸港而言，其旨在打造最开放前沿的经济市场和国际化、法治化的营商环境，与之相匹配的仲裁发展亦需充分与国际对接方能有效吸引国内外当事人合意选择其作为纠纷化解方式。因此，财政制度独立运行脱离于行政是自贸港仲裁机构不可逆转的发展趋势。海南国际仲裁院在其章程中明确规定，本院实行自收自支、依法纳税的财务管理体制。[2]这既是我国仲裁机构去行政化道路上的重要探索，也为自贸港仲裁机构立稳国际市场提供了可资借鉴的思路与模式。

就现阶段而言，我国仲裁事业仍处在一个过渡和全面发展相衔接的时期，行政机关的支持是其发展的重要支撑，但却不能过度依赖行政权力，这是一柄"双刃剑"，亦会成为影响仲裁机构独立自主发展并全面融入市场的掣肘。因此，仲裁机构的去行政化道路既需循序渐进又不可逆转。自贸港处在国内仲裁事业发展的最前沿，已然具备对仲裁机构进行彻底体制化改革的先进理念和现实条件。综上，在自贸港仲裁机构的设立、合并等过程中应最大限度地发挥行业协会的主导作用，同时参照北仲、上海仲裁委员会和海南国际仲裁院等国内先进仲裁机构的改革示例，探索并实现仲裁机构独立的法人治理结构，逐步淡化自贸港仲裁机构的行政色彩。

二、自贸港仲裁机构改革的必要性

《仲裁法》实施以来，我国对原先实行的行政仲裁体制进行了根本性变革，即把设在行政机关内部的仲裁机构变为独立性、民间性的仲裁服务组织。[3]然而，在实践中，仲裁机构的行政色彩并未完全消除，以至束缚了我国仲裁公

---

[1] 参见中华人民共和国财政部官网：http://www.mof.gov.cn/gkml/caizhengwengao/2010nianwengao/wengaodi4qi/201006/t20100612_322650.htm，最后访问时间：2022年6月4日。

[2] 参见《海南国际仲裁院章程》第20条。

[3] 王红松："中国仲裁的坎"，载《中国改革》2008年第2期，第70~71页。

信力的切实提升。自贸港要构建具有国际影响力的仲裁中心，其仲裁机构必然要进行"去行政化"改革，这是推进国家治理体系和治理能力现代化的必然要求，亦为市场配置需要和制度基础缺位的必然结果，且是提高自贸港仲裁公信力和国际竞争力的必然选择。

（一）推进国家治理体系与治理能力现代化的必然要求

党的十九届四中全会提出坚持和完善中国特色社会主义制度、推进国家治理体系和治理能力现代化，坚持和完善中国特色社会主义法治体系。仲裁作为中国特色社会主义法治体系在纠纷化解环节的重要组成部分，也须在法治轨道上运行。党的十九届四中全会进一步强调健全社会矛盾纠纷多元预防调处化解综合机制是社会治理法治化的重要环节。因此，仲裁作为多元化纠纷解决机制的重要一环，其法治化发展又一次进入重要关口期。

国家治理体系，某种程度而言就是一种制度体系，而治理能力则是国家治理体系在执行能力方面的体现。[1]在制度建设至关重要的新时代，国家治理体系和治理能力现代化对社会各领域和行业的制度改革均提出了更高要求。自贸港多元化纠纷解决机制建设从某种程度而言就是纠纷解决制度的建设。因此，在自贸港推进国家治理体系和治理能力现代化不仅需要制度创新能力还需要制度执行能力。就仲裁制度而言，要在法治轨道上推进仲裁制度发展，就必须推动仲裁机构改革，明确仲裁机构法律属性。综观国内外先进仲裁机构，无一不对仲裁机构的法律地位和管理机制予以高度重视，以建立现代化的仲裁机构治理结构为重要依托。然而，由于我国仲裁机构法律地位模糊，仲裁机构与行政机关之间存在千丝万缕的联系，致使我国仲裁机构的法治化进程缓慢，市场公信力建设举步维艰，在国际仲裁市场竞争中也难以获得国际商事主体及优秀仲裁人才的青睐。然而，前已述及，鉴于我国目前仲裁发展水平不均衡，难以一蹴而就地在全国范围内开展彻底的仲裁机构改革，因此在开放水平最高、国际化对接需求最全面、紧迫的自贸港首先尝试较为彻底的仲裁机构改革，明确仲裁机构的法律地位和性质属性，强调其市场化运作和与行政权力的脱离，促进仲裁制度创新，是推进国家治理体系和治理能力现代化的必然要求。

---

[1] 刘勇、陆宏博："新时代国家治理体系和治理能力现代化研究综述"，载《中共成都市委党校学报》2021年第1期，第22~29页。

(二) 市场配置需要和制度基础缺位的必然结果

现代国际商事仲裁制度是建立在发达的跨国经济和市场资源流动的基础之上的，仲裁机构作为市场主体不得不面对来自世界各地的国际商事纠纷当事人的选择，在自贸港此种情况尤甚，市场要素和资源流动更加自由。自贸港仲裁机构要想在激烈的国际仲裁市场竞争中占据一席之地，更应回归以当事人意思自治为核心的制度本质，以为当事人提供高质量的仲裁服务为目标，妥善化解矛盾纠纷，实现市场资源的优化整合。如果仲裁机构被定性为事业单位，行政权力的强制性色彩不可避免地会影响由市场主导的资源配置，干扰市场经济的正常运转，降低自贸港仲裁机构的国际吸引力和竞争力。

从我国立法来看，仲裁机构作为事业单位是缺乏制度支撑的。根据《事业单位登记管理暂行条例》第2条的规定，事业单位，是指国家为了社会公益目的，由国家机关举办或者其他组织利用国有资产举办的，从事教育、科技、文化、卫生等活动的社会服务组织。[1]但仲裁机构作为解决平等主体之间合同和其他财产权益纠纷的争议解决机构，显然不属于该条规定的范畴。为推动公益事业的发展，2011年发布的《中共中央、国务院关于分类推进事业单位改革的指导意见》（以下简称《事业单位改革指导意见》）对事业单位的类别进行进一步细化。《事业单位改革指导意见》将现有事业单位划分为承担行政职能、从事生产经营活动和从事公益服务三个类别。从类别上看，仲裁机构可被划归为其中从事公益服务的机构。但《事业单位改革指导意见》同时将从事公益服务的事业单位细分为两类：承担义务教育、基础性科研、公共文化、公共卫生及基层的基本医疗服务等基本公益服务，不能或不宜由市场配置资源的，划入公益一类；承担高等教育、非营利医疗等公益服务，可部分由市场配置资源的，划入公益二类。仍未将仲裁机构纳入从事公益服务的事业单位的考量范畴。因此，将仲裁机构定性为事业单位既不符合市场需要，也缺乏相应的制度支撑，自贸港仲裁机构法律地位的改革势在必行。

(三) 提高仲裁公信力的必然选择

公正是任何纠纷解决方式都追求的首要价值。仲裁之所以在国际商事纠纷解决领域饱受当事人青睐，根本原因在于它既充分尊重纠纷当事各方的自主合意，又以其独立性、中立性和专业性为裁决的公正性奠定了基础。党的

---

[1] 参见《事业单位登记管理暂行条例》第2条。

十八届四中全会明确提出"完善仲裁制度，提高仲裁公信力"的改革任务，中共中央办公厅、国务院办公厅印发的《仲裁公信力的若干意见》也把提高仲裁公信力摆在了仲裁工作的突出位置。于自贸港的仲裁发展而言，提高仲裁公信力也是提升仲裁国际化水准的基石和动力。

但我国仲裁机构的行政化色彩却桎梏了仲裁公信力的提升。首先，由于我国大部分仲裁机构在案件和经费来源上或多或少都对行政机关存在依赖，因而会导致行政权力对仲裁裁决的干预。其次，仲裁机构人员构成中的行政机关人员过多可能会使人们对仲裁的公正性和独立性产生怀疑。再次，行政权力的强制性色彩与仲裁充分尊重当事人自主权的服务性本质并不相符，不利于仲裁机构的长远、健康发展。最后，仲裁机构中充斥的行政主义色彩也会影响法院对仲裁裁决的监督。自贸港建设，对标的是世界最高水平的开放形态及最先进的制度规则，因此，在自贸港优化仲裁机构结构，在治理机制、仲裁规则、仲裁队伍方面比肩国际规则，切实提升仲裁公信力显得尤为重要。

三、自贸港仲裁机构改革的方向及路径选择

在自贸港仲裁机构机制改革中，去行政化是贯穿全过程的主题，但去行政化不是让行政力量完全退出仲裁，而是转变政府在仲裁中的职能和作用，增强仲裁机构在业务、人事、财务等方面的自主性，提升自身市场竞争力及仲裁公信力。因此，仲裁机构体制改革应围绕仲裁机构的公益性和非营利性本质，明确仲裁机构法律地位，完善仲裁机构的法人治理结构。与此同时，加快设立仲裁协会，为改革后仲裁机构的顺利运行提供有力保障。

(一) 自贸港先行，循序渐进去行政化

在仲裁机构的设立方式上，应进一步强化商会的作用。经过近三十年的发展，我国整体经济环境已经发生了翻天覆地的变化。"一带一路"倡议、粤港澳大湾区建设、自贸试验区建设、自贸港等重大发展战略的实施，促使我国仲裁机构与国际仲裁组织及境外仲裁机构的交流合作不断增强。在这样的环境下，在自贸港仲裁机构的设立方式上，应逐步实现从政府牵头向商会主办的转变。之所以作出此种改变，原因在于：一方面，从实践来看，许多先进仲裁机构的设立都十分重视商会的参与或直接由商会负责设立，如香港国际仲裁中心、斯德哥尔摩商会仲裁院等；另一方面，从自贸港的建设需求来看，由商会负责仲裁机构的设立既能帮助仲裁机构更好地把握市场经济主体

需要，又能更方便地实现与境外仲裁机构的交流合作，提升自贸港仲裁机构的国际化水准。

在仲裁机构的人员管理上，应降低其中行政人员的比例并转变人员管理模式。首先，仲裁委员会主任及秘书长不应由行政机关负责人兼任。为杜绝"一套人马两块牌子"现象，实现仲裁机构负责人的专职化、专业化，应当明确规定仲裁委员会主任以及办事机构秘书长由具备任职条件的专职人员担任。其次，应减少行政官员在仲裁委员会成员中的人数，减少并不意味着清零，政府作为仲裁机构的组建单位之一，参与仲裁机构的决策与监督是必不可少的。最后，对仲裁机构的人员管理应实现从事业单位人员管理模式向市场化人员管理模式的转变。如改制后的海南国际仲裁院，在人员管理上，除理事长外，工作人员实行全员聘用的合同管理机制，极大地提高了仲裁机构的市场化运转活力。

在仲裁机构的财务管理上，应在自贸港试点先行，探索自收自支、依法纳税的财务管理体制。受制于各地经济发展水平不一引致的仲裁机构发展情况不尽相同，完全独立的财务管理模式并不是所有仲裁机构都能承受的。出于此种考虑，《仲裁公信力的若干意见》给予仲裁委员会以自主选择权，其可根据自身发展实际情况选择具体的财务管理方式。自贸港作为制度创新的试验田，在仲裁机构改革方面理应走在最前列，探索独立自主、自力更生的财务管理体制，为仲裁机构体制改革的全面铺开提供可行的示范经验。在这一点上，自贸港仲裁机构可学习北仲的试验精神，即便是面临开源节流困难，也应尽量在其成立或改制初期就选择企业化财政制度，实行完全的财政独立，以期建立独立中性的国际形象。海南国际仲裁院也已开始实行自收自支、依法纳税的财务管理体制，不断向彻底"去行政化"靠拢。

（二）以公益性与非营利性为核心，完善法人治理结构

仲裁机构的公益性和非营利性是自仲裁诞生以来，根据仲裁机构的设立宗旨和功能定位，不断进行制度选择的结果。对于仲裁机构而言，公益性意味着仲裁机构提供仲裁服务的对象是不特定的社会公众，仲裁机构以实现社会效益而非经济效益作为其发展目标；非营利性则强调无论是政府出资设立，还是私人出资设立，均不能对所得利润进行分配，仲裁机构所得只能用于仲裁机构的自身发展。我国相关立法亦体现出了对仲裁机构非营利性法人属性的认可。我国《民法典》将法人分为营利法人、非营利法人以及特别法人，

基于仲裁机构的非营利性属性以及对特别法人的完全列举，仲裁机构只能被纳入非营利性法人范畴。《仲裁公信力的若干意见》也明确了仲裁机构的非营利法人属性。《征求意见稿》第 13 条赋予了仲裁机构非营利法人地位。海南国际仲裁院在其章程的第 1 条就明确指出，其法律属性是社会公益性法定机构和非营利法人，[1] 为海南省国际仲裁院的体制改革在机构性质上奠定了制度基础。

在确定仲裁机构非营利性法人性质后，还需进一步完善其法人治理结构。根据《仲裁公信力的若干意见》的要求，各仲裁委员会要按照决策权、执行权、监督权相互分离、有效制衡、权责对等原则，依法科学制定委员会章程。《征求意见稿》第 16 条第 1 款对该要求再次作出强调。因此，仲裁机构应分设决策机构、执行机构、监督机构并明确各机构的权限与范围，以完善其法人治理结构。海南国际仲裁院设立理事会作为决策机构，设立由院长和副院长进行管理的内设机构和分支机构负责日常工作的执行。但其并未设立专门的监督机构，而是由理事会对执行机构进行监督。原因在于：一方面，对于仲裁机构作出的仲裁裁决，可由法院依法对其进行审查；另一方面，对于仲裁员的监督则由理事会下设的仲裁员资格与操守考察委员会进行，因而专设监督机关暂无迫切必要。改制后，海南国际仲裁院的治理结构更加符合自贸港仲裁事业的发展需要，能够更加灵活和迅速地应对仲裁市场需求，提供社会化、市场化仲裁服务，确保了仲裁机构的独立性与公正性。

（三）加快设立仲裁协会，保障仲裁机制改革

我国仲裁机构的行政色彩久久未能消除，与我国一直未能建立起仲裁协会、缺乏行业自律具有直接联系。因此，实现仲裁机构机制改革必须以建立仲裁协会为保障，免除改革后缺乏有效保障和监督机制的后顾之忧。

第一，应加快仲裁协会设立进程。我国仲裁机构的行政色彩逐渐淡化后，对仲裁机构的监督则转移到主要依靠行业自治和机构自律。我国《仲裁法》第 15 条明确提出了设立中国仲裁协会的问题，根据该条规定，中国仲裁协会是由各仲裁委员会担任会员的社会团体法人。时至今日，我国仲裁协会仍未设立，难以保障独立运行后的仲裁机构的长远、健康发展。可以说，这在一定程度上负面影响了仲裁机构的改革进程。但值得欣慰的是，已有地方政府

---

[1] 参见《海南国际仲裁院章程》第 1 条。

与立法机关认识到仲裁协会对仲裁机构改革的重要作用并采取了积极行动。2019年6月3日,上海市司法局印发的《打响"上海仲裁"服务品牌行动方案(2019—2021年)》明确提出,为加强仲裁行业自律管理,要组建上海仲裁协会,拓展会员范围,优化会员结构。[1]《征求意见稿》第19条、第20条也对仲裁协会的会员结构、权力机构、协会的职责等作出了细致、具体的规定。

第二,为避免仲裁协会出现与行政机关一样过多介入仲裁机构自主管理的现象,应进一步明确仲裁机构与仲裁协会的关系。根据《仲裁法》的规定,中国仲裁协会是仲裁委员会的自律性组织,根据章程对仲裁委员会及其组成人员、仲裁员的违纪行为进行监督。[2]自律性决定了仲裁协会并不像行政机关那般拥有强制的行政权力。其职责主要包括:其一,根据协会章程规定对仲裁员行为进行监督;其二,制定示范仲裁规则;其三,保护仲裁协会会员的合法权益;其四,为促进仲裁事业发展,协调仲裁工作、组织业务培训,开展业务交流。因此,仲裁机构与仲裁协会间不应存在隶属关系,是相互独立的业务上指导与被指导、监督与被监督的关系。

灵活、开放的体制机制是保障仲裁机构焕发创新活力的前提条件,目前我国仲裁机构在人事、财务、业务和监督等方面的行政色彩制约着仲裁机构的顺畅发展。因此,明确仲裁机构法律地位、实现仲裁机构体制改革是确保其活力运转、提升公信力的必然选择。同时,去行政化不是一朝一夕就能完成的,需要分阶段、分步骤地稳步进行。当前的自贸港建设恰是仲裁机构改革的重要契机。仲裁作为国际商事领域当事人首选的纠纷化解方式,本就以市场为导向而生,在自贸港全面开放的背景下先行先试探索仲裁机构的去行政化道路,明确其与行政机关相分离的法律地位,对其治理结构与治理体系作出系统性改革优化,一方面助益于自贸港仲裁的国际化发展,另一方面亦能为全国范围的仲裁机构改革提供有益经验。

第三节 自贸港仲裁制度完善举措阐析

习近平总书记多次强调,自由贸易试验区建设的核心任务是制度创新。

---

[1] 参见上海市司法局官网:https://sfj.sh.gov.cn/2020xxgkml_zdgkml/20201102/731ce07b561c452082e1793d2ee53066.html,最后访问时间:2022年6月6日。

[2] 参见《仲裁法》第15条。

落实到自贸港仲裁事业的发展，要将自贸港打造成国际化仲裁中心，切实提升自贸港仲裁的吸引力和影响力，如果缺少对标国际水准的仲裁制度，那只能是一纸空谈。在仲裁裁决作出前，为更周全地保护当事人合法权益，应当赋予仲裁庭发布临时措施的权力、完善仲裁庭发布临时措施的具体操作并明确临时措施的承认与执行标准；在仲裁裁决作出后，通过统一撤销仲裁裁决的审查标准、保留当事人申请不予执行仲裁裁决制度以及完善仲裁案外人救济机制不断优化仲裁救济路径。与此同时，为增强自贸港仲裁制度在国际仲裁市场的竞争优势，须不断引入国际通行的仲裁制度，如友好仲裁、临时仲裁等，以展现自贸港仲裁制度与国际接轨的开放形象。

一、系统性强化临时措施规则

在国际商事仲裁案件中，当事人往往来自不同国家或法域，甚至涉及更复杂的法律关系或法系背景，如果一方当事人恶意拖延或妨碍仲裁程序的进行，或在裁决作出后拒绝配合执行，仲裁将很难发挥其应有功能并确立权威。在此种情况下，可以通过强化有关临时措施的规定对当事人合法权益进行有效保护，以保证仲裁结果的实现。

（一）赋予仲裁庭发布临时措施的权力

仲裁制度中的临时措施是指为确保仲裁程序的顺利进行以及仲裁裁决的有效执行，应一方当事人申请，对被申请人财产、证据或者正在实施的某一行为等发布的非终局性的强制措施。[1]临时措施的发布对维持仲裁程序的有序进行，保障仲裁结果实现，维护当事人合法权益具有重要意义。就临时措施的发布主体而言，主要有三种立法模式，即法院专属模式、仲裁庭专属模式以及仲裁庭与法院并存权力模式。法院专属模式即法院是有权发布临时措施的唯一主体。与之相对，仲裁庭专属模式则意味着临时措施的发布权是专属于仲裁庭的权力；而仲裁庭与法院并存权力模式则采取折中做法，同时赋予仲裁庭和法院发布临时措施的权力。从我国目前《仲裁法》的相关规定来看，我国仲裁立法采取的是法院专属模式。[2]这在实践中难免存在一定的问

---

[1] 毛海波："自由贸易试验区框架下国际商事仲裁临时措施制度研究"，载《仲裁研究》2014年第3期，第22~29页。

[2] 参见《仲裁法》第46条。

题：其一，未能充分契合当事人意思自治原则。当事人既然约定将争议提交仲裁机构裁决即意味着将与争议有关的所有事项均交由仲裁庭决定，其中也当然包括临时措施的决定权。其二，在一定程度上影响了仲裁的效率。在法院专属模式下，要作出恰当的决定，首先必须通过仲裁庭与法院间材料的交换与程序的转变才能将案件移交到法院手中。案件被移交至法院后，法院势必还需耗费一定时间了解并熟悉仲裁案件的事实情况和法律问题，致使仲裁效率大打折扣。

事实上，一些自贸试验区仲裁机构为提升自身国际影响力，在仲裁规则方面已尝试开拓创新，在临时措施的发布主体上有了一定突破。上海国际贸易仲裁委员会颁布的《上海自贸区仲裁规则》第20条第2款明确规定，对于临时措施申请，仲裁委员会将根据临时措施执行地所在国家/地区的有关法律及本规则规定，转交具有管辖权的法院作出裁定，或提交仲裁庭作出决定，或提交根据本规则第21条规定组成的紧急仲裁庭作出决定。该条规定并未完全赋予仲裁庭发布临时措施的权力，而是视临时措施执行地所在国家/地区的有关法律而定，仲裁庭是否有权发布临时措施取决于临时措施执行地所在国家/地区的法律如何规定。这样规定一方面避免了临时措施的发布与现行法律相冲突，另一方面也为立法预留了修订空间，在一定程度上起到了倒逼仲裁立法修订的作用。除此之外，中国国际经济贸易仲裁委员在其2012年版《仲裁规则》[1]中直接规定了仲裁庭对临时措施的决定权，但囿于我国现行仲裁立法规定，其只有在仲裁程序非适用中国法的情况下才能实现。其2015年版《仲裁规则》则增加了根据当事人的约定通过紧急仲裁员程序申请临时措施的权力。[2]临时措施的发布权归根结底是由仲裁立法决定的，为进一步支持我国仲裁事业的深度发展并与国际接轨，《征求意见稿》试图对临时措施的发布主体作出改变，第43条采取由当事人自主选择的仲裁庭与法院并存的权力模式，赋予仲裁庭发布临时措施的权力。同时，为防止临时措施采用不当给被申请人造成损害，《征求意见稿》第47条第2款明确，仲裁庭临时措施的发布必须要求申请人作出对应担保。事实上，《示范法》在该问题上亦有相关规定，只是在临时措施的担保方面，《征求意见稿》采强制担保规则，《示范法》

---

[1] 参见《中国国际经济贸易仲裁委员会仲裁规则（2012年版）》第21条。
[2] 参见《中国国际经济贸易仲裁委员会仲裁规则（2015年版）》第23条。

采任意担保规则。

自贸港作为仲裁制度改革的前沿阵地,在临时措施的改革问题上,可以适度进取。首先,在临时措施的发布主体上,宜采用仲裁庭与法院并存的权力模式,赋予当事人就临时措施发布主体的充分合意选择权,彰显仲裁意思自治原则。其次,在临时措施的担保问题上,一方面从正面约束,临时措施作出必须适度,不能超过必要范围;另一方面从反面进行限制,采强制担保规则,要求向仲裁庭申请临时措施的当事人,必须就该临时措施的发布提供对应担保,以此方能有效预防仲裁庭权力的不当扩张给被申请人造成权益侵害的局面出现。

(二) 细化仲裁庭发布临时措施的具体程序

1. 扩大临时措施范围

从目的解释的角度出发,凡是能有效实现确保仲裁程序顺利推进和保障仲裁裁决有效执行而发布的短期措施都属于临时措施。从国际通行立法来看,临时措施一般包括财产保全、行为保全和证据保全。但我国现行《仲裁法》第 28 条和第 46 条仅规定了财产保全和证据保全,没有规定行为保全,临时措施的类型覆盖不够周延。同时,电子商务的发展催生出了许多新型交易类型及交易习惯,尤其是在涉自贸港交易中往往涉及当今最前沿的商务模式和交易方式,财产和证据的表现形式亦呈现出多样化发展态势。因此,不论是临时措施的类型还是具体类型所涉及的财产、证据和行为等创新性表现方式在自贸港的相关立法和仲裁规则中均可作覆盖范围更加全面、表现形式更加多样化的探索性规定。在规则设计上还可借鉴《征求意见稿》第 43 条,以列举加兜底式的方式规定,在充分适应电子商务及国际商事仲裁制度发展变化的前提下实现对当事人权益的全方位保护。

2. 明确不同临时措施的发布条件

临时措施的发布条件是决定当事人的需求能否得到满足的关键因素,但综观各国立法和仲裁规则,对临时措施的发布条件大都规定得较为笼统和宽泛,赋予仲裁庭极大的自由裁量权,容易出现仲裁庭行使自由裁量权不当或不合理的现象。因此,要在自贸港完善临时措施相关规定,须对准予采取临时措施的条件作出明确列明。我国《仲裁法》第 28 条和第 46 条分别规定了财产保全和证据保全的实施条件。在此基础上,《征求意见稿》第 44 条将行为保全和财产保全的条件进行合并并增加了"给当事人造成其他损害"的条件。[1] 就其他临时措施的发布问题同样赋予了仲裁庭较大的自由裁量权,规定由仲裁庭综合判断采取临时措施的必要性与可行性。相比于《仲裁法》的规定,《征求意见稿》对临时措施发布条件的规定较为完善,但也存在进步空间。《示范法》则兼顾了具体的临时措施种类和其他临时措施的发布条件,在统一规定所有临时措施发布条件的基础上,再规定某些临时措施的增加条件,避免出现遗漏的情况。自贸港仲裁机构可在借鉴《征求意见稿》的基础上,结合《示范法》的规定,采取总分式的全面规定方式。首先对所有临时措施的发布作出统一规定,然后针对各种临时措施的具体情况补充规定相应的增加条件,最后采取兜底式规定,以应对日后可能出现的新型临时措施。

3. 建立紧急仲裁庭制度

在通常情况下,在仲裁机构受理案件后到仲裁庭组成前会有一段空档期间,紧急仲裁庭制度则是为解决当事人在此期间内提出的临时措施申请而设计的制度。由于我国仲裁立法在临时措施的发布上采取法院专属权力模式,因而并没有规定紧急仲裁庭制度,但《上海自贸区仲裁规则》已先行先试引入了紧急仲裁庭制度。在紧急仲裁庭的组成条件上,《上海自贸区仲裁规则》第 21 条第 1 款明确规定,紧急仲裁庭的组成应由当事人提出书面申请,是否同意由仲裁委员会决定;在紧急仲裁庭的组建程序上,第 2 款规定直接由仲裁委员会主任在 3 日内从仲裁员名册中指定一名仲裁员,极大地缩短了组建时间;在临时措施决定的作出时间上,《上海自贸区仲裁规则》第 22 条规定紧急仲裁庭应在组成之日起 20 日内作出。在此基础上,该规则还对紧急仲裁员应承担的披露义务及应遵守的回避制度等作了详尽规定。《上海自贸区仲裁规则》对紧急仲裁庭制度的引入,为上海自贸试验区开拓仲裁市场、吸引更多当事人提供了有力的竞争优势和比较优势,亦为自贸港仲裁制度创新提供了可资参照的有益经验。为切实满足当事人的临时措施需求,应在自贸港仲裁制度中适度引入紧急仲裁庭规定,在具体规则设计上借鉴吸收《上海自贸区仲裁规则》,助益自贸港仲裁机构国际竞争力的提升。

(三)明确临时措施的承认与执行标准

临时措施的承认与执行是临时措施目的得以真正实现,当事人的合法权

---

[1] 参见《征求意见稿》第 44 条。

益得到有效保护的重要保障。在国内商事仲裁中，如果是法院发布的临时措施，法院同时享有强制执行权；在仲裁庭有权发布临时措施的国家，如果是仲裁庭发布的临时措施，法院应当予以协助，临时措施的承认与执行也较容易实现。但在自贸港建设背景下的国际商事仲裁中，当事人在自贸港仲裁机构进行仲裁的过程中，可能会面临临时措施所涉及的财产或证据位于境外的情况，引发临时措施的域外承认与执行问题。

国际商事仲裁中临时措施的域外承认与执行首先应当看申请执行国和执行国之间是否签订或参加相关国际条约。但目前全球范围内并没有专门的关于仲裁临时措施的承认与执行公约，仲裁临时措施能否被依据《纽约公约》承认与执行也尚存在争议。其次，在没有公约规定的情况下，域外临时措施能否得到承认与执行取决于执行地国的法律规定。随着国际商事仲裁市场的快速发展，为提升各国仲裁制度的影响力，多数国家普遍认同赋予仲裁临时措施以强制执行力。除国家外，我国香港特别行政区的仲裁条例也规定："仲裁庭就仲裁程序而作出的命令或指示，不论是在香港或香港以外地方作出的，均可犹如具有同等效力的原讼法庭命令或指示般，以同样方式强制执行，但只有在原讼法庭许可下，方可如此强制执行。"[1]由此可见，我国香港特别行政区是直接赋予了临时措施与法院判决相同的效力，以保障其被承认与执行。《示范法》则从承认与执行临时措施的标准以及拒绝承认与执行的事由正反两个方面对临时措施的承认与执行作出了全面规定。就自贸港仲裁制度而言，在对仲裁庭发布的临时措施予以保障的基础上，也要施加一定的约束。具体而言：一方面，为给当事人权益提供全面的保护，应从正面明确仲裁庭发布的临时措施具有与仲裁裁决同等的约束力。另一方面，为避免当事人恶意串通故意损害他人合法权益，应借鉴《示范法》的规定，从反面列举拒绝承认与执行临时措施的理由，以为自贸港临时措施的正向发展提供有力保障。

二、全面完善仲裁裁决救济路径

仲裁裁决的强制执行效力是仲裁在国际商事纠纷解决领域长盛不衰的要诀之一。仲裁裁决一旦作出就意味着对当事人的权利义务作出新的安排，故仲裁裁决救济对当事人权益的保障、仲裁目标的实现具有关键作用。《征求意

---

[1] 参见《香港仲裁条例》（香港法律第609章）第61条。

见稿》的一大亮点就是对仲裁裁决救济制度作出了系统性修订。为适应自贸港仲裁制度的发展需要，需从撤销仲裁裁决的审查标准、当事人申请不予执行仲裁裁决制度以及仲裁案外人救济机制三个方面不断完善仲裁裁决救济制度，为当事人提供更周延的保护，提升自贸港仲裁制度的竞争力。

（一）将撤裁审查标准限定为程序性事项

申请撤销仲裁裁决是当事人不服仲裁裁决而寻求司法救济的一种方式，也是目前实践中仲裁裁决救济的最主要方式之一。为保证仲裁庭对案件审理的独立性，从国际立法来看，对撤销仲裁裁决的审查主要集中于对有关程序性事项的审查，一般不涉及仲裁实体问题。如《纽约公约》第5条第1款即以穷尽式方式列举了拒绝承认与执行仲裁裁决的五种情形[1]，仅涉及对仲裁裁决的程序性审查（如仲裁庭的组成、仲裁裁决的范围等事项），不涉及对仲裁裁决的实体性审查，即执行地法院不得以仲裁案件的事实认定或法律适用有误为由拒绝承认与执行仲裁裁决。由此最大限度地保障了仲裁裁决的稳定性和权威性。在此基础上，《示范法》仅删除了第五种情形，作出了与《纽约公约》基本一致的规定。

与国际通行做法不同，我国仲裁立法在国内裁决和涉外裁决的撤销标准上采用"双轨制"。首先，就国内裁决而言，主要根据《仲裁法》第58条进行审查，既有对实体事项的审查，也有对程序性事项的审查。[2]其次，就涉外裁决而言，主要适用《民事诉讼法》的相关规定，着重审查其程序性问题。现行仲裁立法对撤销国内仲裁裁决与涉外仲裁裁决的区分做法是希望在仲裁的国内发展实践和国际通行做法间保持兼顾和平衡。而《征求意见稿》在该问题上却与之前的规定不同，不再区分国内裁决与涉外裁决，而是统一规定仲裁裁决的撤销标准。基于审查标准的统一，《征求意见稿》在无形中将国内裁决的撤裁事由划进了涉外裁决，事实上扩大了涉外裁决的撤裁事由，这就导致涉外裁决也要在某些情况下接受我国法院的实体性审查。在自贸港全面开放建设背景下打造多元解纷机制，倘若对涉外裁决适用较严苛的实体审查标准，境外当事人就可能会出于保障仲裁裁决的稳定性以及维护自身利益考量，放弃到自贸港仲裁机构进行仲裁，这显然并不利于自贸港仲裁机构的发

---

[1] 参见《承认及执行外国仲裁裁决公约》第5条。

[2] 参见《仲裁法》第58条。

展。因此，对自贸港仲裁裁决的撤销采用程序性审查标准是既符合国际通行立法又适应自贸港发展需要的选择。但在现阶段，结合我国国内仲裁实践，将国内仲裁裁决的审查仅限于程序性事项，完全脱离对证据、仲裁员行为等实体事项的审查并不现实。故而我们目前还不具备在全国范围内对撤销国内仲裁裁决和涉外仲裁裁决统一适用程序性审查标准的条件，但可充分把握自贸港的建设契机进行先行试点。具体而言，自贸港可参照《纽约公约》和《示范法》的规定，对自贸港的国内仲裁裁决和涉外仲裁裁决统一适用程序性审查标准，放宽审查标准，考察自贸港实践反馈，并在总结经验的基础上逐步探索建立全国范围内仲裁裁决撤销标准的统一路径。

(二) 保留当事人申请不予执行仲裁裁决制度

除撤销仲裁裁决外，申请不予执行仲裁裁决也是当事人就仲裁裁决寻求司法救济的重要方式之一。有学者认为，仲裁裁决的撤销与不予执行，二者功能一致，且由于没有做好制度衔接导致现行制度存在结构上的缺陷，在实践中引发了诸多问题，因而主张取消仲裁裁决的不予执行制度，仅保留仲裁裁决的撤销制度。[1]对此，《征求意见稿》在执行部分删除了不予执行仲裁裁决制度，仅在第82条赋予了人民法院主动审查裁决是否违背公共利益的权力，若违背社会公共利益则不予确认执行。由此，在《征求意见稿》的框架下，除违背公共利益的裁决外，仲裁裁决的司法救济将主要集中于申请撤销环节。

虽然现行仲裁裁决的不予执行和撤销制度在结构衔接和可能出现重复审查方面存有一定瑕疵，但直接废弃仲裁裁决的不予执行制度不一定就是合适的"药方"。因为剥夺当事人申请不予执行仲裁裁决的权利并不利于为当事人提供全面周延的权益保护。鉴于《纽约公约》和《示范法》均规定的是申请撤销仲裁裁决和不予执行仲裁裁决的双轨制救济措施，《征求意见稿》原则上的单轨制救济可能在后续实践中造成国内裁决和涉外裁决在司法救济机会问题上存在较大差别。涉外仲裁裁决的当事人既可以向仲裁地中级人民法院申请撤销裁决，也可以根据《纽约公约》的规定向有管辖权的执行法院申请不予执行；而国内仲裁裁决在不违背公共利益的情况下，案涉当事人仅能向仲

---

[1] 张卫平："现行仲裁执行司法监督制度结构的反思与调整——兼论仲裁裁决不予执行制度"，载《现代法学》2020年第1期，第116~131页。

裁地中级人民法院申请撤销裁决。这势必会造成国内裁决和涉外裁决在司法救济上的差别待遇，并不利于我国建设国际仲裁中心的战略部署。而且《征求意见稿》比照《仲裁法》的规定，将申请撤销仲裁裁决的期限从原来的6个月缩短至3个月，兼之收回当事人申请不予执行仲裁裁决的权利，可能造成在裁决作出后当事人争相申请撤销仲裁裁决的局面，反而不利于仲裁一裁终局和高效定纷止争效果的实现。综上，保留当事人申请不予执行仲裁裁决的权利：一方面能够平衡国内裁决和涉外裁决的司法救济机会；另一方面也能与国际通行的《纽约公约》和《示范法》在救济措施上保持基本一致，有助于自贸港打造与国际接轨的仲裁司法救济规定，营造自贸港平等对待国内仲裁和涉外仲裁的国际形象，展现我国与国际仲裁发展趋势相接轨的国际形象，为自贸港建设具备国际影响力的仲裁中心奠定基础。

（三）完善仲裁案外人救济机制

高效性、自治性和保密性既是仲裁作为替代诉讼的纠纷解决方式最为突出的特征和优势，也可能由于信息的高度不对称而将与仲裁案件有关的案外人置于相对不利的处境。近年来，当事人恶意串通通过虚假仲裁损害案外人利益的情况屡见不鲜，因此完善的案外人救济机制对案外人合法权益的保护十分必要。我国目前的仲裁立法对案外人的救济机制规定得并不完善，难以对案外人权益进行全面、有效的保护。首先，根据《仲裁法》第58条有关申请撤销仲裁裁决的规定，申请主体仅限于当事人，并不包括案外人。除此之外，仅有人民法院有权基于公共利益的考量撤销仲裁裁决。其次，根据《仲裁法》第63条的规定，只有被申请人有权向人民法院申请不予执行仲裁裁决，将案外人排除在外。因此，为保障案外人权益免受不当侵害，《最高人民法院关于人民法院办理仲裁裁决执行案件若干问题的规定》（以下简称《仲裁裁决执行规定》）增设了案外人申请不予执行仲裁裁决制度[1]，并明确了案外人申请不予执行仲裁裁决的实质审查标准[2]。但《征求意见稿》并未顺应《仲裁执行规定》的规定，仅为案外人提供了两条救济途径：一是案外人可对执行标的提出书面异议，异议成立的，人民法院将裁定中止对该标的

---

[1] 参见《仲裁裁决执行规定》第9条。
[2] 参见《仲裁裁决执行规定》第18条。

的执行[1];二是案外人有证据证明裁决的部分或者全部内容错误,损害其民事权益的,可依法对当事人提起诉讼[2],这两条救济途径并不足以对案外人的仲裁相关合法权益进行全面保护,并且对案外人的证明责任提出了较高要求。

尽管有学者认为仲裁裁决相对性原则就是对维护第三人利益的最重要手段和制度保障[3],但随着自贸港建设的逐步推进,国际商事主体日益多元化、法律关系日益复杂化,仲裁裁决效力的辐射范围必然会更加广泛,进而不可避免地给案外人的权利义务造成影响。因此,在自贸港探索完善案外人救济机制的有效途径就显得尤为重要了。具体而言,应当扩大撤销仲裁裁决的申请主体,赋予案外人申请撤销仲裁裁决的权利,适度参照《仲裁裁决执行规定》,增设案外人申请不予执行制度,并对案外人申请不予执行的条件、审查标准等作出明确、具体的规定。

三、适度引入友好仲裁理念

友好仲裁是指仲裁庭在认为适用严格的法律规则会导致不公平结果的情况下,根据当事人的共同授权,不按照严格的法律规则而依据其认为公平、善意的标准作出具有法律约束力的裁决。[4]故友好仲裁区别于依法仲裁最显著的特征即在于二者作出仲裁裁决的依据不同,前者的依据是以公平善意原则为基础的合同约定和商业惯例,而后者的依据则是严格的法律法规。相较于传统的依法仲裁,友好仲裁在国际商事往来中越来越受到当事人青睐。究其原因在于:首先,友好仲裁更能充分体现当事人意思自治。友好仲裁的启动须以双方当事人的共同授权为前提,缺少任何一方当事人的授权作出的仲裁裁决都有可能不被当事人所承认。可以说,友好仲裁就是当事人意思自治的直接体现。其次,友好仲裁更加注重争议解决的灵活性。公平善意原则是友好仲裁依据的首要原则,其本身就是一个极为广泛的抽象概念,因而赋予

---

[1] 参见《征求意见稿》第84条。
[2] 参见《征求意见稿》第85条。
[3] 张卫平:"仲裁案外人权益的程序保障与救济机制",载《法学评论》2021年第3期,第34~46页。
[4] 王崇:"前海自贸区友好仲裁规则构建之进路:学理与三层式架构",载《河北法学》2019年第4期,第52~61页。

了仲裁庭较大的自由裁量权,仲裁员可根据其主观判断和解释选择适用当事人之间的合同约定或国际商事惯例等作出裁决。最后,友好仲裁在实现纠纷解决灵活性的同时也可兼顾仲裁的公正性。尽管友好仲裁的裁决可以不严格依照法律规定作出,但这并不意味着它不受法律的限制。综观各国仲裁立法以及《纽约公约》的规定,均将违反公共政策作为不予承认与执行仲裁裁决的事由,因此友好仲裁要想顺利得到承认与执行就必须接受仲裁地公共秩序的规制。

在充分认识到友好仲裁独特优势和重要作用的基础上,我国仲裁事业虽然起步较晚,但也以敢于创新的勇气对友好仲裁制度进行了尝试。友好仲裁制度于2005年7月14日首次出现在天津仲裁委员会通过的《天津仲裁委员会友好仲裁暂行规则》中。根据其第2条的规定,该规则所称之友好仲裁,是平等主体的公民、法人和其他组织自愿将经济纠纷提交天津仲裁委员会(以下称"本会"),在独任友好仲裁庭(以下简称"仲裁庭")的主持下以互谅互让的方式解决,其结果对当事人具有约束力的活动。[1]该条规定的友好仲裁概念与国际通行的以公平善意原则为基础的仲裁理念不太相符,事实上更倾向于调解。加之该暂行规则的制定依据是《仲裁法》,鉴于《仲裁法》并未明确规定友好仲裁,故而该暂行规则事实上并未实现对友好仲裁规定的真正突破。2014年颁布的《上海自贸区仲裁规则》才真正实现了将友好仲裁制度规定进仲裁规则,标志着该制度的正式引入。根据《上海自贸区仲裁规则》第56条的规定,当事人在仲裁协议中约定,或在仲裁程序中经协商一致书面提出请求的,仲裁庭可以进行友好仲裁。仲裁庭可仅依据公允善良的原则作出裁决,但不得违反法律的强制性规定和社会公共利益。[2]根据该条规定,友好仲裁是基于当事人之间的合意启动的,符合友好仲裁体现当事人意思自治的本质。同时,该条也明确了仲裁庭作出友好仲裁裁决所依据的根本原则即公允善良原则,并且以法律的强制性规定和社会公共利益为最后"安全阀"保障友好仲裁裁决的公正性,这一规定与国际通行做法一致,展现出了《上海自贸区仲裁规则》与国际先进仲裁规则接轨的趋势。此外,上海市二中院出台的《仲裁案件司法审查和执行若干意见》第13条对友好仲裁的

---

〔1〕 参见《天津仲裁委员会友好仲裁暂行规则》第2条。
〔2〕 参见《上海自贸试验区仲裁规则》第56条。

司法审查予以明确[1],为友好仲裁制度在上海自贸试验区的落地实施提供了指引。

在自贸试验区建设取得成效的基础上,自贸港承载着实现更高水平的开放任务的重要使命,届时层出不穷的新领域、新类型的国际商事纠纷势必会加大对多元化纠纷解决的需求,也会相应拓宽对友好仲裁的接纳空间。在上海自贸试验区已然为友好仲裁的制度孕育提供土壤的背景下,在自贸港引入友好仲裁制度势在必行。具体而言,自贸港仲裁机构可参照《上海自贸区仲裁规则》的规定,在仲裁规则中明确友好仲裁的启动条件、审理依据等事项。与此同时,自贸港法院还可发布司法意见,为解决友好仲裁司法审查中的具体问题提供指引,以保障友好仲裁制度在自贸港得以确立实施。

四、探索构建临时仲裁制度

在国际商事仲裁市场中,临时仲裁因其灵活高效的优势占据了与机构仲裁同等重要的地位,也成了各国仲裁提升自身吸引力的重要优势。我国临时仲裁制度的缺位,在一定程度上削弱了我国仲裁的国际影响力,也制约了我国仲裁的发展。随着自贸港战略的深入实施,我国不断扩大对外开放格局,以仲裁为重要组成部分的多元化纠纷解决机制面临更复杂的要求和更严苛的考验,在此背景下有必要也有可能将临时仲裁制度引入自贸港仲裁机制,以提升自贸港仲裁制度的国际竞争力和吸引力。

近年来,为与国际仲裁制度靠拢,我国在推进临时仲裁制度构建方面已经进行了一系列探索。2016年12月《最高人民法院关于为自由贸易试验区建设提供司法保障的意见》(以下简称《司法保障意见》)规定了在自贸试验区有限开展临时仲裁的三特定原则,[2]是我国探索临时仲裁制度构建的重大突破。但鉴于该条规定将临时仲裁的适用主体限制于自贸区内注册的企业,且对"三特定"的要求存在较大的模糊性,在实践中很难为临时仲裁的具体开展提供明确指引。此后,2019年发布的《最高人民法院关于人民法院进一步为"一带一路"建设提供司法服务和保障的意见》第35条、《最高人民法院关于人民法院为中国(上海)自由贸易试验区临港新片区建设提供司法服

---

[1] 参见《仲裁案件司法审查和执行若干意见》第13条。

[2] 参见《司法保障意见》第9条。

务和保障的意见》第 6 条以及 2021 年发布的《最高人民法院关于人民法院为海南自由贸易港建设提供司法服务和保障的意见》第 9 条均作出了类似规定。2017 年 3 月，珠海仲裁委员会与横琴新区管理委员会于发布的《横琴自由贸易试验区临时仲裁规则》（以下简称《横琴规则》）全文共 8 章 61 条，在我国仲裁程序的基本框架下，填补了临时仲裁规则的空白。在适用主体的范围上，《横琴规则》在《司法保障意见》的基础上进行了一定拓展，规定临时仲裁不仅可适用于自贸区内注册的企业，其他当事人根据双方合同约定，以及一国与他国国民间的投资争端也可适用。[1] 在仲裁机构的作用上，《横琴规则》凸显了珠海仲裁委员会对临时仲裁的协助作用，为避免仲裁程序陷入僵局，《横琴规则》在管辖权异议、仲裁庭的组成、仲裁员的回避等事项上都规定了珠海仲裁委员会的协助作用，以保证临时仲裁的顺利进行。在仲裁裁决的执行问题上，《横琴规则》基于临时仲裁在我国尚未得到立法认可的现状，作出了在《仲裁法》框架下的机构仲裁转化程序，将临时仲裁裁决书或调解书转换为机构仲裁予以执行[2]，以保障临时仲裁在我国现行法律体系下的承认与执行。2017 年 9 月，互联网仲裁联盟还发布了《中国互联网联盟临时仲裁与机构仲裁对接规则》（以下简称《对接规则》），以求最大限度地满足当事人的临时仲裁需求。但是，由于仲裁基本立法中临时仲裁规定的缺位，该制度在我国的实践落地实施仍存困境。一方面，临时仲裁的"三特定"标准（即特定地点、特定规则和特定人员）具有较大的模糊性，有待在实践中进一步予以细化。另一方面，《横琴规则》作为自贸区探索临时仲裁的先行尝试，只有当事人作出可以推断为唯一选定《横琴规则》的表述时，才能视为对该规则的有效选定，因而《横琴规则》的广泛适用仍受到较大限制。为了在立法层面赋予临时仲裁以合法地位，《征求意见稿》在涉外仲裁的特别规定中明确了临时仲裁制度，为进一步在自贸港构建临时仲裁制度提供了契机。

  自贸港的全面建设意味着更开放的制度环境和更包容的解纷方式，故而当事方临时仲裁的需求必将更加强烈。在自贸港构建临时仲裁制度，首先要贯彻临时仲裁高度尊重当事人意思自治的理念。当事人意思自治作为仲裁必须尊重的首要原则，在临时仲裁中主要体现在仲裁员的委任、仲裁程序的选

---

[1] 参见《横琴规则》第 3 条。
[2] 参见《横琴规则》第 47 条。

定以及仲裁所适用的法律等方面均由当事人进行自主选择。其次，要明确仲裁机构对临时仲裁的程序辅助作用，强化仲裁机构的服务功能。具体而言，在仲裁机构的介入方面，可参照《横琴规则》的做法，仅在临时仲裁程序陷入僵局时允许仲裁机构适当介入，以避免仲裁机构对案件施加管理，而是更多地发挥辅助作用。在仲裁机构的服务功能方面，香港国际仲裁中心（HKIAC）的做法值得借鉴。一方面，根据《香港仲裁条例》的授权，HKIAC有权执行《示范法》第11（3）或（4）条所提述的法院或其他机构的职能。[1]另一方面，为保障仲裁程序的顺利进行，HKIAC为仲裁员、当事人提供各种服务工作，包括提供场地、会议服务、存放和保管资料等，但须另行收费。HKIAC的做法凸显了仲裁机构的辅助地位和服务性质，既保证了临时仲裁的独立性和公正性，又为临时仲裁的开展提供了充分的外部协助。最后，在自贸港构建临时仲裁制度同样离不开包括法院和仲裁机构在内的第三方监督。但为最大限度地保留临时仲裁的灵活性并尊重当事人对临时仲裁的主导权，第三方监督应是在确有必要和自我限制的前提下展开。[2]一方面，临时仲裁裁决要获得与机构仲裁裁决同等的执行力，必然要接受法院的司法审查，但为避免司法的过度介入，应将审查事项限定在程序性事项范围内。此外，在临时仲裁程序确已无法进行的情况下，在充分尊重当事人意愿的基础上，有必要建立起临时仲裁与诉讼的衔接机制，为当事人提供全面的救济。另一方面，为保障临时仲裁程序的正常进行，确保仲裁庭作出公正的裁决，仲裁机构应当对仲裁员的资质条件和履职情况进行监督，但同样应以不干预仲裁庭的独立性和当事人的自主权为限。

---

[1] 参见《香港仲裁条例》（香港法律第609章）第13条。
[2] 陈磊：“中国自贸区临时仲裁制度的合法化进程与规则探索——基于《横琴自由贸易试验区临时仲裁规则》条文内容的考察”，载《中国国际私法与比较法年刊》2019年第2期。

第五章

自由贸易港调解制度的发展维度

调解是最具中国传统文化底蕴,最强调矛盾纠纷的和谐化解和纠纷当事人后续关系友好发展的解纷模式,基于此种特质,它也是与其他解纷方式配合程度最高的。本章将以自贸港调解制度改革的主要发力点入手,论述自贸港调解制度的良性发展离不开立法的引领和推进,调解制度体系结构的自身优化及调解的职业化和专业化发展。就政策主导型调解而言,聚焦专业发展背景下自贸港人民调解制度的转型升级,调审适度分离背景下自贸港法院特邀调解制度的完善发展及知识产权保护强化下自贸港行政调解制度的规范三个方面为自贸港政策主导型调解制度的发展描绘蓝图;就市场推进型调解而言,则聚焦于自贸港商事调解制度的完善路径,从商事调解制度的发展现状入手,分析商事调解在自贸港乃至全国范围内的发展"瓶颈",进而研判自贸港要打造国际商事调解新高地,需在国际化背景下推进商事调解立法进程、规则构建、加强机构竞争力并提升人员素养,并建立与国际接轨的商事调解协议执行机制。

第一节 自贸港调解制度改革的主要发力点

调解与诉讼、仲裁等对抗式纠纷解决方式不同,是一种更为强调矛盾纠纷和谐化解以及当事人间关系良性发展的非对抗式纠纷解决方式。鉴于调解可灵活穿插于各种解纷方式的各个环节步骤,故而在自贸港多元化纠纷解决机制建构中占据着重要地位。然而,受制于传统的调解理念和调解结果缺乏强制执行力等因素,我国调解制度的现代化进程较为缓慢。自贸港作为我国制度创新的重要培育地,需牢牢把握调解制度现代化的发展方向,系统性打造专业化、社会化、市场化的现代调解体系,助力我国调解制度成功转型升级。

一、强化自贸港调解制度的立法引领

《法治中国建设规划（2020-2025年）》明确提出："坚持立法和改革相衔接相促进，做到重大改革于法有据，充分发挥立法的引领和推动作用。"自贸港调解制度的高质量发展离不开立法的引领和推动。然则，在我国目前在调解领域缺乏综合性立法，仅针对人民调解领域作出了相对系统性立法，缺乏对其他调解模式立法的现状下，明确自贸港调解立法的理论支撑，进而厘定自贸港调解立法的具体路径，是夯实自贸港调解立法基础的当务之急。

（一）调解立法滞后于实践发展的现状

调解是一种植根于中国传统文化的纠纷解决方式，历史悠久，往往作为社会矛盾纠纷化解的第一道防线。伴随着当事人解纷需求的日趋多元，我国调解制度也逐渐发展出了商事调解、行业调解、仲裁调解等新型调解方式。但是相对于多元化调解实践而言，调解领域的立法仍相对滞后，关于调解员的素质要求、调解程序的规范标准、新型调解方式的法律定位等缺乏必要规制，制约着多元调解方式的长远发展，也成了阻碍我国现代调解理论与实践发展的"瓶颈"。具言之，在实体权利规定上，《民法典》《民事诉讼法》仅简单提及当事人享有调解的权利，未细致规范当事人在调解过程中享有何种权利；在调解程序规范上，我国于2010年颁布的《人民调解法》的调整范围仅限于人民调解委员会解决的民间纠纷，这一规定的内涵和外延显然无法涵盖实践中已广泛存在的商事调解、行业调解、仲裁调解等。而且，目前有趋势试图以一元化的人民调解统合各类调解方式，把各种民间调解方式皆纳入人民调解组织的调整框架、成为其分支，导致人民调解概念泛化，在一定程度上抹杀多元调解的特色。受制于《人民调解法》的框架限定，其他调解方式难以形成规范的调解组织认证体系、调解员资格认证标准等，也无法发挥不同类型调解方式的多样化优势，严重制约了调解职业化、专业化和现代化发展进程。因此，有必要突破《人民调解法》的制约，推进综合性调解立法，为多元调解形式的协调发展提供法律依据。因此，自贸港在利用各种调解方式化解矛盾纠纷时，须有法可依，适时推进调解法治化发展，建立健全科学规范的调解规则，为我国建构系统化的调解法律体系培育立法经验。

(二) 自贸港调解立法的理论支撑

坚持中国特色社会主义法治道路，是我国全面依法治国的正确政治方向，在自贸港法治建设进程中我们仍应坚定道路自信、理论自信、制度自信和文化自信，立足于我国国情基础，并以更加辩证的态度看待国外立法，建构具有中国特色的自贸港法治体系。在推进现代调解制度完善的过程中，自贸港亦应坚持"自主型法治进路"，立足于本土理论的先进成果以及现代调解新理念，为调解立法寻找理论支撑。

第一，社会主义核心价值观是当代中国精神的集中体现，凝结着我国人民共同的价值追求。将社会主义核心价值观融入法治建设，是坚持依法治国和以德治国相结合的必然要求，有利于把内在的道德追求与外在的社会规范有机统合。调解本就是十分契合社会主义核心价值观的一种纠纷化解方式，它强调在不激化矛盾的前提下和谐化解纠纷，为当事各方后期关系融洽发展作好铺垫。自贸港在进行调解综合性立法时亦应注重社会主义核心价值观的融入，增强法治的道德底蕴。例如，在立法中规定调解员要贯彻以人为本的理念，体现当事人主体地位，以矛盾纠纷的切实、有效、和谐化解为调解的最终目标，真正实现案结事了，从而恢复社会秩序。

第二，创新、协调、绿色、开放和共享的新发展理念亦是自贸港构建现代调解体系所需的理念基础。例如，为充分发挥各调解方式的优势，自贸港调解立法应秉持协调、开放的发展理念，保持调解体系的开放性，鼓励新型调解方式的建立和探索，培育开放、共享的调解市场。再如，推进我国调解制度的转型和升级，不是全盘推翻已有调解体系，而是秉持绿色、创新的发展理念，在现有调解方式的基础上结合社会发展需要和技术迭代更新不断推陈出新、革故鼎新，创新调解方式，完善调解体系。

第三，为实现自贸港调解立法的与时俱进，应以现代调解理念为立法指引。一是要树立当事人间的利益共同体观念。现代调解的价值观念与市场经济交易所追求的效益性相契合，即努力挖掘纠纷当事人的共同利益，以实现用最小代价化解纠纷的目的，实现纠纷各方双赢的局面；二是秉持综合性调解思维化解纠纷，树立未来利益观。现代调解不仅注重对当事人眼前纠纷的解决，更需兼顾纠纷以外间接的、长远的利益实现，使纠纷消弭于双方互利共赢的长期合作之中，以追求当事人利益的最大化。因此，调解员化解纠纷应综合考量当事人之间的权利义务关系、贸易往来、商事惯例等因素，在多维度视域下引导纠纷当事人达成新的合作方案。[1]

(三) 完善自贸港调解立法的具体路径

立足于我国多元纠纷解决机制建设的实际情况,我国现有自贸试验区和自贸港尚未对调解制度单独立法,而是倾向于在宏观层面通过多元化纠纷解决条例来统一规范各纠纷解决机制,例如《上海市促进多元化解矛盾纠纷条例》《厦门经济特区多元化纠纷解决机制促进条例》《福建省多元化解纠纷条例》等,在其中涵括调解机构的建立、各调解方式的法律地位、调解员的素质、当事人的调解权利以及与其他纠纷解决方式间衔接等实体和程序方面的内容,为调解机制的发展提供法律支撑。在微观层面,各自贸试验区也会根据发展需要和案件体量来制定某些特定领域的调解规则,例如广东省出台的《广东自贸区跨境商事纠纷调解规则》借鉴了香港特别行政区、澳门特别行政区的商事调解惯例,为推动多元化解决涉粤港澳三地跨境商事纠纷提供规范遵循。在借鉴自贸试验区调解立法实践经验的基础上,自贸港可以出台一部涵盖调解制度相关内容的多元化解纠纷条例,再结合当地解纷实践的发展,就调解制度的规范化进行专门立法,保障自贸港现代调解制度的发展在法治化和规范化的轨道上进行。事实上,海南省人民代表大会常务委员会已在2020年出台《海南省多元化解纠纷条例》,从相对宏观和概括的角度对海南自贸港的各种纠纷化解方式作出规范,其中也包括调解领域,特别强调调解作为一种可以和各解纷方式在各环节相互结合的特别纠纷化解方式,应强化其与其他解纷方式共同发生解纷作用的复合解纷模式。此外,在自贸港调解制度专门立法方面,还需着力从以下几方面建构自贸港现代调解机制:其一,强化人民调解、行政调解、法院调解等传统调解的专业性发展。一方面,自贸港可以通过调解理念更新、调解能力提升和调解制度细化等方面从传统调解自身内力方面予以强化和提高;另一方面,自贸港还可通过政府购买调解服务,鼓励公权力机关引入专门调解组织或专业调解人员等外力来调处纠纷,增强当事人对调解程序和调解结果的满意度。其二,自贸港建构现代调解机制时,要积极引导商事调解、行业调解等现代调解范式的法律地位,或是鼓励行业协会、商会等社会团体设立专门性调解组织,或是引入知名调解机构来解决涉及行业性、专业性的民商事纠纷,有效吸引当事人到自贸港来投资

---

[1] 廖永安等:《中国调解的理念创新与机制重塑》,中国人民大学出版社2019年版。

立业、解决纠纷。其三，完善调解与其他纠纷解决方式的对接程序，加强诉讼、仲裁等解纷方式与各类型调解在程序安排、效力确认、生效法律文书执行等方面的对接，为实质性化解纠纷提供司法保障。其四，为提高自贸港调解员的整体素质和专业水准，完善调解员专业培训机制并设置相应考核机制亦是自贸港调解立法中不可或缺的重要内容，调解人才的坚实供给能为调解机构源源不断地输送高质量调解员，推动调解的职业化、专业化发展。

二、优化自贸港调解制度的体系结构

调解作为一种古老的纠纷化解方式，发端于我国并享有东方经验的美称。在世界兴起"接近正义"运动的浪潮中，调解作为非诉讼纠纷化解的重要方式受到了各国的广泛关注和普遍适用，逐渐形成了以市场引导型为主的现代调解体系。然而，作为调解发源地，我国的调解制度倾向于以政策主导型为主，以社会市场型为辅的发展态势，人民调解、行政调解和司法调解等公权力推动下的政策主导型调解模式居于主流地位。自贸港建设着眼于市场经济的高度放开和制度创新活力的不断迸发，在纠纷化解方面主要聚焦于贸易、投资等商事领域，故而亟须实现商事调解、行业调解等社会型调解模式的规范化发展。因此，自贸港在调解制度的完善发展过程中，需要及时更新现代调解理念，一方面重塑政策主导型的调解模式，另一方面全力支持市场推动型调解方式的繁荣发展。

（一）推动自贸港政策主导型调解的转型升级

在调解机制建设中，受到我国传统调解理念的影响，以往的调解制度建设主要聚焦于人民调解、行政调解和司法调解这三类调解模式，从"三位一体大调解""三调联动"再到"诉调对接"等规范，逐渐架构形成具有我国特色的政策主导型调解制度。此种模式主要依托于公权力自上而下地推进调解工作，调解日渐成为公权力机关借以化解社会矛盾、维护社会稳定的利器，带有较为浓厚的行政色彩。[1]具体表现为调解者在调解时倾向于积极介入当事人间的纠纷，主动收集证据、资料来查证案件事实，依据情、理、法给出直接的解决方案，并劝说当事人接受调解结果，从而达到快速平息矛盾和纠纷的目的。随着市场经济的高速发展，当事人主体和权利意识不断增强，政

---

〔1〕 廖永安等：《中国调解的理念创新与机制重塑》，中国人民大学出版社2019年版。

策主导型调解制度所依赖的公权力在其自身可接受性和正当性上遭遇了一定考验。自贸港在构建现代调解体系时，不能全盘否定人民调解、行政调解和司法调解的作用和效力，但应将现代调解理念有机融入，淡化行政色彩，使其实现转型升级并焕发活力。在进行调解时，调解员不应过多强调其公权属性，较为强势地推进协议达成，而需广泛运用现代调解思维，采用引导式、促进式和评估式调解方式，在充分尊重当事人解纷需求的基础上，促成当事人达成协商合意。

具体而言：其一，要确保调解员的中立性。为有效赢得当事人信任，顺利推进调解程序进行，调解员在初次接触当事人时需简要介绍自身（如资历、背景等）信息，强化其专业性和中立性，给当事人留下良好印象；在调解过程中调解员也应始终保持不偏不倚的态度，组织双方轮流发表意见并耐心倾听彼此的利益诉求，理清纠纷的争议焦点；从当事人的立场中挖掘出背后利益，重点关注其真实的利益需求，促使双方在利益分配上达成新的共识，引导调解方案的最终达成。其二，人民调解、行政调解及司法调解中存在调解员给出调解方案后，以权威威慑当事人接受的现象。这一过程忽视了当事人的主体地位和所拥有的调解权利，进而导致调解协议自动履行率不高、矛盾复发等隐患，容易损坏调解程序的权威性和公正性。因此，自贸港在调解机制完善过程中，要严格贯彻当事人自愿原则，保证调解程序从启动到调解协议达成均由当事人自行决定，确保调解方案真实地反映各方当事人的利益诉求，切实做到案结事了；在调解过程中要始终尊重当事人的调解权利，在不违反法律规定的前提下允许当事人自行处分部分权益，最大限度地保障在调解程序中当事人主体地位的彰显。

（二）推进自贸港市场推动型调解的繁荣发展

市场推动型调解制度可以充分调动民间力量解决纠纷的积极性，回应当事人多元化纠纷解决需求。调解的社会化和市场化发展趋势已经得到了学界的普遍认同，司法政策也在进行谨慎探索中。依托司法政策，全国多地自贸试验区市场推动型调解工作的发展取得了重要进展。例如，在商事调解领域，海南设立了中国贸促会（中国国际商会）海南调解中心，并上线了全国首个涉外民商事纠纷在线调解平台，已成功调解多例案件；江苏成立了（南京片区）宁港国际商事调解中心，积极探索打通域内调解域外认可的路径等。

有鉴于此，未来自贸港也可以依据司法政策支持市场推动型调解方式的多元开放发展，不断为调解制度注入新鲜血液。一是依托商会、行业协会等民间力量培育具有本土特色的商事调解组织和行业调解组织，因地制宜地制定成熟、适宜的调解规则并聘任具有专业知识的调解员，不断提升自贸港在投资、金融、知识产权等专业领域的纠纷解决能力。二是要汇聚国内外优质调解资源，引进世界知名调解组织和高端人才到自贸港共同打造调解新高地，或是允许其独立开展调解业务，或是与其开展业务合作关系，不断提高自贸港调解服务的国际竞争力。本土调解组织在与国外调解组织良性竞争时，可以获得近距离学习借鉴的机会，倒逼本土组织进一步完善调解机制。三是要将特定类型的纠纷化解工作推向商品服务市场，探索营利性市场推动型调解的实践路径，利用市场优化资源的功能为调解的健康、有序发展提供动力。在遵循优胜劣汰规律的调解市场中，调解组织间、调解员间形成的良性竞争关系将会反推调解组织提供更为优质的调解服务，促使调解员在专业领域持续深耕，进一步促进自贸港调解行业的整体进步。四是政府要逐渐减少对调解的行政干预，积极支持市场推动型调解市场的成长，为其发展提供税收减免、政策优待、政府购买调解服务等有力扶持措施，助力自贸港市场推动型调解市场的繁荣发展。

三、促进自贸港调解职业化、专业化发展

目前我国调解虽已呈现初步职业化发展态势，但调解的职业化群体尚未完全形成，调解员的职业准入标准、培训体系、调解模式适用、保障机制等还处于雏形阶段。自贸港在培育和开放调解市场过程中，本土调解机构和调解员受到调解市场化的影响，在竞争加剧所带来的压力驱使下，需要强化自身竞争力和相对优势，不断促使调解服务的精细化和专业化，同时也对调解的职业化发展进程加速发挥正面影响。

（一）建设自贸港调解员准入和培训体系

在我国调解模式转变的过程中，调解员的角色定位和权威来源也在发生着变化。面对层出不穷的复杂纠纷，部分调解员囿于专业化水平不高、缺乏沟通技巧等问题难以帮助当事人有效化解纠纷，调解的权威性也遭受了质疑。为了化解当事人对调解员的信任危机，重新焕发调解制度生机，自贸港应重视调解员的专业素质提升，不断完善调解的职业准入标准。

第一，要形成完整、规范的职业标准。具体而言：其一，要明确调解员

的准入门槛和资格标准,确立统一的职业准入机制。根据纠纷类型的不同对应聘者进行专门遴选考录、层级选拔等,从而保证调解员专业领域与需要解决的纠纷类型相契合。除必备的法律专业知识外,调解员还需具备社会学、心理学等其他专业知识及一定的沟通技巧,方能顺利引导当事人高效化解纠纷。其二,需设置相应的职业准则和道德规范,促使其形成有效的行业自律。要确保调解员遵循保密原则、中立原则和公正原则,遵守形成于调解经验的职业行为规范,充分尊重当事人的主体地位,积极引导当时化解纠纷,进而保证这一职业的受信任度和可接受性。其三,要形成完整、系统的职业评价体系。即综合调解员道德素养、调解水平、调解质量等因素对调解员进行职级评定以及对应奖惩制度,提高调解员的工作积极性,保证调解员队伍的整体长效发展。

第二,要建构专业化职业培训体系,提升调解员的职业技能和专业能力,以便更好地服务于当事人。在调解制度发展相对成熟的国家,已经形成了相应的系统化人才培养体系来培养合格的调解专业人才。自贸港要推动调解员的职业化发展,还需从专业人才培养的源头开始。一方面,由于不同类型的纠纷调解对调解员有着不同背景的专业要求,除必备的沟通技巧外,调解员需兼具具备法学专业素养及与纠纷类型相契合的专业知识。因此,在对调解员进行职业培训时,自贸港要针对港内调解多发领域开设相应的专业课程,设计对应培训体系,以培养一批契合自贸港发展需要的复合型调解人才。另一方面,还需注重调解员的实操能力训练,自贸港在进行调解员培训时,需加强和法院、仲裁院或调解组织的常态合作,以为专职调解员提供实习、见习机会,助力他们实现理论与实践的有机结合,触及调解一线,掌握实战经验。此外,自贸港的专业调解员除通过专业化职业标准和常态性职业培训选拔任用外,还可参照仲裁员的选任标准,广泛邀请聘任法学、贸易、投资等领域的知名学者、专家作为兼职调解员,提升调解员整体专业素养,助益于自贸港矛盾纠纷的切实化解。

(二) 完善自贸港调解员职业保障机制

调解员的职业保障机制是一项综合性、系统性工程,其内容涵括长效管理制度、薪资制度、人身安全、职业尊荣等在内的职业权益制度,自贸港在完善调解制度、促进调解行业职业化的过程中需切实强化调解员的职业保障以巩固调解队伍的稳定性发展。

第一,为了让调解员拥有良好的职业发展空间,自贸港须制定调解员职业发展的长效管理制度,涵盖准入机制、发展机制、退出机制、淘汰机制等内容,充分彰显调解员在调解工作上的积极性和主动性。在准入机制方面,可以通过开展职业教育和资格认证考试来选拔优质调解员;就发展机制而言,在综合考察调解员专业素养和工作绩效的基础上,进一步选拔出众的调解员,实现精细化、高端化培养;在淘汰机制方面,不能胜任调解工作或者自愿退出调解队伍的,要及时优化调解员队伍,同意其退出;对于偏袒一方当事人、牟取不正当利益或泄露当事人个人隐私、商业秘密的调解员,由其所属调解组织给予批评教育、责令改正;情节严重的,由推选或者聘任单位予以罢免或者解聘。

第二,为了激发调解员的职业活力,自贸港可以从提高调解员的职业待遇和社会地位两方面着手,提升调解员的生活水平和职业荣誉感。一方面,可综合考虑调解员调解纠纷的数量、质量、难易程度、社会影响大小以及调解的规范化程度,科学制定调解员补贴经费或收入发放的标准;另一方面,应不断提高调解机制的专业程度和社会认可度,使其成为与诉讼和仲裁相媲美的不可或缺的纠纷化解方式,相应地在一定程度上提升调解员的社会地位。

第三,调解员需要与形形色色的纠纷当事人打交道,在开展调解工作时身体和心理上承受了异于常人的压力和风险,在构建调解员职业保障机制时亦需注重保障调解员的身心健康,定期安排健康筛查,保持调解员队伍的持续性和稳定性。

(三)强化调解模式与纠纷实态的准确适用

调解员只有不断提高职业素养,在调解过程中展示出高超的专业能力和技巧,方能在调解服务市场上得到广泛认可。因此,针对不同的纠纷类型,调解员在调解过程中所采取的策略和技巧也有所不同。参考国外对调解模式的分类,在结合我国已有调解方式所采策略的基础上,可以把我国的调解模式分为教谕式调解、促进式调解和评估式调解。[1]不同类型的调解模式在纠纷解决过程中各具优势和特色,调解员可以根据个案特点和当事人情况,就他们认为最适合的调解模式向当事人提出建议,或是单独适用某种模式,或是将不同模式结合使用,最终由当事人作出选择。在正式调解开始前,调解

---

[1] 廖永安、覃斌武主编:《调解经典案例评析》,中国人民大学出版社2020年版。

员向当事人详细阐明所选用调解模式的价值理念、具体形式等，有助于大幅提高当事人对调解过程的理解度与满意度，从而达到增进调解可信度与实用性的效果。

第一，就我国传统的教谕式调解而言，它与我国传统和为贵的价值理念相契合，是中国智慧的重要成果。在教谕式调解中，调解员凭借个人权威或所依附的国家权威，综合运用传统道德、社会规范、法律规则等对纠纷当事人进行教育和劝导，旨在消除当事人间的利益冲突，恢复和谐社会秩序。调解员在调解过程中所运用的道德规范是我国社会主义核心价值观的重要体现，因此教谕式调解模式的运用有助于传统美德的弘扬，彰显我国文化自信。[1] 在自贸港调解实践中，调解员可以把教谕式调解模式适用于家事纠纷、邻里纠纷等熟人社会的民事纠纷，有益于恢复和维持当事人间的和谐关系。

第二，受现代调解理念影响，逐渐在我国形成的促进式调解和评估式调解。其一，促进式调解是以纠纷当事人双方的利益诉求为出发点，调解员通过居中斡旋与说和的方式，协助当事人开展顺畅的沟通交流，并从双方的发言意见中充分挖掘利益重叠或交融之处，最终帮助当事人找到一个可以实现共赢的解决方案，真正实现案结事了。促进式调解的本质在于打造双方当事人的利益共同体，故而调解员不能局限于关注当事人当下的纠纷解决，而是需运用各种调解技巧引导纠纷双方在综合考虑各种因素的基础上达成可以长期合作的方案。其二，评估式调解是调解员从法律层面出发对案件进行评估，分析纠纷双方立场的优劣势，告知可能产生的法律结果，促使争议双方重新评估各自立场，由此引导调解协议的最终达成。[2] 评估式调解模式通常要求调解员具备争议领域的专业知识和法律知识，利用自身的法学素养和解纷经验来帮助当事人看清纠纷的法律属性、调解局势优劣，并进而调整预期诉求，大大增加调解成功率。针对较复杂的商事纠纷或者行业纠纷，自贸港调解员可以选择适用促进式调解或评估式调解，或者两者兼用的方法，综合纠纷化解的法律结果预判和长期合作的可能性及利益回馈来帮助当事人达成纠纷化解的真实合意。

---

[1] 邓春梅："调解现代化运动：一种范式转换——以古代调解、法院审判为参照"，载《湘潭大学学报（哲学社会科学版）》2017年第2期，第29~32页。

[2] 廖永安、覃斌武主编：《调解经典案例评析》，中国人民大学出版社2020年版。

第二节 自贸港调解制度完善的路径选择

自贸港调解制度的完善发展需紧扣与自贸港建设发展密切相关的调解模式。首先，传统底蕴深厚、发展相对成熟的人民调解模式要借力自贸港解纷机制的构建重新焕发活力，需以专业化发展为其改革契机，从调解组织的专业性、调解人员的职业化和调解协议的法律效力等方面着力强化、转型升级；其次，在调审适度分离的背景下，法院调解要实现调解与诉讼既基本统合又相对独立，最大化彰显各自解纷优势的目标，则需引进并完善特邀调解制度；最后，为鼓励自贸港各行各业勇于创新，知识产权保护的法律制度应走在前列。透析知识产权行政调解的比较优势和效力困境，并进而提出自贸港知识产权行政调解司法确认的健全举措，方是完善知识产权纠纷化解机制的必要之举。

一、专业化发展背景下自贸港人民调解制度的转型升级

作为我国对外开放的窗口，自贸港在构建现代化调解制度时应坚持走"自主型发展进路"，为国际社会贡献具有中国特色的纠纷解决方案。要想培育具有中国特色的纠纷解决机制，就要从传统中汲取养分。作为我国的本土性法律制度，人民调解不仅具有深厚的历史传统和文化基础，而且其所蕴含的"无讼""和为贵"等观念与现代社会所提倡的人本、和谐、民主、效益等多元价值理念深度契合。为此，自贸港在进行调解制度改革完善时，应对人民调解进行与时代相适应的改造和升级，在延续人民调解旺盛生命力的同时，推进中国法学话语体系的构建。

（一）培育专业性人民调解组织

以往人民调解面对的纠纷主体以个人为主，纠纷类型主要表现为婚姻家庭、相邻关系、房屋宅基地等领域的熟人纠纷，工作开展也往往依靠调解员的个人威望或权力加持的基层权威，因此人民调解组织多以"老娘舅""和事佬"等形象出现。随着时代变迁、社会转型及经济的高质量发展，在投资、贸易、金融、房地产等领域，复杂性、专业性、行业性纠纷层出不穷。面对这些纠纷类型的日趋多元，人民调解专业化不足的问题凸显出来，其解纷功能也一度呈弱化趋势。但这并不意味着人民调解制度会因与现代社会不相容

而走向式微。相反，人民调解制度伴随着多元纠纷化解的需求，在不断转型和革新后，重新焕发着吸引力和竞争力。

党的十八届四中全会决定强调要"加强行业性、专业性人民调解组织建设"，为人民调解组织的未来发展确定方向。在国家层面，《司法部关于进一步加强行业性、专业性人民调解工作的意见》以及《中央政法委、最高人民法院、司法部、民政部、财政部、人力资源和社会保障部关于加强人民调解员队伍建设的意见》，统筹全国范围内人民调解工作的行业性、专业性发展。在地方层面，各地就提高人民调解组织的专业化程度开展了广泛实践。上海市浦东新区司法局搭建的我国首家专业解纷平台——浦东新区专业人民调解中心（后转型为东方调解中心）——从学历提升、注重专业背景、强调专职等三个方面对实现人民调解组织的专业化建设进行了积极探索，并建立起了一批平均年龄为38.5岁的中国最年轻专业调解队伍;[1]湖南省司法厅提出应成立知识产权等行业性、专业性人民调解委员会，积极培育与自贸试验区纠纷解决需求相适应的人民调解员队伍;[2]深圳则兴起了人民调解的"福田模式"，其主要特色就是通过政府购买调解服务的形式，由中标律师事务所派遣与纠纷相匹配的专业人员担任调解员，有效提高人民调解组织化解矛盾的专业程度。

有鉴于此，未来自贸港在建设专业化人民调解组织时，既可从培育自身调解员队伍入手，例如聘任具有各领域专业知识的人士担任人民调解员或社区法律顾问，也可采取政府购买服务的形式，由行业组织、知名高校或专门调解组织派遣专业人员到人民调解委员会来解决个案纠纷。这种做法不仅可以有效弥补现有调解队伍在知识结构等方面的不足，为人民调解工作注入新鲜血液，还可以使人民调解顺应调解服务的市场化、契约化和专业化趋势，充分释放其活力。此外，自贸港还可借鉴深圳"福田模式"以平衡政府机构与人民调解组织间的关系，通过协议事先明晰双方的权利义务，构筑政府对调解组织的契约式管理模式。在契约模式中，政府有权督促和指导人民调解组织依照协议内容履行职责，同时又能避免政府对调解工作的过度干预，保障调解员开展工作的独立性和自治性。

---

[1] 张西恒:"人民调解专业化问题探讨"，载《理论探索》2019年第4期，第123~128页。
[2] "紧跟大局! 省司法厅出台十大举措为自贸区建设提供优质高效的公共法律服务"，载湖南司法行政网: https://sft.hunan.gov.cn/sft/xxgk_71079/gzdt/xtyw/202101/t20210126_14282924.html，最后访问时间:2022年5月15日。

（二）强化调解员的职业化水平

21世纪以来，西方现代调解开始呈现职业化发展趋势，欧美各国试行调解员职业认证制度，跨国、跨地区的调解培训、调解经验交流日益频繁，调解员的职业化建设已成大势所趋。然而，我国人民调解的职业化建设仍处在初步阶段：一方面，人民调解尚未形成包括选任、培训、考核、监督、退出机制等核心内容在内的职业发展管理机制。就立法规定而言，我国《人民调解法》仅有关于选任、培训、监督的概括性规定，没有提及考核机制、退出机制等内容。[1] 囿于立法指引具有模糊性，加上推进调解职业化发展意识的匮乏，各地司法行政机关在实践中亦难以真正形成系统化的职业发展管理机制。具言之，在培训机制上，各地司法行政机关在规划调解员业务培训时把重点放在了调解经验、调解方法以及调解技巧的传授上，没有系统化设置和配套提高调解员职业素养、专业素养的课程。在考核机制上，一般由司法局对人民调解委员会进行考核。这种考核主要以调解委员会为单位展开，且一般不涉及针对人民调解员个人的专业考核，考核结果的好坏与调解员的个人待遇也没有直接关系，也就难以对调解员产生相应的激励机制。

另一方面，受制于人民调解经费保障的不足，专业化的专职人民调解员群体难以形成。《人民调解法》明确人民调解的目标不仅在于解决纠纷，还要通过解决纠纷来维护社会秩序。正是因为担负着维护社会稳定的公共目的，《人民调解法》第4条和第6条规定，人民调解不向社会公众收取任何费用，是一项公益性的纠纷解决方式。免费提供法律服务是人民调解吸引当事人的独特优势，但也会造成人民调解资金来源上的障碍。目前，人民调解发展所需经费依托地方财政支出，在一定程度上而言，经费的捉襟见肘阻碍了其发展。鉴于人民调解员从调解组织所得收入往往是以调解补贴的形式发放，而非专职调解费用，补贴金额往往难以维系生活，人民调解组织中的调解员大多属于兼职性质，与调解组织间形成了相对松散的关系。故而，难以培育或聘任一批专业水准高且具备职业稳定性的人民调解员队伍。

而自贸港的多元化纠纷解决机制建设恰恰对调解员队伍提出了更高要求，调解员需兼具与所涉纠纷领域相关的专业知识、法律知识及丰富的调解经验。因此，为吸引专业人士加入人民调解的队伍，自贸港需采取相应措施保障人

---

[1] 参见《人民调解法》第11条、第14条第2款。

民调解的职业化发展，建立健全涵盖选任、培训、考核、监督、退出机制、奖惩机制等核心内容的职业发展管理机制。例如，适当提高准入门槛，选任具有法律背景、专业知识的人员担任人民调解员；对人民调解员进行专业培训，不断扩充其知识储备，提高调解服务的能力；设置专门针对人民调解员的考核和奖惩机制，激发调解员总结、提炼调解经验的内生动力等。此外，自贸港政府还应加大对人民调解组织的资金投入，改善人民调解员的待遇保障，提高人民调解员的社会地位和职业认同感，这不仅有利于增强调解员队伍的稳定性，还能有效激发调解员工作的活力。

（三）确认人民调解协议的法律效力

人民调解协议是人民调解组织就个案调解达至的最终结果，据现行法律规定，该协议在法律层面仅具备普通民事合同的效力，不能直接作为人民法院强制执行的依据，一定程度上限制了调解解纷的竞争力。虽然根据《人民调解法》和《民事诉讼法》的相关规定，由双方当事人共同向法院提出申请后，法院经审查后可以循司法确认程序赋予调解协议强制执行效力，但这种司法确认程序在一定程度上增加了双方当事人解决纠纷的成本和负担，也有一定的启动门槛，会在某种意义上挫伤当事人选择人民调解化解纠纷的积极性和自治性，不利于人民调解的长远发展。有鉴于此，有学者提出了对调解协议实行司法审查的解决方案，即经双方当事人自愿达成的调解协议自动获得强制执行力，若当事人一方或双方对其合法性有异议，可以向法院申请司法审查，由法院审查调解过程及其协议是否合法，在确认其合法性后应赋予调解协议强制执行力。[1]这种对调解协议进行司法审查的做法类似于对仲裁裁决的司法监督制度，能在充分发挥调解自治性优势的同时，为可能存在错误的调解提供司法监督机制。目前而言，在人民调解组织发展参差不齐、调解员专业素养有待进一步提升的背景下，大规模地在全国范围内推开人民调解协议具备强制执行效力的改革时机还未到来，但值自贸港多元化纠纷解决机制的建构和发展之际，先行在自贸港创新性地确认人民调解协议强制执行的法律效力，将对人民调解机制的全方位发展大有助益。自贸港可以从确认人民调解协议的强制执行效力和司法审查机制着手，赋予调解协议更强的法律效力，为打造调解新高地创造更加有利的环境和条件。

---

[1] 赵旭东：《纠纷与纠纷解决原论——从成因到理念的深度分析》，北京大学出版社2009年版。

二、调审适度分离下自贸港法院特邀调解制度的完善

法院一直在多元化解纠纷机制建构中处于核心和基础地位,为向当事人提供多元化解纠纷服务,法院往往集调解、诉讼功能于一身。然则,调解和诉讼本是一对特性各异的纠纷化解模式,强加融合反而不利于纠纷的切实化解。故而,"调审适度分离"方为法院解纷的改革方向。自贸港法院要探索调审适度分离背景下纠纷化解模式的优化发展,适度引入特邀调解制度,将调解工作适当分离于审判工作去独立运行,有利于发挥法院主导模式下调解和诉讼两种解纷方式的最大张力。

(一)坚持"调审适度分离"的改革方向

法院调解在民事审判中的地位大致经历了以下几个阶段的变迁:第一阶段是"调解为主";第二阶段是"着重调解";第三阶段是"自愿、合法调解";第四阶段是"能调则调,当判则判,调判结合";第五阶段是"调解优先,调判结合";第六阶段是"合法自愿调解"。[1] 由此可见,长期以来,司法机关在审判工作中遵循"调解优先"及"调判结合"的指导思想,曾经一度赋予调解与判决相当甚至是优先的地位,也取得了一定的成效。例如,法院调解撤诉率的提高,当事人服判息诉率的上升以及再审案件的减少等。但是,也应看到法院在"调解优先"理念的指导下开展工作所带来的一些负面影响:在司法实践中存在法官为了追求调解率考核指标而采取"以判压调"的强制性调解措施,这会弱化对当事人民事权利的保护;或是法官为片面追求零判决效果,有违当事人自愿原则强制采取调解解决纠纷,导致案件调解结束后当事人之间的纠纷仍然无法切实了结。

事实上,调解和审判是本质上相异的两种纠纷化解模式。其一,二者性质迥异。调解是一种合意型纠纷解决方式,争议各方均通过对其民事权利的处分,最终达至双方一致认可的调解协议;而审判则是一种对抗型纠纷解决机制,目的在于查明真相,并依据法律作出含有权利义务分配的判决。其二,二者在程序原理上存在差异。法院判决必须基于当事人提出的诉讼请求,不能超出这个范围;而调解可以在实现案结事了的目的框架下,不拘泥于当事人的个案请求,致力于实现当事人长远利益的获取或长期合作的目标。其三,

---

[1] 廖永安等:《中国调解的理念创新与机制重塑》,中国人民大学出版社2019年版。

审判承载着正确适用法律，宣告法律规则以及维护法律秩序的功能；而调解旨在高效、和谐地化解矛盾纠纷，为了这一目的的实现，调解员在调解过程中可灵活运用除法律以外的其他社会规则。[1]

虽然调解和诉讼就本质和属性而言存在一定差异，但是绝对地强调调审分离，取消法院调解，单独开展调解程序，势必会造成一定程度的司法资源浪费，有损司法权威，与我国司法实践的发展需求和司法改革方向不符。因此，自贸港在完善法院调解制度方面，应坚持从我国司法实际出发，在民事审判中坚持调解与审判适度分离的原则，既保证调解和审判有相对独立的空间，也保持二者间的联系，让审判和调解按照各自的特点和方式运行，最大限度地发挥法院化解纠纷的作用。让案件的调解和裁判在人员和程序上适度分离，一方面有助于当事人在调解阶段无后顾之忧地处分自身权利以最大限度地达成调解协议；另一方面也能保证在调解协议达成不了时，后续的审判法官对案件情况无先入为主的主观判断。此外，亦能避免在审判法官身上施加过多的调解率要求，保证调解和审判既相互独立又充分联系，有助于该两种解纷方式在自贸港法院的整合下就纠纷化解目的的真正实现相互成就而非相互削减。

(二) 自贸港适用特邀调解制度的优势分析

特邀调解制度是调审适度分离理论结合我国司法实践的产物。《最高人民法院关于人民特邀调解的规定》（以下简称《特邀调解规定》）以司法解释的形式对人民特邀调解进行了制度性规范。依据《特邀调解规定》第1条，法院设置特邀调解的目的在于引进社会力量主持纠纷调解程序，其实质上涵盖了委派型和委托型两种调解模式：一是在立案登记前，对于尚未进入诉讼程序的纠纷，由法院征求双方当事人同意后委派给特邀调解主体先行调解；二是对于立案后处于诉讼阶段的纠纷，双方当事人同意调解的，亦可由特邀调解主体进行调解。[2]

在调审适度分离的背景下，自贸港法院充分采特邀调解制度以期将调解和诉讼有机融合，主要具有以下几方面的优势：

第一，特邀调解制度实现了调解人员和审判人员的身份分离，避免了传

---

[1] 李浩："调解归调解，审判归审判：民事审判中的调审分离"，载《中国法学》2013年第3期，第5~18页。

[2] 参见《特邀调解规定》第1条。

统诉讼调解中法官具备双重身份使审判阴影笼罩调解程序的可能性，淡化了调解中的司法行政化色彩，有益于纠纷尽可能通过调解在源头上得以解决。[1]同时，由法院委派或委托的调解组织或个人主持调解程序时，其身份唯一且职责明确，无需顾及法院的调解撤诉率等评价指标，纯粹以促成双方当事人达成合意为宗旨，实现纠纷各方调解意愿的最大彰显，这与自贸港多元解纷机制构建的最终目的不谋而合。

第二，特邀调解充分考虑到公民对司法的信赖，以自贸港法院作为该制度的管理主体，能够有效增强诉外力量的权威性。自贸港法院在特邀调解中主要承担程序管理者和保障者的角色。它需要负责筛选符合条件的调解组织或个人，编入特邀调解名册，指导和管理调解程序的顺利运行，并对经特邀调解达成的调解协议进行审查，或是予以司法确认或是直接制作调解书，赋予其强制执行力；对于未达成调解协议的案件，自贸港法院则需启动审判程序审理，有效衔接审判和调解程序。

第三，特邀调解制度可以有效整合社会资源，助力自贸港调解制度向着专业化、职业化发展。具言之，法院应保持特邀调解组织名册的开放性，将各类调解组织或个人纳入名册，将他们吸引进法院的特邀调解工作。在这个过程中，调解组织不仅可以增加案源，丰富调解实践经验，扩大知名度，还可以通过司法确认赋予调解协议强制执行力等形式，在整体上增强调解组织的权威性和知名度。同时，特邀调解员在入册后以及任职期间，法院需对其进行专门的业务培训，提高调解组织的人员素质，从而为自贸港调解职业化发展提供人才支撑和保障。

（三）自贸港完善特邀调解制度的具体路径

目前，各地法院根据地方发展的需要，在构建特邀调解制度方面已颇有成效。例如，广东自贸试验区为进一步增强特邀调解组织名册的开放性和多元性，南沙自贸区法院、深圳前海合作区法院和珠海横琴新区法院联合签署了《关于中国香港籍、中国澳门籍共享特邀调解员的工作规程（试行）》《关于中国香港籍、中国澳门籍特邀调解员资源共享和调解互认工作协议》，对三家法院各自聘任的港澳籍特邀调解员进行资源汇总，建立共享名册，进

---

[1] 张振新：〝繁简分流机制中的特邀调解问题研究〞，载《昆明学院学报》2019年第1期，第67~71页。

一步扩大当事人对特邀调解员的选择范围。深圳市福田区人民法院于 2020 年制定的《深圳市福田区人民法院特邀调解工作规程（试行）》细化了特邀调解工作的具体流程，让法院管理工作的开展有章可循。北京市法院依托北京多元调解发展促进会，整合多家行业性专业性调解组织，不断探索特邀调解组织的专业管理模式。

有鉴于此，自贸港需在总结各地实践的基础上，不断健全和完善特邀调解制度。

第一，依托《特邀调解规定》因地制宜地出台相关细化规则，进一步明确法院职责。法院在特邀调解中是以组织者的身份发挥作用。其主要职责包括：建立特邀调解组织登记名册，认定其他类型调解组织和个人的合法性，提供调解程序的指示性政策以及场所等。此外，在调解过程中，法院应尽量减少司法参与，不对调解活动进行实质干涉，保障调解的灵活自治。但是，鉴于法院需要统筹调解在法治的轨道上进行，确保调解活动的合法性和自愿性，其适度参与到调解程序中是必要的。一方面，法官若发现调解不符合法律规定甚至存在损害社会公益和第三人合法权益的情形，应及时进行干预，根据具体情况或是中断调解进程或是出具法律意见书予以纠正。另一方面，在调解组织提出请求或存在调解困难时，法官可以提供司法辅助。例如，调解组织对法律关系的理解或法律适用存疑或不明晰的，法官可以制作法律意见书为调解员提供法律指引，避免调解活动偏离法律的基本要求。[1]

第二，《特邀调解规定》仅明确了对特邀调解员提供误工、交通等补贴和奖励，本质上还是延续了人民调解的免费原则。尽管调解免费一直是吸引当事人的一大优势，但免费所带来的弊端亦显而易见，除造成地方财政紧张外，还将阻碍调解服务市场的规模化形成及调解员从市场运作中获取自我经营成本，最终导致调解的职业化发展受限。因此，自贸港应鼓励法院积极探索有偿调解模式，允许调解员通过提供专业化调解服务合理收取费用，形成调解市场化运作模式。这样既能减轻政府财政负担，也能激励调解员提升业务水平，不断增强其在调解市场的竞争力。同时，自贸港法院应对特邀调解名册中的调解人员准入机制、资质认证的具体标准、退出机制以及管理机制等内容进行统一规范和具体部署，促成调解的职业化和规范化发展，增强自贸港

---

[1] 洪冬英：《当代中国调解制度变迁研究》，上海人民出版社 2011 年版。

调解制度的国际竞争力。

三、知识产权保护强化下自贸港行政调解制度的规范

自贸港在对外开放进程中因自身的虹吸效应，势必会引发技术、资本、人才等创新要素的集聚，不断驱动新兴产业和高端技术发展，涌现的知识产权纠纷亦比其他地方更加复杂多样，包括但不限于跨境电子商务中的知识产权、生物医药、信息技术等新兴技术领域。习近平总书记在2018年博鳌亚洲论坛年会上指出，加强知识产权保护是完善产权保护制度最重要的内容。因此，自贸港须最大限度地完善知识产权领域的纠纷化解机制，以应对日益复杂的知识产权侵权纠纷，营造高水平、高标准的知识产权保护环境，为自贸港培育创新生态体系提供法治支撑和保障。

（一）知识产权行政调解的比较优势

我国在《著作权法》《专利法》《商标法》等主要知识产权单行立法中均明确规定了行政调解的法律地位，即知识产权行政机关可以介入当事人的纠纷处理，利用其所特有的权威和资源优势，促使当事人对知识产权侵权损害赔偿等民事纠纷达成行政调解协议。我国发布的《关于强化知识产权保护的意见》《专利纠纷行政调解指引（试行）》《专利纠纷行政调解办案指南》等政策有效推进了行政调解在知识产权纠纷化解中的运用。

行政调解在知识产权纠纷解决中具有独特优势。具言之：其一，行政机关拥有一定的自由裁量权和调查权，能妥善展开查明事实、技术认证和适用法律等专业活动，在解决纠纷上兼具能动性、高效性及专业性优势。在法律规则和原则欠缺的情况下，行政机关也能依据其权威性和专业性优势形成相应的对策、规则和治理机制。[1] 相较于其他领域的纠纷，知识产权纠纷对专业技术的依赖更强，技术理解的偏差将严重影响纠纷解决的结果公正性。而知识产权行政管理机关拥有专门团队和专业技术，行政调解能够充分发挥其资源和技术优势，促使纠纷高效、经济地解决。其二，行政调解是建立在当事人间平等协商和意思自治基础之上的，集纠纷解决、行政服务和行政指导等多种功能于一身的纠纷解决机制。行政机关可通过听证程序、对话商谈和

---

〔1〕 范愉："当代世界多元化纠纷解决机制的发展与启示"，载《中国应用法学》2017年第3期，第48~64页。

调解等协调方式，寻求当事人、群体利益或社会公共利益之间的平衡点来保障纠纷的彻底解决，有利于维护纠纷当事人的合作关系及社会秩序。

（二）知识产权行政调解的效力困境

行政调解协议的效力强弱与争议能否得到最终解决有着密切联系。若调解协议对各方当事人都具强制约束力，当事人在压力的驱使下倾向于自觉履行相应义务，实现纠纷矛盾的切实化解。[1]然而，我国《商标法》《著作权法》《专利法》等现行法律以及司法解释均对行政调解协议的法律效力采取回避态度，纠纷当事人无法依据法律规定强制执行行政调解协议的内容。尽管知识产权行政机关在行政调解程序中发挥着积极作用，但是其作为中立第三方，所实施的行为属于政府的事实性行为，与行政机关所代表的公权力意志无关，所以，最终达成的调解协议自然不具有与行政文书相同的强制力。倘若一方当事人拒绝履行或瑕疵履行调解协议内容，则会出现另一方当事人没有合法依据要求其强制履行协议的困境，双方有可能回到纠纷原点。换言之，前期投入了人力、物力、财力的行政调解工作最终产生的是无效率的结果，不仅会造成大量行政资源浪费，还会折损当事人对行政机关的信赖，有损行政机关权威。

有鉴于此，我国出台了《关于建立健全诉讼与非诉讼相衔接的矛盾纠纷解决机制的若干意见》《关于强化知识产权保护的意见》等规定，为强化知识产权行政保护和司法保护的有效衔接提供指引。在实践中，全国各地亦在积极探索行政调解与司法确认相结合的模式，致力于为行政调解的成果提供强有力的法治保障。例如，湖南省于2011年通过的《湖南省专利条例》是我国首部规定行政调解协议司法确认制度的地方性法规，在实现行政调解与司法确认间的衔接方面具有示范意义。此外，为贯彻落实《关于强化知识产权保护的意见》的重要精神，上海先于2020年在司法实践中发布了知识产权行政调解协议案例，后于2021年出台了《关于在本市开展知识产权纠纷行政调解协议司法确认程序试点工作的实施办法》；天津市高级人民法院、天津市知识产权局于2022年联合印发的《关于开展知识产权纠纷行政调解协议司法确认工作的实施办法》等，对知识产权行政调解协议的司法确认程序均予以明确规范，强化了知识产权行政调解协议书的法律效力，畅达了行政调解与司法

---

[1] 王霞、易建勋：“专利行政调解协议的效力及其固化”，载《知识产权》2017年第2期，第81~87页。

确认间的联系通道。

（三）自贸港知识产权行政调解协议司法确认的健全举措

目前，我国主要是通过以下两种方式强化知识产权行政调解的法律效力：一是法院在征得当事人同意的情况下通过司法委托调解，把知识产权诉讼案件委托给行政机关调解，达成调解协议的，当事人可以向法院申请对该协议进行司法确认；二是认定经行政调解达成的协议具有民事合同的法律约束力，双方当事人可以共同向法院申请司法确认。申言之，行政调解协议需要依托诉调衔接机制并经法官司法审查，出具司法确认书方能获得强制执行力。[1]因此在借鉴各地实践经验基础上，自贸港应不断完善诉讼与调解的衔接机制，完善知识产权行政调解的司法确认制度，以弥补行政调解协议效力不足的困境。

首先，自贸港较高层级的法院和知识产权局应联合出台规定，具体规范知识产权行政调解协议司法确认的范围、形式、程序等内容，为当事人达成的行政调解协议获得司法公信力保障提供规则指引。其次，要强化对调解协议确认程序的监督机制，即在存在虚假调解、调解协议内容损害第三人利益或社会公共利益等情形时，应允许案外当事人申请法院撤销行政调解协议的司法效力。最后，地方立法部门应加强理论研究，结合实际情况不断明确和丰富行政调解协议的效力形式，为行政调解协议取得强制执行力提供方向指南。一般而言，经双方当事人合意达成的行政调解协议具有民事合同的效力，当事人可以据此向法院提起违约之诉；为进一步提高知识产权保护的效率，对于案情相对简单且争议不大的案件，允许当事人依据行政调解协议向法院申请具有强制执行力的支付令；当事人也可请求法院对行政调解协议进行司法审查，并出具司法确认书，由此赋予行政调解协议以强制执行力。[2]

第三节 自贸港商事调解制度的完善进路

高度开放的经济和政策环境是自贸港政策据以落地和持续发展的重要前提，故而自贸港多元化解纠纷机制的建构往往尤为关注商事交易纠纷当事人

---

〔1〕 董士忠：“我国知识产权纠纷调解机制的检视与完善”，载《安阳师范学院学报》2021年第3期，第50～57页。

〔2〕 王霞、易建勋：“专利行政调解协议的效力及其固化”，载《知识产权》2017年第2期，第81～87页。

的具体需求。调解凭借自身灵活、高效、和谐、自治等优势特点，日渐受到商事纠纷当事人的青睐和选择。而商事调解作为一种异于传统政策主导型调解的市场推动型调解模式，更加注重在调解过程中回归商事交易的特性本身，且倾向于市场化发展而非行政权主导，其"调解气质"更加契合自贸港的发展需要。加之《新加坡调解公约》的生效为国际和解协议的效力与执行奠定了国际法基础，我国作为该公约的签署国，在国内法及自贸港的解纷机制构建中亦应尽快调整，确保与国际公约在规范和实践中的一致性。

一、商事调解制度的发展现状

商事调解是一种更加尊重商事规律的纠纷化解方式，各方在就争议进行谈判和协商时无须划分明显的对错立场，旨在寻求共同利益，形成新的利益分配方案并维系原有的商业合作关系。商事调解的特性与自贸港发展需要深度契合。商事调解延续了商事主体的自治性、商事行为的保密性和调解方式的便捷性。不论是调解程序的选择，还是权利义务在调解过程中的再分配，均充分尊重商事主体的自主需要，调解员在明晰法律上的权利义务分配以及后续商事合作利益共享的可能性等问题后，由商事主体自身判断决定调解走向，不受其他因素的过多干预。这符合自贸港高度发达的市场经济发展需要，亦符合国际商事贸易纠纷化解的具体需求。因此，商事调解在自贸港具备广泛的发展市场。然则，鉴于我国商事调解制度起步较晚，商事调解作为市场推动型调解机制与以往主流政策主导型调解机制以自上而下的政府力推的发展方式完全不同，需以市场需求为导向和发展方向，强化其市场化运作，并在如火如荼的多元化解纷机制构建中，在自贸港贸易、投资、金融等领域自由化发展中孕育浑厚市场潜力。

（一）确立商事调解制度的政策基础

商事调解的规范化发展对于打造商事调解服务生态圈，不断提升商事调解影响力具有重要的引领作用。最高人民法院从2005年起连续发布的四个"五年改革纲要"都把多元化纠纷解决机制作为司法改革的重要内容，而商事调解作为其中的组成部分，其完善和发展对于多元化纠纷解决机制的建立健全具有显著意义。最高人民法院于2009年颁布的《关于建立健全诉讼与非诉讼相衔接的矛盾纠纷解决机制的若干意见》明确了商事调解作为一种独立调解类型的地位，给商事调解带来了空前的发展机遇。最高人民法院又于2021

年发布《最高人民法院关于进一步健全完善民事诉讼程序繁简分流改革试点法院特邀调解名册制度的通知》，要求各地法院在司法实践中大力培育非诉讼纠纷解决方式以分流诉讼案件，为包括商事调解在内的非诉讼纠纷解决方式提供了有力的司法支持。有鉴于此，全国各地纷纷颁行人民调解条例，在条例中为行业协会设立行业性调解组织以及商会、商事仲裁机构等设立商事调解组织提供了地方法律依据。需要注意的是，虽然初期相关地方性人民调解条例对商事调解的制度地位作出了明确规范，但这并不代表商事调解就属于人民调解的一种类型。2020年颁行的《海南省多元化解纠纷条例》夯实了在海南自贸港建构多元化纠纷解决机制的法律基础，其中亦确认了商事调解组织的法律地位，明确商会、行业协会、民办非企业单位和商事仲裁机构有权依法成立商事调解组织，开展商事调解活动，并对国际商事调解机构及境外商事调解机构的具体发展作出了一定的原则性规定。商事调解作为一种市场化运作、以市场需求为导向的市场推动型调解机制，在港内和港外均获得了良性发展的制度土壤。

（二）商事调解的市场化运作

商事调解的市场化发展是实现商事调解机构自给自足的必经之路，也是保障商事调解自治性的重要途径。商事调解的市场化意味着向当事人收取合理的调解费用，这一举措将打破我国调解免费的传统，助力调解迈进现代化发展征程。目前，我国商事调解机构已在调解收费方面展开实践，方式主要有二：一是依据案件标的金额比例收取。各商事调解机构比照国务院颁布的《诉讼费用交纳办法》，把案件标的金额分成若干等级，不同等级对应不同收费标准。例如，中国贸促会/国际商会调解中心把争议金额划分成11种等级，每种案件争议金额对应收取的案件管理费和调解费有所区别。[1]二是按照所花费的调解时间进行灵活收费。例如，上海经贸商事调解中心规定对于标的额不明确或有争议的案件，调解费依5000元/小时按照调解所花费的时间计算。[2]

商事调解的市场化发展不仅有利于减少地方政府对调解的财政支出，有

---

[1] 中国贸促会/国际商会调解中心："调解费用表"，载中国贸促会/国际商会调解中心网：https://adr.ccpit.org/articles/33，最后访问时间：2022年5月31日。

[2] 上海经贸商事调解中心："上海经贸商事调解中心收费办法（试行）"，载上海经贸商事调解中心网：http://www.scmc.org.cn/page111？article_id=77&menu_id=52，最后访问时间：2022年5月31日。

效改善地方政府的财政紧缺状况，而且能够置商事调解机构于市场竞争中，激励其不断完善自身调解服务、调解规则及配套措施。例如，经来自学界、实务界等五位评审专家的审查和评议，2020年11月18日，由中国贸促会商业行业委员会与中国贸促会调解中心牵头起草的《商事调解服务规范》团体标准正式发布。该标准规定了商事调解服务的基本原则、机构资质标准、流程等细节内容，为各商事调解机构提供完备的专业化调解服务绘制蓝本。此外，调解服务的有偿化也能促使调解机构培育专职调解员，建立系统化、专业化的调解员认证、培训和管理制度，大幅推进我国调解员的职业化发展进程。同时，调解服务的有偿化保障了调解员的收入来源，不仅能使调解员从调解工作中收获自我认同感和满足感，进而激发其工作活力，还能促使调解员产生不断提升专业能力和工作质量，促进调解员实力的良性竞争。

（三）自贸港商事调解发展的市场潜能

商事主体间频繁的贸易往来及伴生的贸易摩擦催生了当事人的调解需求。为应对这种需求，近年来，我国商事调解机构数量持续增长，受案量也不断攀升，从侧面反映了我国商事调解市场的巨大潜能。鉴于数据掌握的有限，笔者难以对近年来商事调解的案件数量作全盘统计，但却可一窥商事调解机构的设立方式、频率、类型等，以侧面窥视商事调解市场存在的巨大蓝海。概括而言，商事调解组织主要有五种举办方式：其一，是依据《民办非企业单位登记管理暂行条例》设置的民办非企业性质的商事调解机构。[1]例如上海经贸商事调解中心就是经上海市商务委、上海市社团局批准正式成立的，于2013年入驻上海自贸试验区法庭的商事调解机构。其二，是依托商事仲裁机构的场地、人才、案源等资源设置的商事调解组织，例如北京仲裁委员会设置的北京仲裁委调解中心、中国国际经济贸易仲裁委员会成立的调解中心、珠海国际仲裁院等机构共同设置的横琴新区国仲民商事调解中心等。其三，是工商联及其所属民间商会设立的商事调解组织。目前工商联系统共有商会调解组织2843家，调解员7940名，并且自2018年至2021年以来调解纠纷9.9万件。[2]其四，是行业协会、商会等设立的专门调处某一专业领域商事

---

[1] 参见《民办非企业单位登记管理暂行条例》第2条。
[2] "全国工商联商会调解工作综述"，载政协头条，https://www.icppcc.cn/newsDetail_1071309，最后访问时间：2022年6月1日。

纠纷的商事调解组织，例如中国房地产业协会成立的"中房协调解中心"，中国建设工程造价管理协会成立的工程造价纠纷调解中心等。其五，是通过与境外专门机构合作联合建立的跨境调解联盟和中外联合商事调解组织，例如由深圳国际仲裁院牵头15家粤港澳大湾区知名商事调解仲裁机构联合成立的粤港澳仲裁调解联盟。[1]

就自贸港而言，随着贸易服务的自由化、便利化，国内外商事主体的进一步增多，国内外经贸往来日趋频繁，市场主体对于商事调解的需求亦将更加迫切。有鉴于此，自贸港需着力强化国际商事调解制度建设，培育具有国际竞争力的商事调解机构，积极为市场主体提供优质的商事调解服务。自《海南自由贸易港建设总体方案》出台至2021年5月底，海南省共新增市场主体37.5万户，同比增长44.33%，[2]因经济贸易、投资活动等产生的商事活动也在不断攀升。为应对日益增长的国内外商事争议解决需求，海南自贸港陆续建立了海南国际仲裁院国际商事调解中心、海口国际商事调解中心、三亚国际商事调解中心等专门性商事调解机构。同时，为增强海南自贸港商事调解机构的影响力，海口国际商事调解中心先后与海南国际仲裁院、海南省海口市中级人民法院分别签署合作框架协议，有力推动了调解与仲裁、诉讼等争议解决方式的衔接与合作。

二、商事调解制度的发展"瓶颈"

随着我国的对外开放工作不断向纵深层面推进，商事调解事业在自贸港兴盛发展的态势不容小觑。然则，我国商事调解制度发展仍存些许制度"瓶颈"，商事调解领域基础法律缺位、调解机构国际竞争力有限、调解员质素未能与国际纠纷化解的复杂性工作有效匹配以及商事调解协议直接执行机制缺失等问题若不能得到有效化解，将成为今后桎梏自贸港商事调解事业发展的关键性难题。

（一）商事调解立法阙如

近年来，我国在商事调解领域的制度建设上作出很大努力，出台了一系

---

[1] 龙飞：《多元化纠纷解决机制促进法研究》，中国人民大学出版社2020年版。
[2] 参见中华人民共和国中央人民政府网：http://www.gov.cn/xinwen/2021-06/03/content_5615123.htm，最后访问时间：2022年5月28日。

列支持性的政策文件,并取得了一定成效。然而,仍需认识到我国在商事调解领域的基础性法律存在立法空白,需要借助《人民调解法》《民事诉讼法》中的调解规定及相关政策文件来规范商事调解的相关内容,在某种程度上掣肘了商事调解的独立发展。一是囿于我国没有在法律层面确立专门性商事调解组织的地位,导致在实践中可以设立商事调解组织的机构相当多元,从行业协会到商会,从商事仲裁机构到民办非企业单位。对这些机构设立的商事调解组织尚未形成统一门槛的制度规范,导致商事调解组织质量良莠不齐的现象时有发生,不仅对法院关于调解协议的效力审查造成困扰,也影响着商事调解的质量和良性发展。二是在我国签署加入《新加坡调解公约》之际,我国调解法律规定的内容与公约存在不相适应的情形,例如我国缺乏商事和解协议直接执行机制、个人调解员、调解员资质及其责任规范、申请调解协议救济的程序等方面的法律规制。国内法应积极构建与公约的衔接机制,调整和完善我国现行民商事调解制度,为我国商事调解的专业化、国际化发展储备能量。[1]

(二) 商事调解机构国际竞争力不足

我国目前已经培育和发展了包括香港调解中心、上海经贸商事调解中心、中国贸促会调解中心等具有跨境商事调解能力的机构,在国际商事调解市场中崭露头角。例如中国贸促会与新加坡调解中心于 2018 年签署了谅解备忘录,以谋求在调解规则制定方面的合作,并成立了一个调解员小组专门解决"一带一路"产生的争议。再如截至 2021 年 2 月,中国贸促会调解中心已与不同国家或地区建立 21 个中外联合调解工作机制,在一定程度上增强了我国商事调解的国际吸引力。然则,相关调查根据国际商事调解机构被申请者选择的数量多少来统计国际知名商事调解机构的受欢迎程度,按照先后顺序分别是新加坡国际调解中心(65%)、国际商会(45%)、英国有效争议解决中心(22%),香港调解中心(18%)。[2]由此可见,即使在我国知名的已占据一定国际地位的商事调解机构,在世界范围内的名声和知名度还有待进一步提升,更遑论自贸港建设伊始,为促进自贸港商事调解事业发展而设立的各

---

〔1〕 葛黄斌:"《新加坡公约》的普惠红利是一把双刃剑",载《法制日报》2019 年 2 月 19 日。
〔2〕 Singapore International Dispute Resolution Academy, SIDRA International Dispute Resolution Survey: 2020 Final Report, p. 55.

式商事调解机构了。故而，相较于国际知名且已经成熟运作的商事调解机构而言，我国顶尖的商事调解机构在国际上的竞争力仍显不足，在商事调解品牌的知名度、商事调解立法、调解员素质等方面还有一定提升空间，那么其他仍处于起步或发展阶段的商事调解机构则存更大进步空间。

(三) 商事调解员质素有待提升

调解员的专业能力和道德素质高低对商事调解机构能否正常运行至关重要，也关乎着其国际商事调解品牌的打造。只有具备优质调解员队伍的调解机构才能在国际社会站稳脚跟，吸引来自国内外的解纷当事人。

概言之，国际商事调解机构的调解员应具备跨境沟通和调解能力，要有足够的国际经贸知识，能够游刃有余地处理国际商事争议中的商业信息并熟知国际谈判的基本文化问题。[1]然而，我国商事调解机构对于调解员的准入门槛较低，所开展的培训侧重于调解规则、程序和行为标准、法律规范等方面，对于专业技术、经济知识等方面更多的是依赖调解员自身的专业基础和后期进修，缺乏统一的培训机制。例如，中国国际贸易促进委员会/中国国际商会调解中心、上海经贸商事调解中心等我国知名商事调解中心在《调解员聘任管理办法》中对于不同行业、不同专业领域人士担任调解员的条件较为笼统和宽松，主要规定需要符合从事经济贸易研究或实务、从事法律工作等条件，而对于跨境经贸知识的掌握、心理学、人际关系学等没有作出要求；其在《调解员培训管理规定》中对调解员的培训计划亦设计得不够精细，没有把学习跨境经贸知识、心理学等专业知识纳入培训内容。商事调解的功能在于促进当事人间的沟通和对话，以达至矛盾纠纷化解目的。自贸港商事争议的复杂性、国际性加剧了这一过程的难度，由此当事人对调解员有着更高期待和更高要求，然而我国商事调解机构普遍面临着能够解决跨境经贸纠纷的调解员人才较为匮乏专业人才储备、能力不强的现状。由此可见，我国当前对调解员的要求及其相应的培训计划难以满足当前国际商事调解市场对调解员的高标准需求，对外国当事人而言难以形成有力的吸引力，在一定程度上局限了我国商事调解的国际化发展。[2]

[1] 张金凤：" 中国国际商事调解市场的国际化：开拓与反哺"，载《商事仲裁与调解》2021年第4期，第108~121页。

[2] 唐琼琼：" 《新加坡调解公约》背景下我国商事调解制度的完善"，载《上海大学学报（社会科学版）》2019年第4期，第121页。

(四) 商事调解协议直接执行机制的缺失

调解协议执行机制是否健全直接制约着纠纷当事人选择何种方式化解纠纷，在一定程度上也限制了国际商事调解制度的发展。为了增强当事人所达成和解协议的司法执行力，《新加坡调解公约》第3条确立了和解协议的直接执行机制，赋予和解协议较之于原先的合同效力而言更强的法律效力，弥补国际商事调解一直以来的短板。当事人选择国际商事调解的信心得以大幅提升，为调解成为与诉讼、仲裁并驾齐驱的国际商事争议解决方式提供了强劲竞争力。虽然我国已签署加入《新加坡调解公约》，但我国有关调解的立法及规范性文件与该公约的规定存在较大差异，也尚未建立与该公约相衔接的国际和解协议执行机制，这势必会阻碍自贸港成为国际商事纠纷解决中心，也会影响我国商事调解制度的国际化发展。具言之，在实践中，商事纠纷当事人只能通过向我国法院申请以调解书、支付令或司法确认程序以及向公证机关申请公证等方式赋予商事调解协议以强制执行力，并且这种强制执行力仅能赋予在中国的法院、仲裁机构或调解组织主持下达成的调解协议，与该公约规范的国际和解协议直接执行机制相去甚远。[1]除此之外，该公约把经由法院批准或是在法院相关程序过程中订立的或者可作为类似于判决或裁决法律效力的和解协议排除在外，也就是说，该公约不适用于以调解书或裁决书形式结案的和解协议。[2]从某种程度上而言，公约体制下更为支持商事调解机构组织下达成的和解协议的执行效力，而并不倾向于认定存在一国司法权力背书下形成的和解协议的直接执行效力。

三、国际化背景下自贸港商事调解发展的路径选择

自贸港建设对标世界最高水平，未来国际商事主体及其商业活动的增多，势必会引致国际商事纠纷的增加，我国还基本处于起步阶段的商事调解制度难以满足自贸港商事纠纷化解需求。因此，自贸港在建立健全商事调解制度时应积极与国际公约接轨，从推进商事调解立法进程，构建商事调解示范规

---

[1] 根据最高人民法院《关于建立健全诉讼与非诉讼相衔接的矛盾纠纷解决机制的若干意见》的规定，当事人可以申请公证机关赋予调解协议强制执行效力，可以根据有关规定向法院申请支付令，也可以向法院申请确认调解协议的效力。

[2] 陈梦："《新加坡调解公约》背景下中国商事调解规则构建"，载《商事仲裁与调解》2021年第3期，第16~32页。

则，增强商事调解机构国际竞争力，加强商事调解队伍专业化、国际化建设以及完善商事和解协议执行机制等方面完善商事调解制度构建，打造具有国际竞争力的自贸港商事调解大平台。

（一）推进商事调解立法进程

尽管我国通过多项政策性文件和司法解释在多元化纠纷解决机制的建设方面作出了具体部署，但能够直接适用于商事调解的相关规定数量甚微，难以建立系统化的商事调解法律体系，这在一定程度上阻碍了自贸港打造具有影响力的国际争议解决新高地。目前，我国签署加入的《新加坡调解公约》已然生效，我国在商事调解领域的立法滞后使我国商事调解机构在适用公约时会面临由国内法规定不明确导致的分歧，进而难以高效、准确地解决纠纷，不仅增加了当事人解决案件的时间成本，也会减损当事人的信心，有损我国商事调解机构的声誉。因此，推进商事调解立法进程并积极推动其与该公约的有效衔接是自贸港打造与国际接轨的商事调解平台的重中之重。

从国家层面而言，商事调解立法需放入调解立法这个整体框架下予以综合考虑，我国目前在调解领域仅有《人民调解法》对政策主导型的人民调解模式进行了较为全面的立法，但在多元化纠纷解决机制全面建构的大背景下，仅规范人民调解行为，不失为调解立法的一大憾事。故而，应加快调解领域的整体立法进度，将各种政策主导型和市场推动型调解模式均规定其中，再以分则形式对各种调解类型逐一进行细化规定。而调解领域的统一立法是一项浩大而复杂的工程，为实现商事调解尽快有法可依，可先行在商事调解领域制定具体、规范的暂行条例。就自贸港商事调解立法而言，在全国层面仍未出台调解领域的全面性立法和商事调解暂行条例时，自贸港为赋予商事调解机构以合法地位，规范港内商事调解行为，保持港内立法就调解协议的执行机制与《新加坡调解公约》保持有效衔接，可先行制定自贸港商事调解暂行条例，在调解协议的执行机制等方面作出较为先进的前沿性规定，以期一方面与国际的先进做法保持一致，另一方面助力自贸港商事调解国际形象的正面建立。

（二）构建商事调解示范规则

一般而言，商事调解规则是商事调解机构据以开展调解工作的程序性规范，需对其适用范围、调解员的选定和指定、调解程序的具体开展、调解协议的效力和执行等相关内容作明确具体规定。虽然商事调解规则一般由商事调解机构制定，但为保证自贸港商事调解事业的良性发展，在自贸港商事调解行业仍处于初步探索阶段时，主管部门连同当地知名商事调解机构联合制定商事调解示范规则，对商事调解程序推进的重要环节予以明确规定，不失为事半功倍的可选之举。

具体而言，自贸港商事调解示范规则需从几个方面对调解行为的开展进行规范：其一，明确商事调解的适用范围，厘清"商事"概念以区别于民事调解和人民调解。商事调解与人民调解相区别主要着眼于调解主体的不同，人民调解的调解主体系具有国家行政权属性的人民调解委员会，而商事调解的主体为纳入市场化竞争范围的商事调解机构。商事调解与民事调解的相异之处主要在于调解纠纷所涉及的法律关系，商事调解着眼于商事纠纷矛盾的化解，而不包括家庭、继承等人身关系，生活消费关系和劳动关系等领域的纠纷。其二，自贸港不可避免地会在发展中遭遇国际商事纠纷化解需求，故而，其商事调解示范规则需对商事调解的"国际性"予以清晰界定。在该问题上，为与《新加坡调解公约》保持内在一致，宜借鉴公约规定，采用一致的营业地标准，以案涉当事人的营业地是否在不同国家来判定和解协议是否具备"国际性"。其三，自贸港商事调解示范规则需严格忠于商事调解保密性和自治性的调解本质，将保密性原则和自治性原则作为商事调解基本原则予以明确，可以说，对当事人意思自治的充分尊重与调解保密性要求是商事调解制度存在和发展的基石。其四，商事调解示范规则还应明确规定调解员的选任和指定及调解员行为准则等内容，在明晰调解机构职权的同时，也能为纠纷当事人选任或调解机构指定调解员提供具体指引。此外，为彰显商事调解的包容性和自治性，商事调解示范规则还可赋予当事人在调解员名册以外选任调解员的权利。[1]其五，商事调解示范规则可对多元化的调解方式予以综合性规定，涵盖机构调解、个人调解、联合调解及线上调解等形式，满足不同国家商事纠纷当事人的需求，增强商事调解机构的国际竞争力。其六，商事调解示范规则还需在调解协议的执行效力方面作具体规定，因该部分内容会在后续小节中展开论述，故不在此处过多赘述。

（三）增强商事调解机构国际竞争力

调解机构的公司化运营是指商事调解机构参照公司的组织形式和运行机

---

〔1〕 彭真明、肖玲："《新加坡调解公约》与海南自贸港商事调解规则的构建"，载《海南大学学报（人文社会科学版）》2022年第3期，第40~46页。

制,并以提供有偿调解服务为主要内容的市场化运作模式。此种运营方式将商事调解机构置身于优胜劣汰的国际国内调解市场,自负盈亏、自主发展。一方面有效地激励了商事调解机构提高调解服务质量的内生动力,另一方面也以与政府行政和司法权力相分离的机构状态,展示出了商事调解机构更加中立的解纷立场。自贸港为实现商事调解机构的高速发展和国际竞争力、影响力的不断扩大,采取公司化模式运营商事调解机构,不失为一个可行方法。商事调解机构的公司化运作方式源于美国,并已在各国得到了广泛的传播和运用。世界知名争议解决机构美国 JAMS 就是采取公司化运营方式的典型代表。JAMS 采取的是公司所有权和经营权相分离的运行机制,聘用职业经理人组成管理团队负责 JAMS 的经营管理,并吸收社会各界专业人士来提供仲裁、调解、中立评估、法务等有偿的争议解决服务或法律服务为经营内容。JAMS 已有超过 400 名从事纠纷解决工作的专业人士,协助争议解决服务提供的助理有 200 多名,且每年平均处理 18 000 起案件。[1]

目前我国已有部分民办非企业性质的商事调解机构采取了类似公司化的运行模式,上海经贸调解中心就是其中的典范。根据条例,民办非企业单位不能以"营利性"为其经营目的,但却可从事一定"营利"行为,只要它不像现代企业一样通过利润最大化来实现自身价值,而是获取一定的服务收费来维系机构运营,赚取适当利润用于人员经费发放和机构经营优化,且其盈利收入不得向其他组成成员分配利润,而是在解散或破产时,依法转交其他非营利性组织或国家相关部门。据此,商事调解机构为优化机构发展,培育其国际竞争力,通过适当调解费用收取的方式来维系机构的较好运营,是一个比依靠政府财政拨款更为可行的市场化运营方式。

自贸港在进行商事调解机构设立管理时,可以促进其按照条例登记为民办非企业性质,效仿公司化的运行模式,包括采取法人形式、制定章程、设置董事会等,同时为了高效管理机构的日常运作,机构可以引入职业经理人参与调解机构管理和决策。考虑到自贸港的发展目标,甚至可以在一定条件下允许其突破条例中不得设立分支机构的禁止性规定,鼓励自贸港商事调解机构实现规模化、市场化的发展,不断拓展国际业务,培育具有国际竞争力

---

〔1〕 参见 JAMS 公司的官方简介:https://www.jamsadr.com,最后访问时间:2022 年 6 月 21 日。

的商事调解机构。[1]

(四) 加强商事调解队伍专业化、国际化建设

在商事调解中,调解员的主要作用是促进纠纷当事人的平等对话和沟通,充分了解当事人在纠纷中所处的实际情况和对纠纷化解的心理预期,以促成双方调解协议的最终达成。这对调解员不论法学相关知识还是调解技巧的掌握,甚至是与纠纷相关的经济、金融等知识的掌握均要求较高。加之自贸港所涉及的商事纠纷往往具有跨国性、复杂性以及专业性特征,加剧了调解过程的难度,亦相应地对调解员提出了更高要求。受制于语言、文化、专业领域的差异,即使是国内一流的调解员也未必是成功的国际调解员。因此,自贸港要打造国际一流的商事调解新高地,国际一流的调解员必不可少。世界知名的国际商事调解机构均明确规定了调解员的资格认证标准,来帮助调解机构高效遴选和管理符合条件的调解员。其中,新加坡国际调解中心所构建的分层级的调解员资格认证体系值得借鉴,该体系从调解技能、专业知识和实践经验三个方面对调解员进行科学分级,针对难易程度不同的纠纷,匹配不同等级的调解员进行处理。此外,新加坡国际调解中心还与国际调解机构合作开发了跨文化能力认证的调解员认证标准,有效帮助商事纠纷当事人根据具体案情选任语言精通、熟悉相关国家文化的适格调解员。[2]

有鉴于此,自贸港商事调解机构调解员的涉外商事纠纷解决能力的综合提升,应着眼于以下几方面:首先,尽快出台与国际接轨的调解员资格认证体系,从专业知识、调解技能、实战经验、职业伦理和常态化培训参与度等方面来综合评价考核调解员的综合素质。其次,注重调解员的教育培训,既关注调解员基础专业知识的掌握和积累,亦强化职业过程中后续实战知识的补给。最后,加强自贸港商事调解机构与国际知名机构在调解员资质认证标准或培训内容等方面合作联系,相互畅通资格认证体系,助力自贸港商事调解员获得国际知名调解机构的资质认证,进而提高自贸港商事调解机构及其调解员在国际争议解决市场的竞争力和影响力。

(五) 完善商事调解协议执行机制

我国法律规定调解协议需经法院或仲裁委制作调解书形式或通过司法确

---

[1] 周建华:"论调解的市场化运作",载《兰州学刊》2016年第4期,第132~138页。
[2] 张金凤:"中国国际商事调解市场的国际化:开拓与反哺",载《商事仲裁与调解》2021年第4期,第108~121页。

认等形式方能取得强制执行力,而《新加坡调解公约》项下的国际和解协议却可以直接获得强制执行效力。故而,在自贸港国际商事调解案件日益频发的背景下,完善与《新加坡调解公约》相衔接的和解协议执行机制,有利于提高在我国申请承认和执行的国际和解协议的执行效率,进而提升我国商事调解的国际影响力。

自贸港要构建和落实《新加坡调解公约》的直接执行制度:

首先,应准确识别"国际商事和解协议"的内涵与外延,就"国际性"和"商事争议"的概念作与《新加坡调解公约》一致的认定,鉴于这部分内容前已述及,在此就不过多阐述。此外,还需厘清《新加坡调解公约》框架下的和解协议与调解协议间的异同。公约框架下的国际商事和解协议使用的是"settlement agreement"一词,意为"争议解决的协议"。该词并未涵盖达成协议的解纷方式,故而统一翻译为和解协议。而在我国法律制度下,和解协议和调解协议是有内涵区别的,和解协议旨在指未经第三方调和、由双方当事人自行达成的纠纷化解协议,而调解协议涵盖了争议化解系经第三方调处达成的含义,调解协议的达成离不开调解员的斡旋和促成工作。因此,公约框架下的国际商事和解协议对协议达成方式未作任何限定,亦当然地包含了经由"调解"达成的调解协议。

其次,自贸港可以适度探索施行国内商事调解协议直接执行机制。在完善商事调解制度相关立法,确认商事调解机构法律地位,明确界定商事调解与人民调解间具体界限的基础上,商事调解将在自贸港获得蓬勃发展的制度基础。然则,调解协议不具备强制执行效力一直是商事调解与诉讼、仲裁等纠纷解决机制在竞争中的短板。《新加坡调解公约》赋予其公约框架下国际商事和解协议以直接执行效力。鉴于中国已加入该公约且公约业已生效,符合公约规定的国际商事和解协议将在我国具备直接执行力。在国际公约立法倒逼的情势下,自贸港作为我国对外开放的前沿阵地,探索构建国内商事调解协议直接执行机制,对国际国内调解协议一视同仁,一方面能以较为积极的实践印证后期全国范围内对商事调解协议强制执行效力全面认可的可行性;另一方面有利于自贸港打造世界一流的国际商事调解中心。此外,关于调解协议的审查机制,可以参照《新加坡调解公约》第4条第5款之规定,赋予主管机关对调解协议以形式审查为主、实质审查为辅的有限审查权,最大限度地保证调解协议得到高效、便捷的执行。

最后,《新加坡调解公约》第 5 条规定了不予承认和执行和解协议的五种情形。为加速我国商事调解的国际化进程,鼓励当事人以《新加坡调解公约》为依据选择在我国执行和解协议,我国不宜作出比《新加坡调解公约》更加严苛的规定。[1]因此自贸港对于国际商事和解协议之拒绝救济事由的规定应以《新加坡调解公约》为基础,参考我国《最高人民法院关于人民法院办理仲裁裁决执行案件若干问题的规定》的内容,结合《关于人民调解协议司法确认程序的若干规定》关于调解协议司法确认的相关规定以及执行实践加以规范。

---

[1] 赵平:"《新加坡调解公约》与中国调解法律体系的衔接",载《中国律师》2019 年第 9 期,第 46 页。

第六章

自由贸易港多元化纠纷解决机制保障体系建设

自贸港多元化纠纷解决机制的有序构建，除了需研析诉讼、仲裁、调解等主要解纷方式的发展向度和具体改进路径外，还应强化其保障体系建设。首先，要夯实自贸港多元解纷机制的法治保障，从稳固立法基础、强化司法推动、推进行政争议的柔性化解和培育全民法治理念等法治实施的关键环节对自贸港多元解纷的法治保障建设予以全面阐释；其次，多元解纷机制的良性发展需要实现各种解纷方式间的有序衔接，既要强化诉讼与非诉解纷机制间的有序衔接，亦需完善非诉解纷机制相互间的对接互动，致力于最终打造自贸港全方位"一站式"的纠纷解决平台；最后，互联网时代的信息技术发展对自贸港多元解纷机制构建亦提出了信息化、智能化和便捷化的新要求。为此，为给自贸港多元解纷机制提供完备的技术保障，应推广发展线上解纷方式，搭建涵括矛盾纠纷预警、公共法律服务网络等内容的线上纠纷一体化平台，并结合人工智能、大数据等技术发展，将智能化技术广泛运用于纠纷化解的各个领域。

第一节 夯实自贸港多元化纠纷解决机制的法治保障

习近平总书记曾指出，改革与法治如"鸟之两翼、车之两轮"。[1]任何改革都必须于法有据，在法治的轨道上运行。在自贸港构建全方位的多元化纠纷解决机制是我国对标世界先进解纷规则，推动解纷体系创新的重大变革。此种变革必然也要在法治框架内、循法治的轨道有序推进。这就要求以法治实施的各关键环节为主要抓手，为自贸港多元化纠纷解决机制提供全方位的

---

[1] 参见习近平2018年8月24日在中央全面依法治国委员会第一次会议上的讲话。

法治保障。

一、稳固自贸港解纷机制的立法基础

"法律是治国之重器，良法是善治之前提。"[1] 为自贸港构建多元化解纷机制提供完备的法治保障首先在于立法先行，充分发挥立法的引领和带动作用。就立法方向而言，为给多元解纷立法活动提供科学的立法指导，要恪守以人民为中心、将非诉讼纠纷解决机制等立法理念贯之于立法全过程，不断完善立法体制机制。就立法模式而言，为充分彰显自贸港多元解纷机制立法的试验性和创新性，要不断探索把立法模式创新落实到多元化解纠纷领域的现实路径。就立法内容而言，要不断强化立法的针对性和可操作性，为多元解纷提供可行的立法指导。

（一）自贸港多元解纷机制立法的基本理念

在自贸港完善多元化纠纷解决机制立法首先要坚持"党委领导、政府负责、社会协同、公众参与"的基本原则。对自贸港而言，这是一项系统性法治建设工程，涉及司法、行政、社会等方方面面，既需要对国际纠纷解决制度的前沿和发展趋势作准确把握，也需立足于我国社会矛盾的自身特点、衍生变化及自贸港发展实际需求作出精准判断，因而必须在党的领导下统筹各方资源，调动各方力量，发挥各方优势。"枫桥经验"历久弥新，充满生机活力的根本原因就在于把党的领导贯彻到社会治理全过程、落实到基层治理第一线。[2] 在自贸港构建对标国际最高水平的纠纷解决规则亦应如是，要充分发挥党的独特领导优势，把司法机关、政府部门、社会组织等多元力量整合起来，发挥多元治理格局的最大效能。

其次，应当坚持以人民为中心，充分发挥和保障人民在多元化纠纷解决中的主体作用。在自贸港多元解纷立法中坚持以人民为中心：其一是要体现人民利益、反映人民愿望，这就要求在纠纷化解过程中充分尊重当事人意愿，赋予当事人对纠纷解决方式的选择权，确立当事人在纠纷解决过程中的主体性地位。如《上海市促进多元化解矛盾纠纷条例》就明确指出要积极践行

---

[1] 参见习近平2014年10月23日在中国共产党第十八届中央委员会第四次全体会议上的讲话。
[2] 周强："推进中国特色一站式多元纠纷解决机制建设"，载《人民日报》2022年3月6日。

"人民城市人民建，人民城市为人民"重要理念，发挥人民主体作用。[1]《海南省多元化解纠纷条例》《山东省多元化解纠纷促进条例》等也均将尊重当事人意愿作为多元化解纠纷工作应予遵循的首要原则，体现了以人民为中心的重要理念。其二是要维护人民权益、增进人民福祉，要把回应人民纠纷解决的切实需求、为当事人提供高效便捷的纠纷解决服务放在突出位置。对当事人而言，纠纷能否得到及时、妥善的化解是当事人对纠纷解决机制最迫切的需求和最直观的感受，与其切身利益息息相关，因而自贸港多元解纷立法工作必须以为当事人提供高效便捷的纠纷解决服务为首要任务，构建好各种纠纷解决方式之间的协调联动机制，及时化解当事人之间的矛盾纠纷。

再次，要把以预防为主的纠纷化解理念摆在重要位置，贯彻十九届六中全会对健全社会矛盾纠纷多元预防调处化解综合机制的政策精神。从某种程度上来说，多元化纠纷解决机制正是为解决大量矛盾纠纷涌入司法渠道导致司法体系不堪重负而提出的，如果矛盾纠纷只增不减，出现能够避免却无法避免的情况，多元化纠纷解决机制是不可能发挥其真正作用的。因此，多元化纠纷解决机制应当与源头治理结合起来，做到标本兼治，既要注重纠纷的多元化解，也要从源头上减少纠纷。2021年2月19日，中央全面深化改革委员会第十八次会议审议通过《关于加强诉源治理推动矛盾纠纷源头化解的意见》就对诉源治理的重要性作出了重要指示。[2]同时，纠纷的预防工作不能仅仅只作用于纠纷萌芽阶段，而是要贯穿纠纷解决全过程，避免在任何阶段出现矛盾升级和纠纷恶化的情况。为践行这一理念，《深圳经济特区矛盾纠纷多元化解条例》以专章的形式规定了源头治理，强调从源头预防和化解纠纷的重要作用，致力于将纠纷预防贯穿于纠纷化解全过程。自贸港构建多元化纠纷解决机制同样应当重视纠纷的源头治理与预防，坚持在法治轨道上预防和化解纠纷。

最后，要贯彻"把非诉讼纠纷解决机制挺在前面"的政策指引，突出调解优先。2019年，习近平总书记在中央政法工作会议上作出重要指示，明确提出要"把非诉讼纠纷解决机制挺在前面"。在多元化纠纷解决机制的立法构

---

〔1〕 参见《上海市促进多元化解矛盾纠纷条例》第3条。
〔2〕 参见《关于加强诉源治理推动矛盾纠纷源头化解的意见》（2021年2月19日中央全面深化改革委员会第十八次会议审议通过）。

建过程中,应当鼓励和引导当事人优先选择成本较低、效率较高、对抗性较弱的非诉讼方式,将诉讼作为矛盾化解的最后一道防线。但调解作为植根于我国传统文化土壤以及符合自贸港多元解纷需求的解纷方式,并没有在实践中发挥出应有的功能和作用。鉴于此,《海南省多元化解纠纷条例》第23条在引导当事人选择纠纷解决途径时,明确将和解与调解置于优先次序。《深圳经济特区矛盾纠纷多元化解条例》不仅强调调解作为非诉讼方式化解矛盾的优先性[1],还以专章的形式对调解作出了全面规定。在自贸港构建多元化纠纷解决机制更应重视调解在多元解纷体系中的价值和地位,在立法上确立调解等非诉讼纠纷化解方式的优先地位,构建"把非诉讼纠纷解决机制挺在前面"的多元化纠纷解决立法体系。还应注重和解协议的及时转化,通过司法确认等程序,赋予和解协议以强制执行效力,保障调解结果的最终实现。

(二) 自贸港多元解纷机制立法创新的探索

随着非诉讼纠纷解决机制的发展,我国多元化纠纷解决机制的基本架构已然建立,但现行立法模式仍然难以满足自贸港多元解纷机制的构建需要。在国家层面,我国有关多元化纠纷解决方式的立法数量虽然繁多,但主要是针对各种纠纷解决方式的专门立法,如《民事诉讼法》《仲裁法》《人民调解法》《行政诉讼法》等相关法律。在国家层面,尚无涉及多元化解纠纷的综合性立法,对多元化纠纷解决机制缺乏系统性、整体性的法律指引。而且,对多元化纠纷解决机制改革的指导主要停留在政策层面,可操作性和适用性不强,在实践中难以发挥实际效用。在地方层面,凭借地方性立法的灵活性,在不与上位法相冲突的基础上,为匹配中央多元化纠纷解决机制改革的政策要求,多地陆续出台了地方性多元化解纠纷条例。其中,我国经济特区、自贸试验区等对外开放平台首当其冲地发挥了示范引领作用。如2015年4月1日,中国第一部促进多元化纠纷解决机制建设的地方性法规《厦门经济特区多元化纠纷解决机制促进条例》得以通过;2016年7月22日,山东省出台了我国第一部省级多元化纠纷解决机制地方性法规《山东省多元化解纠纷促进条例》。此后,黑龙江、福建、四川、安徽等地也相继出台了多元化解纠纷条例。2020年6月16日,《海南省多元化解纠纷条例》得以通过,为海南自贸港建设多元化纠纷解决机制提供了立法保障;2021年2月26日、2022年3月

---

[1] 参见《深圳经济特区矛盾纠纷多元化解条例》第17条。

28日，上海市和深圳市分别发布了《上海市促进多元化解矛盾纠纷条例》和《深圳经济特区矛盾纠纷多元化解条例》，为两地的多元化解纠纷工作提供了全局性指引。虽然这些多元化解纠纷条例的出台标志着我国各地多元化纠纷解决机制构建取得了重大进展，但从整体来看，受制于地方立法权限，这些条例大多仍为响应政策要求从宏观层面对多元化解纠纷提供的方向性指引，缺乏微观层面的具体规范，很难为多元化解纠纷实践提供有效指导。

因此，要在自贸港构建与国际接轨的多元化纠纷解决机制，如果不突破现行授权立法模式的限制，触及真正意义上的立法体制创新，将很难推进自贸港对标国际的纠纷解决机制建设。事实上，为打破寻求立法体制创新与遵循现行法律法规之间矛盾的尴尬局面，我国已有先例作出了一定尝试。2013年8月30日，第十二届全国人大常委会第四次会议依据国务院的申请，授权国务院在上海自贸试验区暂时调整有关法律规定的行政审批；2020年4月，第十三届全国人大常委会第十七次会议授权国务院在海南自贸港暂时调整适用有关法律；2021年4月29日，第十三届全国人大常务委员会第二十八次会议授权国务院在自贸试验区暂时调整适用有关法律规定。这些"因地制宜调整法律适用"的先进做法展现出了我国在自贸试验区和自贸港实现真正意义上的法治创新的决心。但从这些法律所涉及的领域来看，多是为优化自贸试验区市场准入环境而调整教育机构、金融机构、外资企业的行政审批模式，并没有涉及多元化纠纷解决的相关法律法规。因而，要在多元化解纠纷领域实现立法模式创新，必须赋予自贸港在多元化纠纷解决方面的立法"特权"，为自贸港进行多元解纷机制的立法模式创新提供法治基础。一方面，应积极争取国家授权自贸港在国际商事调解、国际商事仲裁等领域进行探索性积极立法；另一方面，在仅能以法律规范的领域，在全国具有普适性法律并未进行重大修订时，应赋予自贸港对纠纷解决领域相关法律进行调整或暂停适用的权力，由此才能将解纷领域一些较为革新的做法在自贸港进行充分实践，满足自贸港多元解纷机制构建需要，对纠纷化解的模式、方法、保障等进行大胆创新。

（三）自贸港多元解纷机制立法的具体架构

在各地因地制宜相继出台多元化纠纷解决机制地方立法的发展趋势下，自贸港也应迎头赶上，以问题为导向，在对已有解纷方式作全面规定的基础上，针对多元化纠纷解决机制中的薄弱环节作出重点规范。

首先,自贸港多元化纠纷解决机制立法应以明确各主体在解纷机制中的职责分工为前提。多元化解纷机制的构建涉及各级政府、人民法院、人民检察院、社会团体等众多主体的共同推动,因此厘清各主体的角色定位和职责分工是有序推动多元化解纠纷工作的前提条件,也是多元化纠纷解决机制立法需要解决的首要问题。具体而言:其一,应确立多元化纠纷解决机制发展的整体规划,在此基础上为机制建设的具体推动确立一个统筹协调部门,以有序推进各项工作开展。如《海南省多元化解纠纷条例》指定县级以上人民政府司法行政部门负责政府有关部门和其他组织多元化解纠纷工作的组织协调和督导检查。[1]其二,应发挥政府在多元化解纠纷工作中的主导作用,将多元化解纠纷工作纳入法治政府建设规划。其三,应发挥法院在多元化解纠纷工作中的司法引领、推动和保障作用。其四,要充分发挥各基层组织以及社会团体在纠纷多元化解中的基础作用,让社会各主体都参与到多元化纠纷解决机制的构建中来。

其次,应创新和吸纳各种新型纠纷解决方式。我国的多元化纠纷解决机制主要包括和解、调解、仲裁、行政裁决、诉讼等常规性纠纷化解方式。但随着社会的进步和发展,人们对纠纷化解方式的需求亦不断升级,这就要求多元化纠纷解决立法作出相应回应。其一,要确立商业调解、行业调解、公证调解等新型调解方式的地位,明确各个调解组织的功能和作用,推动调解服务的市场化发展;其二,要完善行政性纠纷解决机制,从源头预防、前端化解、强化衔接保障等方面整合行政调解、行政复议、行政裁决等多种解纷模式;其三,要适度引入新型纠纷化解机制(如早期中立评估、无争议事实记载和无异议方案认可机制),不断丰富多元化纠纷解决机制内涵。

再次,应以确立各纠纷解决方式的衔接机制为重点。目前,鉴于国家层面有关多元化纠纷解决机制的综合性法律缺位,对多元化解纠纷的规定主要散见于各单行法中,容易造成各自为伍的割裂局面。尽管为促进地方性纠纷化解的多元性发展,各地相继出台了地方性解纷条例,但仍然缺乏在全国范围内具有普遍适用地位的综合性法律,难以形成多元解纷合力。因此,多元化纠纷解决机制建设的重要任务之一就是健全和完善各解纷方式间的衔接机制,充分彰显各种解纷方式的作用。综观各地的多元解纷条例,几乎无一例

---

[1] 参见《海南省多元化解纠纷条例》第9条。

外地均把程序衔接摆在多元化解纠纷立法的重要位置，有的是以专章的形式规定衔接机制，有的则是散见在各纠纷解决方式的具体规定中。在自贸港完善多元化纠纷解决机制立法适宜以专章形式对各机制之间的衔接机制作出明确规定，形成各机制相互补充、相互协调的运行体系。

最后，应确立多元化纠纷解决机制的监督保障机制。多元化纠纷解决机制的长远健康发展离不开完备的保障和监督机制，既包括必要的物质和经费保障，也包括技术和人员保障。除此之外，还应通过建立工作责任制和过错追究制对多元化解矛盾纠纷工作职责履行进行监督。

二、强化自贸港解纷机制的司法推动

自 2014 年《中共中央关于全面推进依法治国若干重大问题的决定》将多元解纷机制确立为法治建设的目标以来，司法一直在多元化纠纷解决机制构建中发挥着显著的引领作用。2015 年 12 月，中共中央办公厅、国务院办公厅印发的《关于完善矛盾纠纷多元化解机制的意见》指出，在多元化纠纷解决机制中要坚持司法引领、推动和保障作用。2021 年发布的《最高人民法院关于深化人民法院一站式多元解纷机制建设推动矛盾纠纷源头化解的实施意见》也明确要发挥司法在多元化纠纷解决机制中的引领、推动和保障作用。司法在多元化纠纷解决机制改革中的功能定位日趋完善。一方面，纠纷化解的多元化本质要求决定了仅仅依靠单一主体的主导作用是无法实现多元化纠纷解决机制可持续性发展的。另一方面，多元化纠纷解决机制也是一个不断发展变化的有机体系，随着纠纷解决和社会治理需求的改变，司法在多元化纠纷解决机制中的作用也应与时俱进，实现从"前台引领"向"后台推动""法治保障"的逐步进阶。[1]

在多元化纠纷解决机制改革之初强调司法的引领作用，究其原因在于：其一，长期以来，诉讼在各种纠纷解决方式中居于主导地位，但在司法改革背景下，立案登记制导致的法院案件量只增不减以及法官员额制改革导致的办案人员减少，使得法院"案多人少"矛盾愈加突出，法院迫切需要通过其他非诉讼纠纷解决机制缓解司法资源短缺的压力；其二，司法的规范性和强

---

[1] 蒋惠岭：“引领—推动—保障：司法作用的发展进阶”，载《人民法院报》2015 年 4 月 5 日。

制性特征决定了只有司法能担任引领多元化纠纷解决机制发展的重要任务。多元解纷机制要想发挥其应有作用必须以规范的程序运行机制为保障，与其他纠纷解决方式相比，诉讼具有最成熟的程序设置和最规范的制度体系，并且这种规范性是由国家强制力来保障实现的，因此司法具有引领多元化纠纷解决机制有序运行的天然优势。其三，司法作为纠纷解决的主力军，积累了大量解纷经验，具有对各种解纷方式进行协调、整合和调配的能力。以人民调解为例，《人民法院组织法》《人民调解委员会组织条例》均明确由基层人民法院对其调解工作进行业务指导。《厦门经济特区多元化纠纷解决机制促进条例》《上海市促进多元化解矛盾纠纷条例》等地方多元化解纠纷条例也规定人民法院应当对调解矛盾纠纷进行业务指导。

在新的时代背景下，国家治理体系和治理能力的现代化要求社会治理体系实现从"管理"向"治理"的转变。多元化纠纷解决机制作为社会治理体系的重要组成部分也不再仅仅只是法院缓解办案压力的"权宜之计"[1]，而是要上升到国家战略层面，通过社会各职能主体的共同参与、协同配合，构建共建、共治、共享的社会治理新格局。这一目标的达成，单纯依靠司法的主导作用是不可能实现的，需要司法从"台前"转向"幕后"，充分发挥推动和保障作用，通过整合各种解纷方式推动多元化纠纷解决机制的发展。具体而言，司法的推动作用主要体现在法院与其他非诉讼纠纷解决机制的关系上。一方面，最高人民法院为贯彻落实多元解纷的社会治理理念，出台了一系列文件对法院与仲裁机构、调解组织、行政机关等非诉讼纠纷解决机制的对接工作作出明确指示，推动多元化纠纷解决机制立法进程，如最高人民法院于2016年6月28日发布的《最高人民法院关于人民法院进一步深化多元化纠纷解决机制改革的意见》；另一方面，法院在实现纠纷解决功能的同时，通过构建诉调对接、诉仲对接等平台让更多纠纷通过非诉讼渠道解决，如法院主动与仲裁机构、调解中心等诉讼外纠纷解决机制建立对接关系；在诉讼服务中心设置专职人员负责纠纷委派或委托调解；通过将社会调解力量引入法院立案窗口为当事人提供诉前调解服务等。此外，司法的保障作用贯穿于各种纠纷解决方式的全过程。如在调解方面，通过司法确认制度赋予调解协议以法律效力；在仲裁方面，通过临时措施、仲裁裁决的承认与执行等制度，

---

[1] 蒋惠岭："十年改革创新路　扬帆逐浪再起航"，载《人民法院报》2015年4月2日。

适度对仲裁过程予以支持和保障。

三、柔性执法视域下自贸港行政争议的多元化解

在多元化纠纷解决机制的建设背景下，行政争议的多元化解也是行政机关在突破行政执法困境、创新行政执法手段上追求的目标。行政和解作为一种柔性行政执法方式，不仅符合现代行政方式改革的价值需求，还能够通过与相对方的充分协商有效预防纠纷的发生与升级，与纠纷多元预防调处化解综合机制"抓前端、治未病"的诉源治理理念不谋而合。由于传统行政法领域奉行"公权力不得处分"原则，行政和解作为行政机关通过处分行政权力与行政相对人达成妥协的行政执法方式并没有生存空间。但近年来，行政和解作为一种新兴行政执法方式受到了理论界的高度重视并逐渐在实务界兴起。原因在于：一方面，国家治理体系和治理能力现代化要求行政机关转变执法方式，实现行政执法的民主化、精细化、科学化。而行政和解作为强调公私合作、弱化权力对抗、多元化解争议的柔性行政手段恰好符合现代行政法治的基本理念。[1]另一方面，伴随着经济社会的快速发展，在自贸港建设背景下各类矛盾纠纷繁复杂、利益主体多元交织，更是对行政执法方式的革新提出了新的要求和挑战，迫切需要通过行政和解创新行政争议的多元化解途径，增强自贸港行政执法的公信力，展现自贸港在行政执法过程中充分保障公众权利的友好形象。

但目前我国关于行政和解的规范性文件并不完备。其一，有关行政和解的法律法规供给不足。当前我国并没有关于行政和解的系统性法律规范，仅在某些单行法律，如《证券法》《反垄断法》；行政法规，如《行政复议法实施条例》《反倾销条例》；以及司法解释，如《最高人民法院关于行政诉讼撤诉若干问题的规定》中较为零散地规定了行政和解制度，且内容大多属原则性规定，可操作性不强。其二，行政和解的适用范围不明确。目前无论是理论界还是实务界对行政和解的适用范围都没有达成定论。有观点认为，行政和解的适用条件应是"在行政处罚所依据的事实或者法律关系不能确定，或非经重大支出不能查明"以及"行政机关对相对人的涉嫌违法行为已经依职

---

[1] 王由海："论行政和解制度的规范建构——基于行政过程论视角的分析"，载《河南财经政法大学学报》2021 年第 4 期，第 59~68 页。

权开展调查"。[1]此种观点出于对提高行政执法效率以及节约行政执法资源的考量，实际上是对行政和解的适用范围进行了严格的限缩解释。与之相反则有观点主张对行政和解的适用范围不应作出过多限制，行政和解以行政主体的职权处分权为基础，只要是在经过双方充分协商且不损害社会公共利益的情况下即能够适用行政和解。[2]其三，行政和解的程序性规范缺失。在行政机关和行政相对人的法律地位本就存在巨大悬殊的前提下，必须通过周延的程序设置来保障行政相对人的合法权益，更何况行政相对人在行政和解中的程序性权利是确保行政机关与行政相对人进行平等协商的基础，应当予以充分保障。但当前行政和解程序规范的整体性缺失将直接造成行政和解缺乏可操作性，其法治化建设仍任重道远。

在自贸港构建多元化纠纷解决机制需要社会各主体的协同参与，其中行政机关毋庸置疑扮演了重要角色，因此将行政和解纳入法治轨道以提升行政机关行政执法合理化和合法化水平，对构建自贸港多元化纠纷解决机制法治环境具有重要意义。首先，为解决行政和解法律依据缺失问题，应当加快完善行政和解有关立法，提升行政和解条文的可操作性。其次，应适当扩大行政和解的适用范围。就可适用的环节而言，由于行政和解并非一种独立的行政执法行为，而是行政机关为提高行政执法效率、整合行政执法资源而对行政权进行的处分，因此行政和解应贯穿于行政执法的各个环节。就可适用的情形而言，行政和解不应仅适用于事实或法律关系不清的情形，对于事实和法律关系清晰的情形，行政机关基于对行政权的处分权，行政相对人基于对自身权利的处分权，仍可开展行政和解以实现公共利益最大化和矛盾化解畅顺化。但是，扩大行政和解的适用情形并不意味着完全没有限制：其一，行政机关对职权的处分权必须严格依据法律规定，符合职权法定原则；其二，行政和解的开展必须以自愿为前提条件；其三，行政和解不得损害第三人合法权益和社会公共利益。再则，应完善行政和解的程序设置。一是行政和解的启动程序。鉴于行政和解自始至终都是建立在双方自愿的基础上，因此应当保证行政相对人主动申请和解以及拒绝和解的权利。二是行政和解中的听

---

[1] 张红："破解行政执法和解的难题——基于证券行政执法和解的观察"，载《行政法学研究》2015年第2期，第23~33，38页。

[2] 王由海："论行政和解制度的规范建构——基于行政过程论视角的分析"，载《河南财经政法大学学报》2021年第4期，第59~68页。

证程序。行政和解的顺利进行以行政相对人对行政行为的有效参与以及行政机关和行政相对人之间的有效沟通为前提条件。从某种程度上来说,行政和解就是公众参与的制度载体。[1]而听证程序作为公众参与行政行为的主要途径在行政和解中更应当受到保障。三是行政和解的执行程序。行政和解协议的执行将直接对行政相对人的实体权利义务产生实质性影响,应当予以高度重视。最后,是行政和解的监督和救济机制。由于行政和解高度依赖行政机关与行政相对人之间的双向互动,具有较高的自由性,因而就可能出现损害第三人合法权益以及社会公共利益的情形。对此,一方面,应加强对行政和解的监督,引入第三方监督机关对行政和解进行审查监督,还要保证行政和解结果适时公开并接受社会监督;另一方面,应完善行政和解的救济机制,既包括异议、行政复议等行政机关内部救济,也包括外部的行政诉讼救济。

四、全民守法氛围下自贸港解纷机制的良性培育

徒法不足以自行,再完备的法治体系如果得不到人民的拥护和推崇那也只能是纸上谈兵。全民守法是法治实施的最高阶段,也是建设法治中国的终极目标。具体到自贸港多元化纠纷解决机制的构建方面,良好的守法环境建设助力制度建设最终深入人心,让全体公民都成为法治建设的参与者、受益者和推进者。要培育健康、可持续的全民守法解纷法治环境:其一,要在自贸港加大多元解纷机制的宣传和教育力度,引导全社会树立多元化解纠纷的法治意识,在公民内心埋下对多元化解纷机制的信任种子;其二,要进一步完善自贸港法治工作队伍建设,发挥法治工作队伍的模范带头作用,以高素质的法治人才队伍引领自贸港多元解纷机制持续健康发展。其三,要立足于自贸港人民群众的实际解纷需求,强化解纷过程中的公众参与,充分发掘公众力量在矛盾纠纷化解中的重要价值。

(一) 加强多元解纷文化宣传

多元化纠纷解决机制在我国的推动进程缓慢,一部分原因是人民群众对司法权威根深蒂固的信任和依赖,导致实践中大部分当事人仍然倾向于将诉讼作为纠纷化解的首选方式。因此,自贸港的多元解纷机制建设,首先要转变人民

---

[1] 吴立亚:"行政和解的正当性质疑及其消解——公众参与视角下的行政争议化解",载《理论与改革》2014年第1期,第147~150页。

群众的这一传统理念，通过广泛、深入的宣传教育，提升公众对多元化纠纷解决机制的知晓度、理解度和信任度，培育全社会运用多元化的方式解决纠纷的法治意识，增强人民群众运用多元方式化解纠纷的主动性和积极性。

对于仲裁、调解等由第三方主持的纠纷解决方式而言，要想进入大众视野首先最重要的是要树立自身的良好形象。具言之，自贸港在对仲裁、调解等非诉讼纠纷解决服务的机构的支持建设层面，一方面要引导其不断创新纠纷服务理念，改进服务方法，以优质、高效的纠纷解决服务树立良好的社会形象；另一方面还应助力这些仲裁机构、调解中心对多元解纷的成功案例进行全面宣传报道，扩大非诉解纷机构的社会影响力，让公众对自贸港的非诉解纷机构提升认识，促进认同。

在宣传手段方面，既不能放弃传统媒体更应紧抓现今对公众影响广泛的新兴媒体，强化对自贸港多元化纠纷解决机制的宣传。一方面，充分利用广播、报纸、电视等传统媒体的宣传作用；另一方面，通过设立多元化纠纷解决机制门户网站、官方微博、微信公众号等新兴社交平台，在相关网络平台上定期发布和更新多元化解纠纷的最新动态，开展网络咨询活动，让公众及时获取多元解纷的最新信息。还可通过拍摄短视频、宣传片等方式让自贸港的多元解纷机制"动起来""活起来"。

在宣传范围方面，除要在自贸港本身扩大多元化解纷机制的影响力外，还要在国际上提升知名度，展示自贸港多元解纷机制开放、包容的良好形象。一方面，可以通过在自贸港举办关于多元解纷的国际性研讨会议，邀请国际国内专家进行经验交流，推广我国纠纷解决文化和制度。另一方面，还应充分利用互联网这一全球信息传播的主要渠道，加强多元解纷的多语种互联网网站的建设和推广，在国家主流的社交平台（如最高人民法院官方微博）以及自贸港的各级法院、商事仲裁机构和调解中心的自建互联网平台发布多元解纷信息，展现自贸港多元化纠纷解决机制日益完善的国际形象。

（二）完善法治工作队伍建设

党的十八大以来，习近平总书记高度重视全面依法治国，"坚持建设德才兼备的高素质法治工作队伍"是习近平总书记从全面依法治国的重要论述，到习近平全面依法治国新理念、新思想、新战略，再到2020年中共中央正式提出习近平法治思想，均未发生表述变化的工作要求。自贸港建设多元化纠纷解决机制是一项系统性工程，法治工作队伍建设是保证这项工程顺利实施的关键环节，对保障当事人合法权益、维护社会公平正义、开展法治宣传教育、创建法治化解纷环境具有重要意义。根据《中共中央关于全面推进依法治国若干重大问题的决定》，法治工作队伍包括从事立法、执法、监察、司法工作的法治专门队伍，从事法学教育和法学研究工作的法学专家队伍以及提供法律咨询、代理、纠纷解决等法律服务的法律服务队伍。要在自贸港打造高素质的法律工作队伍，既要从宏观层面对法治工作队伍的整体建设作出全面布局，也要从微观层面以需求和问题为导向，提升各个队伍的素质水平。

  自贸港建设的不断推进以及对外开放水平的日益提升要求法治工作队伍不仅要具备国际化视野，而且要拥有过硬的业务工作能力和执业道德水准。具言之，对于法治专门队伍而言，由于其掌握着立法、执法、司法等各项重大权力，因此既要通过专业的职业培训制度以提高其立法、执法、司法等活动的专业化水准，又要通过严格的监督管理机制确保权力的正确行使。对于法治服务队伍而言，由于律师构成了法律服务业的主体力量，律师业的发展水平也直接影响当事人在自贸港享受纠纷解决服务的体验，故要在加强对律师思想政治建设的基础上，完善律师行业标准、规范律师执业行为。与此同时，为充分发挥多元解纷的最大优势，要加快提升仲裁、调解、公证等各个领域法律服务工作者的职业素养和服务水平。此外，对于法学专家队伍而言：一方面，其承担着通过扎实的、立足中国国情的法学理论研究，推动具有中国特色的社会主义法治体系理论创新的重大使命；另一方面，其又肩负着创新法治人才培养机制，致力培养一批具有国际视野、通晓国际法律规则、善于处理涉外法律事务的高素质涉外法治人才的神圣使命。为此，必须坚定法学专家队伍的理想信念，提升法学专家队伍的理论功底，增强法学专家队伍的道德素养，为打造高素质法治工作队伍提供坚实后盾。尤为需要注意的是，自贸港建设实际上是统筹推进国内法治和涉外法治的重要举措。在自贸港的法治工作队伍建设中，尤其需要涉外法治人才的培养和引进。一方面，依托自贸港的自身教育资源，培养具备国际视野和涉国际法基础的涉外法治人才；另一方面，自贸港还可通过对紧缺型涉外法治人才的引进优惠政策，吸引人才、引进并留住人才。

  （三）发掘公众力量参与解纷

  充分发挥公众力量在自贸港多元解纷中的作用首先体现在通过强化社会组织的地位和作用保障公众对多元解纷的间接参与。党的十九届四中全会深刻指出要完善群众参与基层社会治理的制度化渠道。特别强调要发挥群团组织、社会组织作用，发挥行业协会商会自律功能，实现政府治理和社会调节、居民自治良性互动，夯实基层社会治理基础。在自贸港构建多元解纷机制也不单单是解纷机构的专属任务，社会组织凭借其植根于群众、来源于群众的基本特征，不仅在多元解纷机制构建中具有显著的自身优势，而且有助于提升自贸港解纷效率，优化自贸港解纷环境。在纠纷发生后，相较于国家行政机关和其他纠纷解决机构，社会组织由于扎根于群众，能够更加及时地掌握事件的第一手资料以及发展动态，因而能够灵活地采取相应措施促进纠纷的尽快化解，避免矛盾的恶化与升级。与此同时，社会组织基于对矛盾纠纷的深入了解，也能通过建立替代性纠纷解决机制实现纠纷的多元化解。如 2018 年 10 月 18 日海南省贸试验区金融消费权益保护协会在正式成立的同时组建了"海南省金融消费纠纷人民调解委员会"，促进金融消费纠纷的多元化解。南沙自贸区法院与南沙工商联、房地产协会、香港南沙联谊会及澳门南沙商会等社会组织建立协调机制，促使矛盾纠纷得到及时、高效化解。

除间接参与外，自贸港解纷机制还可通过畅通各种渠道实现公众对多元解纷的直接参与。一是要广泛吸收人民调解志愿者，建立起调解志愿者队伍，打造以优秀模范调解员个人姓名命名的品牌调解室，调动公众投身调解事业的积极性；二是积极借助各方专家力量参与调解，通过建立专家库为专业性较强的纠纷提供专业咨询指导；三是发挥律师在调解中的作用，完善律师调解制度。相较于司法调解、行政调解等在公权力机关主持下进行的调解，在律师调解中，当事人双方与调解主体的法律地位一致，对纠纷解决过程的认同感和参与感更强；四是通过人民陪审员制度让人民群众直接参与审判、调解过程，提升公众在纠纷解决过程中的参与感。如四川自贸区法院就以特邀调解员颜敏命名调解工作室，入驻法院开展诉前纠纷调解工作，实现纠纷的多元化解贴近群众、依靠群众。

第二节　畅通自贸港多元化纠纷解决机制的衔接保障

自贸港多元解纷机制的全方位构建不仅需着眼于诉讼、仲裁、调解等具体解纷方式的发展和完善，还需强化不同解纷方式间的衔接保障建设。各解纷方式在整个多元机制中并非相互孤立与脱离的单独领域，而是互相联同协动,共同发挥高效、和谐化解自贸港矛盾纠纷最终目的的有机衔接整体。故而,我国应健全自贸港诉讼与非诉解纷方式间的衔接机制,完善自贸港非诉解纷方式间的协调联动,致力于全方位打造平滑运行、衔接有序的自贸港"一站式"纠纷解决平台。

一、健全自贸港诉讼与非诉讼解纷方式的衔接机制

长期以来,法院一直在矛盾化解问题上扮演主力军的角色。随着多元化纠纷解决机制改革的不断深入,各种非诉解纷机制日渐发展壮大,对缓解法院办案压力、合理配置司法资源起到了重要作用。自贸港构建多元化纠纷解决机制,就是要在各种非诉解纷方式百花齐放的形势下,实现诉讼与非诉纠纷解决方式间的有机平衡和高效衔接。最高人民法院于2016年发布的《最高人民法院关于人民法院进一步深化多元化纠纷解决机制改革的意见》从平台建设、制度建设、程序安排等方面对诉讼与非诉讼纠纷解决机制的衔接作出了明确指导,接着2019年、2021年分别发布的《关于建设一站式多元解纷机制一站式诉讼服务中心的意见》《关于深化人民法院一站式多元解纷机制建设推动矛盾纠纷源头化解的实施意见》均重申了完善诉讼与非诉讼实质性对接机制的重要性。我国各地出台的多元解纷条例也均将程序衔接作为重点内容予以规范。由此可见,健全诉讼与非诉解纷方式间的衔接机制是自贸港多元化解纷机制建构的题中之义和应有之举。

(一)诉调对接实质化机制建设

1. 设立独立诉调对接中心

诉调对接工作不仅仅是完成诉讼与调解间的简单对接,还包括案件分流、协调联络、司法确认、速裁审案等复合内容。对内,需要通过诉调对接机制对符合条件的案件进行全面筛选,实现案件合理分流。对于调解成功的案件,通过司法确认、速裁程序等快速结案;对于调解不成的案件,要通过搭建信息互通、资源共享平台,实现与审判业务庭的快速对接,及时通过速裁程序、简易程序或普通程序化解纠纷。对外,既要以"请进来"的方式特邀商事调解组织、行业调解组织、人民调解员、律师等入驻法院开展调解工作,也要以"走出去"的方式通过设立巡回法庭、派出法官参与基层矛盾纠纷的调处,加强与其他纠纷解决机构的联系。因而,诉调对接工作的系统化、复杂化决定了需要设立专门的统筹协调平台,负责诉调对接工作的统筹推进和全面

拓展。

从实践来看，许多地方法院都设立了诉调对接中心，但是在设立模式上呈现出不同做法。一种是合并设立模式，即将诉调对接中心合并设立在诉讼服务中心开展工作。另一种是单独设立模式，即设立具有独立编制的诉调对接中心专门负责诉调对接工作，如上海浦东新区人民法院的诉调对接中心就属于单独建制，并设立了民七庭作为诉调对接工作的运行机构。事实上，诉调对接中心的两种设立模式各有利弊。就合并设立而言，诉调对接中心与诉讼服务中心的统一管理能最大限度地简化案件对接流程，提升案件流转效率，但是随着多元化纠纷解决机制的深入发展，法院对诉调对接工作的重视程度不断增强，势必会导致诉调对接工作的系统性更强、涉及面更广、业务量更大。合并设立模式受制于人员、资源等限制可能难保诉调对接各项工作的有序进行。就单独设立模式而言，独立开展诉调对接工作有利于实现诉调对接案件的集中统一管理，推动诉调对接工作的系统化、规范化开展，提高诉调对接工作的专业性和针对性。但同时，诉调对接中心的独立运行也可能导致诉调对接工作与立案登记、诉讼服务等工作脱节，案件材料的流转过程趋于繁琐，从而降低对接效率。

但就矛盾纠纷化解多元化的工作推进而言，基于对今后诉调对接工作体量的基本判断，建设独立的诉调对接中心是不可扭转的发展趋势。在自贸港建设背景下，利益主体的多元化以及利益关系的复杂化，一方面要求通过高效运转的诉调对接机制确保纠纷的多元化解，另一方面要求通过调解与诉讼的精准对接，展现自贸港多元化纠纷解决机制高效、便捷的良好形象。故而在自贸港应以建立独立编制的诉调对接中心为原则，方能满足多元解纷机制的高效运转，在中心内设案件分流处、人民调解室、法官办公室、速裁审判庭等职能部门，兼顾诉调对接工作的独立性和衔接性，既要保障诉调对接工作的系统化开展，充分发挥诉调对接中心的各项职能，又要实现诉调对接中心与诉讼服务中心、立案庭、审判业务庭的高效衔接，为当事人提供优质的诉调对接服务。

2. 完善诉调对接程序设置

设置规范的诉调对接流程是实现诉讼和调解高效对接、促进纠纷及时化解的前提条件。调解作为一种协商性强、灵活度高的解纷方式，凭借其独特优势能够有效贯穿于诉讼全过程。在立案登记制下，诉讼程序的开始通常以立案庭的登记立案为节点,因而诉调对接工作既包括立案前与诉前调解过程的对接也包括立案后的诉讼调解。诉前调解是指当事人起诉到法院后,法院在登记立案前,将该纠纷分流到设置于法院立案大厅、诉讼服务中心、诉调对接中心的调解室处理,或委派给法院之外的相关机构进行调解,之后再根据调解是否成功,或出具司法确认文书或予以受理。[1]诉讼调解则是在人民法院立案后,案件被分配到审判业务庭,当事人在审判人员、法官助理或书记员的主持下进行的调解活动,既包括开庭审理前的调解也包括庭审过程中、庭审结束后判决作出前的调解,当事人达成调解协议的,通过出具调解书或者撤诉裁定书结案,调解不成的则继续审理。其中,与诉前调解过程的对接是诉调对接工作的核心环节。

为保障诉调对接工作的有序推进,在诉调对接流程中需把握三个着力点:一是将当事人自愿原则贯彻诉调对接工作始终,主要体现在诉前调解的启动应当以当事人自愿为前提。尽管现行《民事诉讼法》第 125 条规定了先行调解制度,《最高人民法院关于人民法院进一步深化多元化纠纷解决机制改革的意见》(以下简称《改革意见》)对适用调解前置程序的纠纷范围和案件类型作出了明确列举,但这并不意味着诉前调解是具有强制性的必经过程。相反,上述条文均明确先行调解程序应当建立在征求当事人意愿的基础上。因此,为充分保障当事人的自由意志,对于符合诉前调解标准的案件,必须在充分询问当事人并明确其进行诉前调解意愿后方能开展后续工作。二是诉调对接过程应以高效、便捷为目标,尽量简化不必要流程,提升诉调对接工作效率。在以往的司法实践中,由于缺乏专门性诉调对接部门对诉调对接工作进行统筹管理,容易产生多个部门之间流程重复、沟通不畅、衔接不顺的现象,导致诉调对接效率低下。在建立专门诉调对接中心后,可充分发挥诉调对接中心的集约化管理优势,保证诉调对接工作的高效运转。三是要通过积极引入社会力量,建立特邀调解名册,为诉调对接机制提供可靠的人员保障,提升诉前调解的专业化、职业化程度。据统计,2021 年人民法院对接的调解组织和调解员数量分别达到 6.3 万个和 26 万名,借助社会力量诉前调解成功案件 610.7 万件,同比增长 43.9%,充分表明社会力量在诉调对接机制中发

---

[1] 王亚新:"诉前调解的建构:目的、悖论、因应之策",载《人民司法(应用)》2018 年第 31 期,第 20~23 页。

挥着不可或缺的重要作用。[1]

因此,结合司法实践中有益经验,自贸港法院在诉调对接工作流程上可作如下安排(如下图所示):对于起诉到法院的符合诉前调解条件的案件,立案庭(诉讼服务中心)在取得当事人同意后,应先行编立诉前调案号,并将案件发送至诉调对接中心或相应部门负责诉前调解工作,若当事人不同意,则及时立案并分配至审判业务庭。诉调对接中心在收到诉前调解案件后,可由中心内设立的调解室进行调解或者委派其他调解组织调解。对于调解成功的案件,直接由中心内设立的速裁庭进行司法确认或者出具调解书结案,对于调解不成的案件,则及时立案。

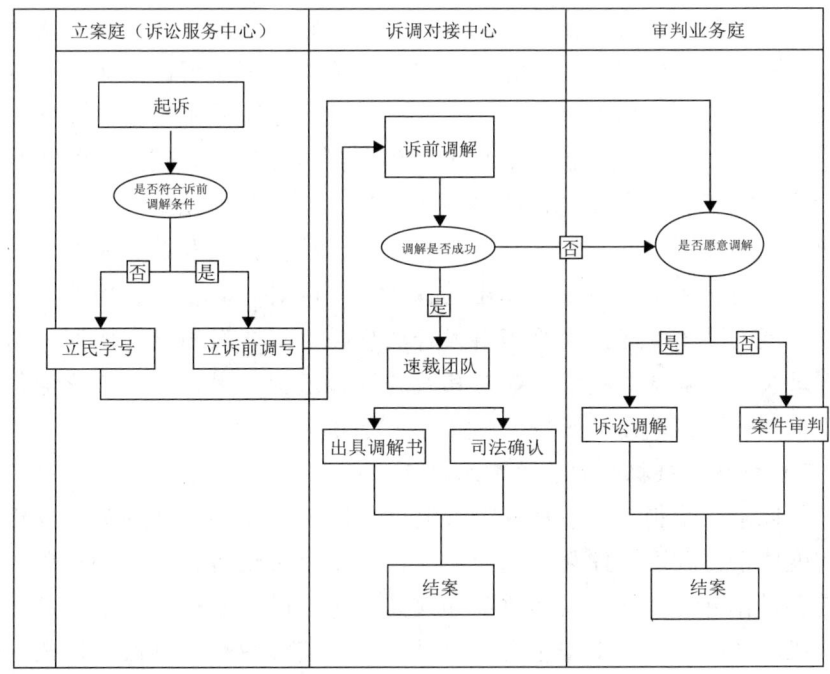

3. 建立诉调对接保障机制

自贸港法院在诉调对接机制的完善上,还需建立完备的保障机制,以保证对接机制的畅顺运转。其一,要简化司法确认的申请程序。对于经由诉调

---

[1] 周强:"推进中国特色一站式多元纠纷解决机制建设",载《人民日报》2022年3月3日。

对接中心内工作人员调解达成的调解协议，可以直接交由诉调对接中心内设立的速裁庭进行司法确认；对于诉调对接中心委派中心外的调解人员或调解组织调解而达成的调解协议，也应由该人员或组织直接将调解协议移送回诉调对接中心进行司法确认，无需当事人另行申请。其二，要兼顾对调解协议内容的形式审查和实质审查，保证当事人间纠纷的切实有效化解，并且不对第三方或国家社会利益造成不利影响。其三，要完善在线司法确认制度。考虑到涉自贸港纠纷当事人往往来自不同地区甚至不同国家，为给当事人提供便捷的纠纷解决服务，在许多法院已经开设在线调解服务的背景下，应当同步创建在线司法确认机制，制定在线司法确认规则。

此外，自贸港法院还可通过适度引入并完善无争议事实记载制度保障诉调对接工作的高效进行。在当事人没有达成调解协议的情况下，为快速推进后续诉讼进程，对当事人在调解过程中没有争议的事实可通过无争议事实记载制度免于举证。最高人民法院在《改革意见》中也明确提出要探索无争议事实记载机制。[1]鉴于该制度在探索实施的试点阶段，自贸港法院在对该制度进行适用时还需对程序进行严格规范：其一，要明确无争议事实的内容范围，应仅限于客观存在事实，涉及身份关系、社会公共利益、他人合法权益以及当事人为达成调解协议而作出的让步应当除外；其二，为规范无争议事实记载制度的适用情形，保障当事人合法权益，只能对通过书面形式确认的无争议事实予以确认；其三，要在其后的诉讼过程中设置对无争议记载事实的异议询问环节，以提升无争议事实的正当性和合法性基础。

（二）诉仲对接机制的有效建立

长期以来，受制于"或裁或审"制度的限制以及诉讼和仲裁各自相对健全的制度体系，诉讼与仲裁在纠纷解决机制中呈现出各自为营的现象。但在自贸港多元化解纷机制建设和改革如火如荼进行的背景下，加强诉讼与仲裁的衔接机制建设亦成了工作重点。但是，目前实践中有关诉讼与仲裁有机衔接的做法并不多，并且已有的举措和内容仍聚焦于传统的司法对仲裁的支持与监督以及仲裁机构和法院的业务性联系，并未充分实现诉讼与仲裁的相互融合和配合。伴随着"一带一路"倡议、自贸试验区、自贸港等对外开放战略的纵深推进，我国国际商事仲裁制度已取得日新月异的发展，探索仲裁与

---

〔1〕 参见《改革意见》第23条：探索无争议事实记载机制。

诉讼有机衔接的时机已然成熟。2021年6月3日，重庆市高级人民法院发布"2016-2020年商事仲裁司法审查十大典型案例"，其中"俄罗斯EL国际旅行社诉重庆KH旅行社委托合同纠纷案"展示了重庆自贸试验区人民法院依托"一站式"纠纷解决平台探索诉仲对接的先进做法。自贸港作为比自贸试验区更具开放性和创新性的"试验田"，更应从纠纷处理的全过程探索诉讼与仲裁的衔接路径。

在纠纷处理前，可尝试在法院诉讼服务中心引入仲裁机构或仲裁委员会设立仲裁窗口对案件进行分流。具体而言，对于当事人之间没有仲裁协议的案件，立案庭经审查认为适宜通过仲裁解决纠纷的，应当为当事人详细分析选择诉讼或仲裁化解矛盾之利弊，明确告知和引导当事人至仲裁窗口，由仲裁工作人员引导当事人达成仲裁协议并选择通过仲裁方式解决纠纷。对于当事人间业已存在仲裁协议但仍选择到法院进行诉讼的，若属于约定不明但能够认定仲裁协议有效的，立案庭应引导当事人到仲裁窗口通过仲裁解决纠纷；若属于需要达成补充协议才能认定仲裁协议有效的，立案庭应在明确当事人的纠纷解决意愿后再决定是否将案件分流至仲裁窗口。与此同时，自贸港法院应加强与仲裁组织的沟通交流，通过定期开展座谈会、研讨会等方式，促进仲裁人员与审判人员充分沟通，在诉讼与仲裁的衔接目标、衔接制度等问题上达成共识，方便诉仲对接工作的有序开展。

在纠纷处理过程中，诉讼应对仲裁采取支持为主、适度监督的态度。首先，要加强诉讼对仲裁的支持力度。一是要赋予仲裁庭以自裁管辖权。当事人对仲裁协议效力有异议的，可由仲裁庭直接作出裁定。二是法院应当及时办理仲裁机构的保全申请。为缩减仲裁机构与法院间案件材料流转耗费的时间，仲裁机构和法院可通过互相设立办事处的方式提高材料流转效率。对于转交到法院的保全申请，法院应当及时作出决定，以保障仲裁程序的高效推进。三是法院应就证人出庭、收集证据等事项对仲裁庭提供协助。四是通过"部分撤销"制度体现支持仲裁的司法态度，当事人以超裁为由申请撤销仲裁裁决的，人民法院可以仅撤销仲裁裁决中的超裁部分，维护未超裁部分的法律效力。其次，要通过完善司法审查制度实现司法对仲裁的适度监督。一是可以通过放宽仲裁协议的审查标准，对仲裁协议作出尽量有效的解释，促使纠纷通过仲裁化解；二是通过统一撤销涉外仲裁和国内仲裁裁决的审查标准，将审查内容限于程序性事项，提升仲裁公信力；三是完善仲裁裁决的撤销程序，防止司法对仲裁的过度监督。对仲裁机构而言，在审查是否撤销仲裁裁决的过程中应充分保障仲裁机构的知情权和申辩权，充分听取仲裁机构的意见。对当事人而言，在裁定作出后应赋予当事人对撤销仲裁裁决裁定的上诉权，完善当事人对不当司法监督的救济渠道。

（三）诉讼与其他非诉解纷方式的互动衔接

就自贸港多元化纠纷解决机制构建而言，除了畅通诉讼与调解、仲裁两种主要非诉讼解纷机制的衔接外，加强与其他非诉解纷方式的对接互动亦同样重要。

第一，就治安管理、社会保障、交通事故赔偿、医疗卫生、消费者权益保护、物业管理、环境污染等矛盾多发领域，自贸港法院应主动加强与行政机关的对接，促进与行政调解、行政和解、行政裁决等行政纠纷解决方式的有效衔接。积极与交警部门、劳动争议行政主管部门、知识产权行政主管部门、卫生行政主管部门等行政机关建立联动机制，通过指派法官入驻相关行政部门、构建联席会议制度、完善信息共享机制等方式：一方面，为行政机关或者行政调解组织依法开展行政和解、行政调解工作提供支持与协助；另一方面，加强行政主管部门与司法部门的协调联动，搭建诉讼与非诉讼解纷方式的衔接平台。

第二，自贸港法院应充分挖掘和利用社会组织的作用和力量，加强与社会组织的衔接和沟通。积极推动具备条件的商会、行业协会、律师协会、民办非企业单位、商事仲裁机构等设立商事调解组织、行业调解组织、律师调解组织，并通过定期举办交流会、培训会等方式，建构对接机制、完善对接程序，充分发挥诉前解纷作用。此外，还应支持工会、妇联、共青团、法学会等组织参与纠纷化解。如通过不定期指派法官到妇联工作站或设立办事处等方式，对涉及妇女儿童权益的案件进行现场指导，积极邀请妇联干部作为特邀调解员或以人民陪审员身份参与案件的调解或审理。支持法学会动员组织广大法律工作者参与矛盾纠纷化解，开展法律咨询服务和调解工作。

第三，自贸港法院还应大力加强与社会综合治理中心的对接，促进矛盾纠纷的基层化解。为充分发挥综治中心社会治理、维护稳定、纠纷化解的综合性功能，需整合各类资源，统筹各部门力量。因此，应加强自贸港法院和综治中心的协调联动，通过在综治中心设立司法窗口、定期开展联席会议等方式，建立矛盾纠纷排查化解对接机制，畅通信息沟通渠道。同时，还要充分利用综治中心深入基层、贴近群众的优势,为司法工作提供便利,如协助法院调查取证、完成送达工作、配合执行工作等。

二、完善自贸港非诉解纷方式的衔接机制

在诉讼以外的纠纷解决方式中,调解不仅是成本最低、最有利于恢复双方关系的纠纷解决方式,而且经过经年累月的发展,其专业化和职业化程度亦得到了显著提升,能够有效化解各领域的矛盾纠纷。调解以其广泛的适用性和高度的灵活性,能有效实现与各种纠纷解决方式及其各个阶段的有效衔接,因而,在畅达各种非诉解纷方式的衔接过程中,应当充分发挥调解的纽带和桥梁作用,实现非诉讼纠纷解决方式之间的紧密衔接。

(一)多调对接机制的协调联动

鉴于人民调解是多种调解模式中法律依据最全面,发展实践最充分的调解方式,因此在多调对接机制联动问题上,应主要着眼于以人民调解为桥梁,与其他调解方式的衔接与互动。

第一,就人民调解、行政调解和司法调解相互间的"三调联动"工作体系而言,十八届四中全会、十九届四中全会多次提出要完善人民调解、行政调解、司法调解联动工作体系。其中,人民调解以其群众性、自治性、灵活性的独特优势,深度融合于各类纠纷解决机制,成了多元解纷的"第一道防线"。因此,在"三调联动"工作格局中,要充分发挥人民调解的基础性作用,积极推动建立以人民调解为基础,人民调解与行政调解、司法调解相互衔接配合的工作机制。就联动模式而言:一是可以采取进驻式的模式,由人民调解委员会在行政机关、司法机关设立人民调解室,常驻有关部门进行调解。二是一体式构建模式,由人民调解委员会直接与行政机关或司法机关合作设立联合调解室。如实践中的警民联调室就是由司法所、公安机关和人民调解委员会构成三方衔接联动机制的典型示范。三是以引驻式的方式通过在人民调解委员会内设立专门的对接办公室负责管理案件的移交衔接工作。就联动程序而言,无论当事人选择何种解纷方式,首先都应向其释明人民调解的优势,在当事人自愿的前提下将纠纷第一时间引入人民调解渠道。

第二,是通过促进人民调解的行业性、专业性建设,加强人民调解与行业调解、专业调解的有机衔接。矛盾纠纷类型的日趋多样复杂化不仅对人民调解的专业性、行业性提出了更高要求,而且还催生出了专门从事类型化调

解工作的行业调解组织、专业调解组织。为实现传统人民调解和行业调解、专业调解的优势互补，发挥调解机制整体合力，有必要从机构、人员和业务开展三个维度加强人民调解与行业调解、专业调解的合作联动。在机构的联动上：一方面，可以引入行业性、专业性调解组织在人民调解委员会针对矛盾纠纷较突出的领域设立各种行业性、专业性调解室，如医疗纠纷调解室、物业纠纷调解室、道路交通侵权纠纷调解室等；另一方面，人民调解委员会可在行业性、专业性调解组织设立办事处，参与纠纷的共同化解。在人员的联动上，人民调解委员会可以与行业性、专业性调解组织建立调解员合作培养机制。既能够通过专业性、行业性调解组织对人民调解员进行专业培训，提升人民调解的专业化程度，又能通过人民调解员在调解方法和技巧方面的切身经验引导行业性、专业性调解活动的顺利开展。在业务开展上，行业性、专业性调解组织在开展工作时应充分借助人民调解组织的基层性、群众性基础去完成地域性强、工作量大、耗时多、对专业程度要求不高的跟踪回访等工作。人民调解委员会在遇到专业性强和有行业特征的矛盾纠纷时可以向专业性、行业性调解组织"求助"，邀请专业性、行业性调解组织加入纠纷化解过程或直接由其接手调解工作。

（二）仲调对接机制的有序建立

在自贸港建设背景下，商事往来的日益频密，要求多元化纠纷化解方式向着保密性更强、冲突性更弱、效率更高的趋势发展。一方面，能高效化解争议双方矛盾；另一方面，能适当维持当事双方友好关系和可持续商事发展。探索仲裁与调解的衔接机制，能够有效融合仲裁和调解的纠纷化解优势，既能充分展现调解对抗性弱、灵活性强的特点，维护争议双方的友好关系，又能以仲裁裁决的约束力和执行力，提升纠纷解决结果的确定性和权威性。

在衔接主体方面，首先具备条件的仲裁机构应探索建立自身的调解中心，一方面对外开展调解业务，另一方面实现机构内部仲裁业务与调解业务的无缝对接，如海南国际仲裁院内设的国际商事调解中心、深圳国际仲裁院内设的深圳国际仲裁院调解中心。此外，仲裁机构还应加强与其他调解中心的沟通交流，积极通过签订合作协议、互设办事机构等方式建立长期稳固的合作关系。如海南国际仲裁院与海口国际商事调解中心通过签署战略合作框架协议，围绕海南自贸港建设过程中的多元解纷需求，深化仲裁与调解的深度沟通机制，创新"调解+仲裁"的争议解决新模式，实现强强联合、优势互补。

在衔接方式上，应当丰富仲调结合形式。基于仲裁与调解进行的先后顺序，调仲结合可以被分为"先调解后仲裁"与"先仲裁后调解"两种模式。前者是指在仲裁庭组成之前、仲裁程序开始之前，先启动调解程序，调解成功的则由后续的仲裁程序根据调解协议制作调解书或裁决书结案，调解不成的则继续通过仲裁解决纠纷。后者则是指在仲裁庭组建之后，仲裁程序开始之后，由仲裁员或调解员进行调解，调解后的结果与前者相类似。从我国仲调结合的实践来看，现行《仲裁法》第51条、中国国际经济贸易仲裁委员会《仲裁规则》第47条、海南国际仲裁院《仲裁规则》第48条等都仅规定了"先仲裁后调解"模式，即在仲裁程序开始后由仲裁庭主持双方进行调解。在这一点上，《上海自贸区仲裁规则》作出了突破。其在第50条和第51条分别规定了调解员调解和仲裁庭调解，明确指出调解员调解是在仲裁案件受理后至仲裁庭组成前的调解程序，并且对仲调对接程序也作出了较为全面的规定。自贸港要构建仲裁与调解的衔接机制，强化二者间的双向互动和协同发力，可以《上海自贸区仲裁规则》为参照，既规定传统的"先仲裁后调解"模式，也对"先调解后仲裁"予以规范。

在衔接程序设计上，应当充分贯彻当事人自愿原则，保障当事人的选择权。首先在对接程序的启动方面，仲裁机构在受理案件前应当明确告知当事人有权先行调解，在征得当事人同意后方能将纠纷移送至本机构的调解中心或者与本机构建立合作关系的其他调解组织进行调解。在仲裁程序开始后，也只有在当事人双方达成调解合意的前提下，仲裁庭才能中止仲裁程序进行调解。其次是仲裁员和调解员能否由一人担任只能由当事人自行决定。在仲裁程序转换为调解程序后，仲裁员和调解员由一人担任虽然能够免去不同人员熟悉案件事实以及流转案件材料的对接过程，大幅提高程序衔接效率，但也难免会影响仲裁员对案件的预期判断。具言之，"先调解后仲裁"模式可能会导致调解员在先行调解过程中对案件产生先入为主的第一印象，进而影响后续在仲裁过程中的居中裁判；"先仲裁后调解"模式则可能会使仲裁员在调解过程中利用仲裁权将意见强加于当事人，出现"以裁压调"的现象。[1]鉴于仲裁和调解都是极度强调当事人意思自治的纠纷解决方式，对该问题的解

---

[1] 胡军辉、赵毅宇："论仲调结合在'一带一路'商事纠纷解决中的运用"，载《南华大学学报（社会科学版）》2018年第4期，第35~42页。

决也应回归到当事人的自主合意,由当事人自行决定是否由同一人既担任调解员又担任仲裁员,但仲裁机构仍有义务为当事人作出选择提供必要协助。一是要明确告知当事人两种方式的利弊,为当事人作出选择提供客观参考;二是要通过要求当事人签署意向书、同意书等方式确保双方当事人对仲裁员和调解员由一人担任达成一致意见;三是要加强对仲裁员和调解员的监督,保证仲裁程序和调解程序的公平公正进行。最后是要完善调解协议作出后的监督和保障机制。对于当事人在仲裁前达成调解协议,要求根据调解协议制作裁决书的,仲裁庭有权对调解协议进行实质性审查,拒绝就虚假、恶意的调解协议制作调解书或裁决书。对于当事人在仲裁过程中达成的调解协议,仲裁庭作出调解书或裁决书后,仲裁机构也有权对其合法性进行监督和审查,防止出现错误和不公正的裁决。

(三)拓展调解与其他非诉解纷方式的衔接路径

把调解融入各种非诉解纷方式,探索调解与其他非诉解纷方式的衔接路径,既是在自贸港打造具有中国特色的多元化纠纷解决机制的必要之举,也是坚持和发展新时代"枫桥经验",推进国家治理体系和治理能力现代化的必然要求。

第一,要推动人民调解与行政复议的衔接。具言之,自贸港行政机关在收到行政复议申请后,应在明确告知和取得当事人同意的前提下,将适合进行调解的争议移交至与行政机关建立合作关系的人民调解办公室进行调解。达成调解协议的,由当事人向复议机关撤回行政复议申请,行政机关终止复议程序;调解不成的,行政复议机关则应依法受理并作出决定。

第二,要推动调解,尤其是专业调解、行业调解与公证机构的有效衔接,促进公调对接机制发展。由于经公证的债权文书具有强制执行效力,可以不经诉讼直接成为人民法院的执行依据,因而自贸港公证机构对缓解法院办案压力、推进多元化纠纷解决机制改革拥有一定优势。但在公调对接机制中需要注意的是,就适用范围而言,由于公证机构的业务范围是由《公证法》予以明确的,因此公调对接机制的适用范围仅限于公证机构的业务范围。就合作模式而言:一方面,调解组织可入驻自贸港公证机构,对其开展的调解工作予以指导和协助,促成纠纷的及时有效化解;另一方面,自贸港公证机构可在调解中心设立办事处,对于符合条件的调解协议,建立对调解协议进行赋强公证的"绿色通道",提高解纷效率。

第三,要促进人民调解与信访活动的对接。信访作为倾听群众呼声、反映群众意愿、处理群众诉求的重要方式,对预防和化解社会矛盾、维护社会和谐稳定具有重大意义。通过与人民调解的有效衔接能够切实实现将矛盾纠纷发现在萌芽、吸附在基层、化解在初始状态。[1]具体而言,在运作方式上,自贸港信访部门应设立专门的访调对接人民调解工作室,派驻专职调解员负责开展调解工作,通过定期召开联席会议,解决信访调解室运行过程中发现的问题,统筹"访调对接"工作。对于信访事项复杂、群体性信访等情形,可邀请相关调解委员会参与信访接待、信访听证过程,依法及时共同参与信访工作。在运作过程上,自贸港信访部门在接访阶段,首先应对信访事项性质进行严格甄别,对于适宜通过人民调解解决的事项,应对当事人进行充分告知,通过签署《调解申请书》《移送转办函》等书面文件明确当事人的调解意愿。然后将案件移送访调对接人民调解工作室,指派相应人民调解员负责开展调解工作。对于信访事项难度大、专业性强的情形,可通过积极引入行业协会、律师协会等社会力量参与访调对接、建立信访事项调解专家库等方式为调解工作提供专业支持,做到能调尽调,不断提高信访矛盾化解成功率,充分发挥访调对接机制的最大优势。

三、全方位打造自贸港"一站式"纠纷解决平台

所谓纠纷化解的"一站式",就是让纠纷当事人享受到一次性完成或一步到位的便捷服务,[2]是为适应纠纷解决新需求,对多元化纠纷解决机制提出的更高水平的要求和更完善的标准。自贸港要打造"一站式"纠纷解决平台,必须以建立分层递进、繁简结合、衔接配套的多元化纠纷化解体系为根基。

第一,要坚持"把非诉讼纠纷解决机制挺在前面",构建以调解为第一道防线,仲裁、行政裁决、行政复议等方式为第二道防线,司法为最后一道防线的分层递进的纠纷解决机制。[3]为此,在纠纷解决过程中需首要构建调解

---

[1] 张宏梅:"加强访调对接 实现矛盾不上交——四川省达州市有力有序推进试点工作",载《人民调解》2018年第10期,第26~28页。

[2] 赫荣平、秦富:"浅议一站式多元解纷机制",载《辽宁行政学院学报》2020年第1期,第36~39页。

[3] 龙飞:"论多元化纠纷解决机制的衔接问题",载《中国应用法学》2019年第6期,第128~149页。

前置程序，不仅要把调解置于诉讼程序之前，还要把调解置于其他非诉讼纠纷解决机制之前。在建立调解前置程序的基础上，充分利用人民调解委员会的基础性地位和作用，整合各类调解资源，全力打造一站式综合型调解服务平台。对于无法通过调解方式解决的纠纷，要尽可能引导当事人选择诉讼以外的方式化解纠纷，如仲裁、行政裁决、行政复议等。

第二，对于流入诉讼渠道的纠纷，要充分发挥诉讼服务中心作用，打造"一站式"诉讼服务体系。基于诉讼服务中心"对外面向公众、对内服务法院审判工作"的综合性服务性质，借助诉讼服务中心功能的多元化发展为当事人提供一站式纠纷解决服务。一方面，对于进入诉服中心的案件，通过非诉分流、繁简分流等分流方式对案件进行初步筛选，符合调解条件的案件进入诉前调解程序。并通过将速裁快审工作集中到诉服中心，促进"分流+调解+速裁+快审"机制改革，实现纠纷的一站式化解。另一方面，通过将诉讼服务业务和审判辅助事务集约到诉服中心进行系统化管理的方式为当事人提供一站式诉讼服务体验。

第三，要通过建立顺畅的衔接配套制度，实现各种纠纷解决方式"1+1>2"的效果。具体而言，运转良好的衔接机制应从衔接主体、衔接程序、衔接效力三个方面对诉讼和非诉讼解纷方式之间以及非诉讼解纷方式之间的协调衔接作出统筹规定，实现各种纠纷解决方式的实质化、科学化对接。就主体上的衔接而言，各种纠纷解决方式的主体应当加强协调配合，实现优势互补。如调解组织应积极参与司法机关、行政机关的调解前置程序，调解组织在化解纠纷过程中也可邀请司法机关等提供指导和帮助。就程序上的衔接而言，要以确保公正、快捷高效、便民利民为目标，推动一站式纠纷化解机制高效运转。就效力上的衔接而言，要通过不断完善配套制度（如司法确认制度、无争议事实记载制度等）确保解纷结果的实质化对接。

自贸港要为当事人提供一站式纠纷解决服务，需要建立实体化运行的一站式纠纷解决中心，真正实现让当事人"少跑路"。具言之，要尽可能将提供诉讼、仲裁、调解以及其他纠纷解决服务的部门汇集起来，实现片区化集中、协作化办公，通过实体化运行的一站式纠纷解决中心为当事人提供全方位的纠纷解决服务。如新加坡的麦克斯韦多元化纠纷解决中心就汇集了世界顶级的替代性纠纷解决机构，如国际商会仲裁院（ICC）、国际投资争议解决中心（ICSID）、海牙常设仲裁法院（PCA）、伦敦商事仲裁法庭（LCIA）、世界知识产权组织仲裁和调解中心（WIPO）等。此外，为提高当事人纠纷化解的满意度，该中心还配备了酒店餐饮等配套服务，切实提升了当事人的一站式解纷体验。为适应我国对外开放水平不断提升的新形势，打造国际化、多元化、便利化的一站式纠纷解决中心，我国上海自贸区临港新片区也作出创新尝试。2020年12月，上海自贸区临港新片区法律服务中心正式揭牌，包含上海市第三中级人民法院（上海知识产权法院）、上海海事法院、上海金融法院、上海国际仲裁中心、中国海事仲裁委员会上海总部、上海经贸商事调解中心、上海市金融消费纠纷调解中心的11家诉讼、仲裁、调解机构签署入驻协议，打造了汇集诉讼、仲裁、调解等多元化纠纷解决机制的一站式化解纠纷平台。该法律服务中心还引入了律师事务所、公证服务窗口、外国法查明中心等机构，实现律所、公证、鉴定、域外法律查明等法律服务机构资源共享、空间并存，致力于将临港片区法律服务中心打造成对标国际先进水准的"一站式"法律综合服务平台。

第四，自贸港相关纠纷解决往往涉及分处不同国家的当事人，在构建一站式多元解纷平台时，要充分发挥在线纠纷解决机制的优势，打造线上线下相结合的"一站式"纠纷解决平台、致力于矛盾纠纷的高效化解。互联网时代，任何机制的建立和改革脱离了信息化技术的支撑均是很难取得长远发展的，自贸港一站式纠纷解决机制的构建也不例外。一是要构建在线一站式纠纷解决平台，利用互联网信息的开放性和共享性，充分发挥在线平台的资源整合作用。二是要扩大在线纠纷解决方式的范围。除在线诉讼、在线调解、在线仲裁等独立纠纷解决方式外，还应当将为纠纷解决工作服务的过程性和辅助性事务囊括进来，如在线司法确认、在线执行、在线信访等。三是要利用在线纠纷解决平台的数据收集和分析功能，研究纠纷多元化解的运行情况和发展态势。在线纠纷解决平台在运行过程中会自发地、不间断地就纠纷化解各流程产生大量数据（如用户类型数据、纠纷类型数据、解纷成效数据等）。通过对这些数据进行深度分析，一方面有利于对纠纷进行预防和排查，另一方面有助于不断完善矛盾化解过程的制度设计和程序安排，促使一站式纠纷解决机制的优化升级。在线上纠纷解决平台的建设方面，全国范围内已有许多先例可循。如浙江省"在线矛盾纠纷多元化解平台"兼具在线咨询、评估、调解、仲裁、诉讼五大功能；临港新片区法律服务中心发布的一站式争议解决云平台，分为诉讼、检察、仲裁、调解、公证及律师服务等板块，

自由贸易港多元化纠纷解决机制建构研究

当事人通过电脑或手机终端操作就能获得一站式法律服务。自贸港作为开放水平最高的前沿阵地，产生的纠纷可能会涉及来自世界各地的当事人，对纠纷的一站式化解具有更迫切的需要和更现实的需求。因此，自贸港可借鉴新加坡的先进经验，以临港片区法律服务中心为参照，构建汇集司法机关、行政机关、仲裁机构、调解组织等纠纷解决服务机构的法律服务中心。鉴于现代信息技术的发展为自贸港多元解纷机制构建提出的全新要求和产生的深远影响，本章第三节会专节就自贸港解纷机制的技术保障进行全面研析。

第三节 完善自贸港多元化纠纷解决机制的技术保障

随着大数据、云计算、区块链、人工智能等现代信息技术的发展，自贸港多元化纠纷解决机制改革也提出了信息化、智能化、便捷化的新要求。早在 2016 年《改革意见》就明确指出要根据"互联网+"战略要求，推广现代信息技术在多元化纠纷解决机制中的运用，促进多元化纠纷解决机制的信息化发展。经过近年来的不懈努力，在解纷模式方面，以"互联网+多元化纠纷解决"为动力，在线诉讼、在线仲裁、在线调解等纠纷化解模式日益成熟。在平台搭建方面，在形成多样化在线纠纷解决服务平台的基础上，与解纷服务互为支撑的矛盾纠纷预警平台、一体化处理平台等全面开花，切实构建起全方位、立体化的多元化纠纷解决服务平台。可以说，在互联网时代，信息化、智能化是最鲜明的特征，是引领和驱动创新发展的先导力量和显著优势。落实到自贸港多元化纠纷解决机制构建，必然要将信息化、智能化技术作为多元化纠纷解决机制改革的新动能，为自贸港多元化纠纷解决机制迈向国际前沿水准提供强有力的技术保障。

一、自贸港线上解纷方式的推广运用

在互联网信息技术迅猛发展的时代背景下，多元化解纷机制也被注入了新的活力。在诉讼领域，越来越多的信息技术被应用到法院的司法活动中，全国各地法院在推广在线诉讼模式上取得了长足进步。除传统的诉讼领域实现了信息化、科技化革新外，仲裁、调解等非诉讼纠纷解决方式通过与信息和通信技术的有机结合也催生出了在线仲裁、在线调解等在线解纷机制，并通过其在网络空间的广泛运用极大地丰富了多元化纠纷解决机制的内涵。自

贸港纠纷自身涉外属性较强的特性，以及自贸港改革力度的空前性，引致在自贸港进行纠纷化解多元化模式的构建，必然不能忽视互联网技术带来的便利。

（一）打造在线诉讼模式

诉讼作为多元化纠纷解决机制的核心组成要件，在信息化时代扮演着探索纠纷解决模式创新的重要角色。经过近年来的快速发展，在线诉讼模式已然取得了跨越式、突破式的发展。

第一，在诉讼规则层面，中央和地方陆续出台了一系列在线诉讼规则。如 2021 年 6 月 16 日，最高人民法院出台的《人民法院在线诉讼规则》（以下简称《在线诉讼规则》）对主要的在线诉讼环节作出了比较系统和明确的规定。2020 年 2 月，上海市高级人民法院和北京互联网法院相继发布了《上海市高级人民法院关于积极推广并严格规范在线庭审的通知》《北京互联网法院电子诉讼庭审规范（试行）》，对本地方的在线诉讼运行提供了明确指引。但由于在立法层面缺乏对在线诉讼机制的统一规定，实践中仍然存在对在线诉讼适用范围不一、不规范的情形。尤其是在新冠疫情期间，受制于特殊情势，无论是民事、行政还是刑事案件，无论为一审还是二审案件，无论为简单还是复杂案件几乎都可以适用在线诉讼。为此，《在线诉讼规则》第 3 条不仅明确列举了在线诉讼的适用范围包括民事、行政以及部分刑事案件，并且以兜底条款的方式规定其他适宜采取在线方式审理的案件也可适用在线诉讼，能够适应在线诉讼的快速发展及适用范围的不断扩展。为给自贸港在线诉讼的运行提供系统化的规范指引，应加快制定适用于自贸港的在线诉讼规则，参照《在线诉讼规则》的规定，采取列举加兜底的方式对在线诉讼的适用范围作出周延规定、为未来在自贸港拓展在线诉讼的适用范围提供弹性的制度空间。

第二，在审理模式方面，从目前在线诉讼的普遍审理模式来看，大多都要求各方当事人及法院法官同步进入在线庭审系统，在庭审过程中保持实时在线，在线同步进行举证、质证，法庭辩论等诉讼环节，即采用同步审理模式。这样的审理模式虽然突破了传统线下庭审的空间限制，但是仍然要求各方参与人在时间上的统一性并且一旦一方参与人因技术设备等原因无法实现统一步调就会出现庭审难以进行的情形。为解决此类同步审理模式的障碍，杭州互联网法院于 2018 年在《涉网案件异步审理规程（试行）》中创新性地推出了异步审理模式。随后，广州、北京互联网法院也相继提出了非同步审理模式。2022年3月28日，上海市高级人民法院专门发布了《关于在线异步诉讼的若干规定（试行）》。根据该规定的第1条，在线异步诉讼，是指经各方当事人同意，人民法院指定当事人在一定期限内，分别登录线上诉讼平台，在信息对称的情况下以非同步的方式开展调解、证据交换、询问、庭审等各种诉讼活动的诉讼模式。[1]在在线诉讼已得到广泛适用的背景下，相较于普遍的同步审理模式，异步审理模式不仅打破了审判的"空间限制"，更是打破了审判的"时间限制"。[2]但为缓解异步审理模式与传统民事程序基本原理（如直接言辞原则）间的矛盾，应当对异步审理机制作出合理限制，以强化其程序正当性。如《在线诉讼规则》第20条在对非同步审理进行肯定的同时，从适用的案件性质、适用条件和适用方式上对非同步审理作出合理限定。为充分发挥在线诉讼模式的最大优势，在自贸港构建在线诉讼机制可适度引入异步审理模式，并参照《在线诉讼规则》对其适用条件作出合理限定，在案件性质上应仅限于适用小额或简易程序审理的案件，在适用条件上应由当事人提出书面申请并取得各方参与人的同意，在适用方式上采取录制庭审视频并上传的方式。与此同时，为保障异步审理模式下诉讼的公正性，应当规定在发现事实争议较大不宜继续适用异步审理情况下的转换机制。

第三，在在线诉讼的适用环节上，2020年最高人民法院工作报告显示，疫情期间全国各级人民法院网上立案136万件、开庭25万次、调解59万次、电子送达446万次。这充分显示了我国已经基本建立起较为系统的在线诉讼体系，在线诉讼已覆盖诉讼活动的全流程各方面。为在自贸港提供周延的在线诉讼服务，应当从诉讼活动的各个环节入手，建立健全在线诉讼服务体系。一是在立案环节，自贸港法院应在官方网站、微信公众号等多种渠道上开通网上立案功能，为当事人提供启动诉讼程序的多种入口。并且，考虑到不同当事人的操作难度，应当以文字、图示或者视频方式对操作流程进行展示说明，为当事人顺利完成网上立案提供协助。二是在庭审环节，由于在线庭审过程的持续十分依赖软硬件设施和网络运行速度，因此法院一方面要充分利

---

[1] 参见《关于在线异步诉讼的若干规定（试行）》第1条。
[2] 肖建国、丁金钰："论我国在线'斯图加特模式'的建构——以互联网法院异步审理模式为对象的研究"，载《法律适用》2020年第15期，第96~109页。

用互联网技术积极解决线上庭审面临的技术问题，不断优化升级与线上庭审要求相适应的软件和硬件设备，另一方面要加强对法官助理以及书记员的线上开庭培训，继而指导当事人、诉讼代理人等顺利完成线上庭审流程。三是在送达环节，要充分利用传真、电子邮件、移动通信等现代化电子手段进行电子送达。在实现诉讼全部环节电子化的基础上，应充分保障当事人的程序选择权，当事人既可以选择对诉讼的全部环节线上进行，也可以选择仅部分环节线上进行，自贸港法院应为线上线下的程序转换以及已经进行的在线诉讼环节的效力提供充分保障。

（二）推广网络仲裁机制

在各种在线化纠纷解决机制中，网络仲裁凭借其既突破时间地域限制，又具有仲裁特性的显著优势，在多元化纠纷解决机制的信息化改革中占据重要地位。仲裁作为在自贸港备受青睐的非诉讼纠纷解决方式，要发展其网络化模式，应从仲裁协议的效力、审理方式、仲裁裁决的形式和送达等方面为其信息化、科技化转型提供细化解释和制度支持。

从仲裁协议的效力来看，自贸港网络仲裁要扩大对仲裁协议"书面性"和签署要求的解释。有效的仲裁协议是启动仲裁程序的前提和基础，因而无论是国内还是国外均对仲裁协议的形式作出了严格的规定，要求仲裁协议必须借助一定的物质载体进行表达。根据我国《仲裁法》的规定，仲裁协议必须以书面形式订立，在长期的仲裁实践中则体现为纸质的仲裁协议或合同中的仲裁条款。但随着网络技术的飞速发展，众多的仲裁协议借助互联网和信息技术在网络空间缔结，因而对仲裁协议的书面要求也应作出扩大解释。只要是当事人通过互联网技术以电子邮件或电子数据交换等形式所达成的仲裁合意，都应认定为符合"书面形式"要求。在通过对"书面形式"进行扩大解释认定网络仲裁协议存在的基础上，为明确当事人的仲裁合意，还需进一步对仲裁协议的签署方式予以扩张性认定。关于双方当事人达成电子仲裁协议的情形，各国通行的做法是以电子签名代替传统签名，并赋予电子签名与传统签名同等的法律效力。我国《电子签名法》虽然没有明确规定电子签名适用于网上仲裁协议，但在对网上仲裁协议书面要求作出扩大解释后应当认定其符合《电子签名法》规定的"书面形式"[1]，以明确网上仲裁协议中电

---

[1] 参见《电子签名法》第4条。

子签名的有效性。在自贸港建设深入推进的背景下,电子商务势必会迎来新的发展机遇,网上仲裁协议的签署方式也不仅局限于电子签名,当事人还可能通过"点击"或"勾选""我同意"或"我接受"按钮等操作行为签署仲裁条款。对于此种通过电子格式合同签订的仲裁协议,应在强化网络平台经营者的明示告知义务的基础上,确认仲裁条款的效力以适应电子商务的迅猛发展。

从审理方式来看,对网络仲裁案件可采取复合化的审理模式,既可以采用书面审理,又可以通过网络视频、电话会议等形式进行在线审理;既可以采用同步式审理,又可以采用非同步式交互审理。传统的仲裁审理通常采用以开庭审理为主的审理模式,即要求当事人、仲裁员等仲裁参与人在指定的时间和地点以面对面的方式对案件进行审理,只有在当事人达成协议的情况下才能不开庭审理。而网络仲裁则能够利用互联网及其他信息技术的优势将开庭审理模式搬到线上进行,如《中国广州仲裁委员会网络仲裁规则》和《深圳国际仲裁院网络仲裁规则》均规定在仲裁庭认为必要时,可以通过网络视频庭审、网络交流、电话会议等适当方式审理案件。并且,在线上开庭审理和不开庭审理的地位上,二者均赋予了不开庭审理以原则性地位,只有在仲裁庭认为必要的情况下才采用线上开庭。这样的规定虽然最大限度地提升了仲裁效率,降低了仲裁成本,但在程序的选择权上却有损害当事人意思自治之嫌。与之不同,《武汉仲裁委员会网上仲裁规则》则充分保障了当事人的程序选择权,其在第38条明确赋予了当事人对线上开庭方式的选择权[1],并在线上开庭审理的同步性要求方面既规定了非同步电子交互形式的网上开庭模式,又规定了同步的视频审理模式,在不减损当事人意思自治程度的前提下保障仲裁程序的高效运转。为充分展现自贸港网络仲裁的便捷高效、灵活开放的良好形象,自贸港仲裁机构可参照《武汉仲裁委员会网上仲裁规则》,在审理模式上充分保障当事人的选择权。一方面,由当事人选择是否进行线上开庭;另一方面,在不开庭审理的情况下通过引入非同步式的交互审理模式实现仲裁效率和当事人便利最大化。

从网络仲裁裁决的形式来看,有效的仲裁文书应当由仲裁员进行电子签名并加盖仲裁机构电子印章,并应明确其与书面文书具备同等法律效力。在

---

[1] 参见《武汉仲裁委员会网上仲裁规则》第38条。

电子送达范围上，实践中存在区分制和统一制两种不同的做法。前者以《武汉仲裁委员会网上仲裁规则》为例，将裁决书、调解书、撤案决定书排除在短信、微信、电话等送达方式之外，明确限定结案文书只能通过武汉仲裁委员会在线仲裁平台或者采用电子邮件送达的方式进行送达。而《中国广州仲裁委员会网络仲裁规则》和《深圳国际仲裁院网络仲裁规则》则并未作此区分，对电子送达作出统一规定。武汉仲裁委员会之所以采取这样的区分做法是考虑到结案文书具有较高的权威性，因而需要采取安全性和保密性更高的电子送达方式以确保结案文书的顺利送达。但鉴于电子送达的常态化开展各种电子送达途径均已经建立起完善的送达体系，且受送达人在选择接受电子送达方式的同时对电子送达地址作出的选择和确认应受到尊重和保障，因此对电子送达的范围亦可采取统一制做法。此外，当事人申请纸质结案文书的，仲裁机构也应当制作纸质结案文书并送达当事人。

（三）推进在线调解发展

调解作为极具我国传统文化底蕴的纠纷解决方式，与现代信息技术碰撞催生出的在线调解机制，对完善具有中国特色与时代特色结合的多元解纷机制构建具有"里程碑式"的重要意义。自贸港作为展现我国先进制度体系的重要窗口，更要通过不断完善在线调解机制充分彰显中国特色多元化纠纷解决机制的巨大优越性。

第一，就自贸港在线调解的平台建设而言，传统的具有调解职能的解纷机构（如人民法院、仲裁机构、人民调解委员会等）应引领在线调解平台的搭建。传统解纷机构在构建在线调解平台时具有天然优势：一是传统解纷机构凭借长期积累的调解经验，能够以其规范的调解流程和专业的调解人员为在线调解提供质量保障，让在线调解作为一种新兴事物更容易获得当事人的信任。二是传统解纷机构更能发挥其资源整合作用，通过将更多元的调解资源进行汇总为当事人提供完善的在线调解服务。三是传统解纷机构稳定的资金来源能够为在线调解平台的技术引进和优化升级提供长效发展的动力。如成都市中级人民法院打造的"和合智解"e调解平台涵盖了人民调解、行业调解、商事调解等五大类调解类型和221个调解组织，是人民法院发挥资源统筹作用、打造在线调解平台的典型示范。此外，还要加快构建以互联网技术为依托的专门化第三方在线调解平台。尤其是在电子商务领域，为解决层出不穷的电子商务纠纷，我国许多电商平台（如淘宝、京东等）都提供在线调解服务，但大都附设在电商平台的客户服务之下，在调解的公正性和规范性方面还有很大的提升空间。因此，为提供规范化、系统化的在线调解服务，应当探索建立专门化的第三方在线调解平台，提供更加专业、公正的在线调解服务。

第二，要规范自贸港在线调解的程序规则。一是要明确在线调解适用的范围。尽管在线调解在提升解纷效率和便利化程度方面具有显著优势，但并非所有类型的纠纷都适用在线调解。从纠纷类型来看，相较于合同纠纷、交通事故责任纠纷、医疗损害责任纠纷等专业化程度更高的纠纷类型，涉及人身关系、身份关系的纠纷由于依赖当事人之间的充分沟通和情感传达，不宜适用在线调解。二是在调解员的选任和培训上，要加大对调解员应用互联网技术进行在线调解的培训力度，增强调解员在网络空间的调解技巧，打造专业化的在线调解员队伍。三是在调解过程中，一方面通过引入可视化技术使在线调解的场域和氛围不断向线下调解靠近，弱化在线调解的虚拟性，[1]另一方面通过引入异步调解技术使在线调解突破时间空间限制，让当事人随时随地都能解决纠纷。

第三，为确保在线调解能够切实化解纠纷，自贸港在线调解平台应当通过构建与司法机关的合作机制实现与司法确认程序的有效对接。对于附设在法院内部的在线调解平台，应当同时设置申请在线司法确认的入口，当事人达成调解协议的，可直接通过在线调解平台申请司法确认。法院在收到当事人申请司法确认的材料后，应当即时立案并在线生成裁定书。对于其他在线调解平台而言，应当加快建立与法院的衔接系统，通过在平台页面上设置司法服务功能，自动跳转到法院的在线服务平台，为当事人申请司法确认或另行起诉提供快捷通道。

二、自贸港多元解纷平台的有效搭建

在实现各种纠纷解决机制改革优化的基础上，自贸港还需通过将多元化解纷机制改革成果和现代信息技术有机融合，搭建多元解纷平台，对内集聚各类纠纷解决资源，实现各种解纷资源的互联互通，对外为当事人切实享受

---

[1] 廖永安、张培："论我国在线调解的路径优化——以技术—组织互构理论为分析视角"，载《烟台大学学报（哲学社会科学版）》2021年第3期，第10~19页。

多元化纠纷解决机制改革成果提供窗口和平台。

(一) 构建矛盾纠纷预防预警平台

2021年2月，中央全面深化改革委员会第十八次会议审议通过《关于加强诉源治理推动矛盾纠纷源头化解的意见》强调要加强矛盾纠纷源头预防、前端化解、关口把控，完善预防性法律制度，从源头上减少诉讼增量。矛盾纠纷预防预警作为预防性法律制度的重要方面，是新时代"枫桥经验"的深化与发展，是推动更多法治力量向引导和疏导端用力的重要抓手。自贸港作为信息技术高度集聚的改革前沿，更要以科技创新、智慧建设为引领，运用大数据、云计算、区块链等新兴技术，构建多层次、立体化的矛盾预警系统，推动矛盾纠纷的预测、预警、预防由线下向线上线下相结合的融合转变。

在信息爆炸的大数据时代，自贸港要实现矛盾纠纷预警平台的精准运行必须以构建优质且充足的矛盾纠纷数据库为前提条件。因此，该平台搭建的首要任务是打通信息壁垒，汇集解纷数据，建立矛盾纠纷数据库。横向上，为进一步打通区域、部门的分割，在该平台建设时，要拓宽与公安机关、司法机关等机构的信息互通渠道，以信息的共建共享提升纠纷预防预警机制运作效能。纵向上，要主动加强与基层网格、专属网格的网格员沟通联系，整合各级矛盾纠纷化解中心矛盾纠纷录入端口和网格员矛盾纠纷排查移动端入口，构建横向到边、纵向到底的全覆盖矛盾纠纷数据库，实现矛盾纠纷的源头量化管理。此外，自贸港在建设预警平台时，还应以大数据分析技术为依托，通过对纠纷数据库的实时分析，反映矛盾纠纷发展演变的最新态势，释放矛盾纠纷预警信号。在发布渠道上，自贸港一方面要利用现有解纷机构建立的各类门户网站、在线办事机构、移动应用等平台及时进行信息发布，使相关主体能及时完成对矛盾纠纷的评估和决策。另一方面，还要赋予各个部门进入矛盾纠纷预警平台的权限和入口，为自贸港相关解纷主体或部门及时获取最新矛盾纠纷分析结果继而进行决策和判断提供支持。

(二) 完善线上纠纷一体化处理平台

在"互联网+"时代，凭借网络和信息技术飞速发展的东风，各类纠纷解决机制通过与互联网技术的深度融合，催生出了在线诉讼、在线调解、在线仲裁等全新的纠纷解决模式。尽管大多数纠纷解决机构在技术层面完成了信息化改造，但在数据交换和资源共享方面仍然存在自产自用、各自为政的现象，跨界融合、资源共享、数据互通的一体化纠纷解决理念和技术支撑仍有所欠缺。自贸港要构建线上线下多元融合的纠纷化解平台，需要整合各类解纷方式在数据、信息和资源方面的共享机制，发挥多元解纷主体的联动效能，充分释放互联网时代自贸港多元纠纷化解的改革红利。

信息数据交换的活跃程度以及纠纷解决资源的聚合程度是制约和决定一体化纠纷解决平台拓展运用的关键因素。因此，要在自贸港构建高效运转的一体化纠纷解决平台首先就必须打通各种纠纷解决平台间的信息壁垒，构建一个数据互通、资源共享的矛盾纠纷数据库。各解纷主体在分界面一体化处理的在线平台上上传纠纷类型、解纷经过、解纷结果等，实现解纷过程全面数据化，确保案件全程留痕，在线可查，使各解纷机构在纠纷化解过程中产生的数据实现"一次形成，综合利用"。如最高人民法院会同公安部、司法部、中国银保监会建立的道交纠纷"网上数据一体化处理"平台，自2018年1月运行以来至2021年底，已有3006家基层人民法院应用该平台，极大地提升了道交纠纷的处理效能。此外，在资源有效聚合和数据充分流动的基础上，自贸港可以通过设计科学的纠纷解决路径有效整合各类纠纷解决资源，达成全流程、全方位的一体化。理想的一体化模型应包含在线咨询、在线评估、在线调解、仲裁服务、诉讼服务五大功能。[1]为此，在构建途径上：一是要充分利用一体化平台的大数据和信息化优势，通过嵌入问答引擎和法律知识图谱等前沿技术，提供纠纷的在线咨询服务，同时借助大数据分析功能对解纷成本及效果信息进行在线评估。二是要充分发挥自贸港法院在多元化纠纷解决机制中的推动、引领和保障作用，整合线上线下的解纷资源。在多元化纠纷解决机制的构建中，法院一直发挥着整合解纷资源、拓宽解纷渠道的重要作用，搭建纠纷解决的一体化处理平台也要充分利用法院的统筹整合功能，将法院在进行多元化纠纷解决机制改革过程中聚合的解纷资源整合到一体化平台上。三是要不断拓展自贸港线上纠纷解决主体，以线上平台为纽带和载体，促进一体化平台与其他行业、组织建立的纠纷解决平台实现有效对接，为当事人提供资源集聚、分层递进且专业清晰的纠纷解决集成平台。

(三) 加快建设公共法律服务网络平台

与各类纠纷解决体系相同，公共法律服务体系也致力于通过优化自身的

---

〔1〕朱泓洁、王馨悦："融合为一：以一体化推进在线纠纷解决平台的重塑"，载《上海法学研究集刊（2021年第15卷 总第63卷）——上海市域社会治理现代化文集》，2021年，第178~186页。

制度构架和运行机制来破解社会矛盾纠纷化解难题,构成多元化纠纷解决机制的重要组成部分。公共法律服务平台建设作为推进公共法律服务体系建设的基础性工作,是集成各类法律服务项目、提供多种法律服务产品、直接面向群众的重要窗口。为推进公共法律服务平台建设,司法部于 2017 年 9 月和 2018 年 9 月先后出台《司法部关于推进公共法律服务平台建设的意见》《司法部关于深入推进公共法律服务平台建设的指导意见》,提出要构建实体、热线、网络三大公共法律服务平台,并要在此基础上以网络平台为统领,以信息技术为支撑,将实体平台的深度服务、热线平台的方便快捷和网络平台的全时空性有效整合,加快建成具有中国特色、适应时代要求、满足群众需求的公共法律服务平台。2019 年 7 月,中共中央办公厅、国务院办公厅印发了《关于加快推进公共法律服务体系建设的意见》,再次强调要推进公共法律服务平台建设,推进"互联网+公共法律服务"建设。这意味着在数字治理时代,公共法律服务建设也被嵌入了实现信息化、数字化发展的时代使命,公共法律服务网络平台建设进入全面提速阶段。

从公共法律服务的建设需求来看,公共法律服务网络平台的总体架构为"一张网络,两级平台"。横向上,要利用互联网技术打破地域界限,构建覆盖全地域、全业务的统一平台,改变公共法律服务资源分布不平衡的现象,推动公共法律服务均等化。具言之,通过互联网门户网站,形成以部级公共法律服务网为中枢,以各省(市、区)级公共法律服务网为支撑的公共法律服务网站集群,为社会公众通过计算机、智能手机、平板电脑等多种终端提供法律服务。借助短信、微信等平台用户覆盖面广泛的优势,推进公共法律服务网络平台向基层延伸,为广大群众提供法律咨询、法治宣传、法律服务机构查询和导航等在线服务,不断拓展公共法律服务的广度和深度。纵向上,在打造各级公共法律服务平台的同时要畅通数据交换渠道,实现数据互联互通。一方面,各级网络平台要积极主动地构建数据对接机制、业务联动机制,打造一体化的公共法律服务网络平台;另一方面,中国法律服务网要对各项数据进行汇总分析,并全面对接国家政务服务平台,统筹利用政务服务资源办理公共法律服务业务,为当事人提供优质的公共法律服务。

为顺应互联网时代公共法律服务网络平台的构建需要,各地纷纷加快了公共法律服务网络平台建设。如海南自贸港构建起了由"12348 海南法网"网站、APP、微信公众号、椰岛小司智能解答机器人、自助服务终端机等组成的公共法律服务网络平台，运用信息技术切实增强海南自贸港公共法律服务的效能。在自贸港建设背景下，要进一步加强公共法律服务建设，为广大基层群众提供更加优质的服务，必须充分发挥互联网时代的技术优势，加大网络平台的建设力度，让多元化纠纷解决机制的改革红利惠及更广泛的人民群众。

三、自贸港多元解纷服务的智能化发展

科技时代与信息时代的交锋促进了人工智能的迅速发展，为抢抓人工智能发展的重大机遇，各个领域都在积极推进对人工智能的研究与应用。在纠纷解决领域，人工智能技术的影响和作用也日益增强，以至于在诉讼领域和非诉讼领域对人工智能技术的重视和应用都达到了前所未有的水平。2017年7月，国务院印发的《新一代人工智能发展规划》明确指出了人工智能在司法服务等领域的广泛应用，将极大地提高公共服务精准化水平，全面提升人民生活品质。[1]2022年2月最高人民法院发布《人民法院一站式多元纠纷解决和诉讼服务体系建设（2019-2021）》明确提出，要把握好数字化、网络化、智能化发展机遇，建立健全智慧服务平台辅助审判提速、辅助管理服务、辅助科学决策机制，强化平台融合和业务协同，推动司法工作实现质量变革、效率变革、动力变革，促进审判体系和审判能力现代化，创造更高水平的数字正义。由此可见，人工智能技术与传统纠纷解决机制的有机融合不仅是信息化时代的大势所趋，也是推动多元化纠纷解决机制完善和创新必不可少的重要利器。

人工智能技术之于纠纷解决活动的效率价值和工具价值，首先体现在利用人工智能技术对大数据的详细分析功能，以实现对纠纷解决方式的适当选择及案件结果的精准预测。对于当事人而言，人工智能语境下的在线纠纷解决平台能够运用其信息技术为当事人选择高效便捷、成本低廉的纠纷解决方式提供指引与帮助。具言之，智能化的在线纠纷解决平台能根据当事人填写的纠纷类型、争议标的额等信息，借助大数据分析功能，自动识别推送解纷成本、效果信息以及类案裁判文书，为当事人匹配高效便捷、成本低廉的纠纷解决方式。对于解纷工作人员而言，通过利用人工智能技术智能预测审判结果可以有效减轻法官、仲裁员或调解员的工作负担。利用人工智能对大量

---

[1] 参见《国务院关于印发新一代人工智能发展规划的通知》（国发〔2017〕35号）。

的裁判文书、案例信息进行提取和深度学习的能力,对已进行司法裁判或仲裁调解的案件进行统计、归纳、分类,建立案件裁判模型。继而在运用过程中,法官、仲裁员或调解员可以选择关键词或录入案件主要信息,智慧系统则自动展示同类案件的裁判情况,预测案件的实体裁判结果,并推送更为精准的相似案例供参考。如北京法院的"睿法官"系统、上海市二中院推出的C2J(Court to Judge)法官智能辅助办案系统、海南法院的"智慧审判一键通"系统等均立足于法官办案的核心需求,运用大数据、云计算、人工智能等新兴技术,通过智能机器学习、多维度数据支持、全流程数据服务,实现为案情"画像",为法官判案提供统一、全面的审理支持。

以往,人工智能在司法智能化中的作用主要体现在庭审中的语音识别、文字录入、视频庭审、庭审前后的文书送达等基础性的程序事项上,这是最初的弱人工智能,其工作只是简单地将法律、规则转化为计算机语言。随着大数据、云计算、人工智能等新兴技术的爆炸式发展,通过互联网、软件应用等平台的搭建,以深度学习和大数据支撑的自主系统为主题,为纠纷解决过程提供实质性分析意见的强人工智能技术在各类解纷方式中的应用达到了前所未有的广度和深度。在智慧法院建设过程中,人工智能技术的运用贯穿了整个诉讼过程,包括立案、分案、庭审、裁判等各个阶段。在立案、分案阶段通过人工智能技术不断完善智审系统的识别、分类、标记等功能,在提升案件流转效能的同时实现案件分流的科学性、规范性和均衡性。在庭审阶段,发挥人工智能在数据采集、证据核查、法律检索、整理分析、综合归纳方面的优势,帮助法官依法、全面、规范收集和审查证据,统一裁判尺度。在裁判阶段,尽管人工智能完全替代司法推理是不可行的,但基于司法推理相对稳定的对象(案件)、相对明确的前提(法律规则、法律事实)及严格的程序规则,且必须得出确定的判决结论[1],可以借助智能辅助技术对法官的裁判思路和判断模式进行提炼,促进裁判的标准化发展。在在线纠纷解决机制中,人工智能技术也被广泛应用于网络仲裁、在线调解等纠纷解决方式。如在网络仲裁中,利用智能化技术主动采集包括双方当事人信息、合同主要条款信息、履行情况信息在内的各种信息,智能生成仲裁申请书、证据材料

---

[1] 龙飞:"人工智能在纠纷解决领域的应用与发展",载《法律科学(西北政法大学学报)》2019年第1期,第49~60页。

清单等文件，协助当事人进行仲裁活动，减少需要人工参与的环节。通过将智能化的网络仲裁模式与仲裁员的办案经验相结合批量处理标的额较小且高度类型化的案件，大幅提升仲裁效率。对于在线调解而言，鉴于调解的灵活性、人文性特征更强，在人工智能技术的应用上具有一定的局限性，主要用于搭建在线调解平台、智能推荐和联系调解员、分流线上线下案件、文书识别、语音转化等一些常见且相对简单的辅助性工作。

在各地如火如荼开展纠纷解决机制智能化创新的背景下，自贸港作为最前沿的开放阵地势必也应以最开放的态度拥抱人工智能等新兴技术，以人工智能技术为抓手建设智能化的多元解纷机制。一方面，自贸港法院应进一步将人工智能、大数据、信息网络技术等应用到智慧法院建设之中，建立以"类案裁判结果评估"为主、"基于裁判规则计算"为辅的智能辅助办案系统，为法官提供文书生成、论据溯源、裁判辅助、类案推送等智能化办案辅助服务，提高法官的办案效率。另一方面，加快推进"互联网+多元化纠纷解决"进程，积极运用数字技术和互联网思维深化多元化纠纷解决机制改革，促进大数据、人工智能等在在线仲裁、在线调解等在线纠纷解决机制中的深度应用，努力推动多元化纠纷解决机制改革的提档升级。

主要参考文献

一、中文类

(一) 著作类

1. 龙飞:《多元化纠纷解决机制促进法研究》,中国人民大学出版社 2020 年版。
2. 胡仕安、龙飞:《多元化纠纷解决机制的改革精要》,中国法制出版社 2019 年版。
3. 侯怀霞、张慧平:《纠纷解决及其多元化法律问题研究》,法律出版社 2015 年版。
4. 范愉、李浩:《纠纷解决——理论、制度和技能》,清华大学出版社 2010 年版。
5. 侯怀霞、张慧平:《纠纷解决及其多元化法律问题研究》,法律出版社 2015 年版。
6. 黄茂兴:《中国自由贸易港探索与启航——全面开放新格局下的新坐标》,经济科学出版社 2017 年版。
7. 黄先海、陈航宇:《中国特色自由贸易港发展战略研究》,浙江大学出版社 2019 年版。
8. 张丽娜、王崇敏主编:《海南自由贸易港法制建设研究》,法律出版社 2021 年版。
9. 陆剑宝:《全球典型自由贸易港建设经验研究》,中山大学出版社 2018 年版。
10. 陆剑宝:《中国自由贸易试验区制度创新体系理论与实践》,中山大学出版社 2018 年版。
11. 刘恩专:《世界自由贸易港区发展经验与政策体系》,上海人民出版社 2018 年版。
12. 许凯:《中国(上海)自由贸易试验区司法保障问题研究》,北京大学出版社 2020 年版。
13. 范愉等:《多元化纠纷解决机制与和谐社会的构建》,经济科学出版社 2011 年版。
14. 廖永安、胡仕安:《新时代多元化纠纷解决机制:理论检视与中国实践》,中国人民大学出版社 2019 年版。
15. 乔欣:《和谐文化理念视角下的中国仲裁制度研究》,厦门大学出版社 2011 年版。
16. 廖永安等:《中国调解的理念创新与机制重塑》,中国人民大学出版社 2019 年版。
17. 廖永安、覃斌武主编:《调解经典案例评析》,中国人民大学出版社 2020 年版。
18. 林轲亮:《早期中立评估制度研究——多元化纠纷解决机制的另一维度》,法律出版

2017 年版。

19. 高菲、徐建国：《中国临时仲裁实务指南》，法律出版社 2017 年版。
20. 王国征：《调解协议的司法确认程序研究》，中国人民大学出版社 2019 年版。
21. 谢进：《中国自贸试验区：多元化纠纷解决机制研究》，鹭江出版社 2019 年版。
22. 齐树洁主编：《外国 ADR 制度新发展》（第 2 版），厦门大学出版社 2017 年版。
23. 齐树洁主编：《外国调解制度》，厦门大学出版社 2018 年版。
24. 林轲亮：《早期中立评估制度研究——多元化纠纷解决机制的另一维度》，法律出版社 2017 年版。
25. 张斌主编：《浦东法院服务保障上海自贸试验区的探索与实践》，法律出版社 2016 年版。
26. 许凯主编：《中国（上海）自由贸易试验区司法保障问题研究》，北京大学出版社 2020 年版。

（二）论文类

1. 龙飞："多元化纠纷解决机制立法的定位与路径思考——以四个地方条例的比较为视角"，载《华东政法大学学报》2018 年第 3 期。
2. 龙飞："论多元化纠纷解决机制的衔接问题"，载《中国应用法学》2019 年第 6 期。
3. 龙飞："论国家治理视角下我国多元化纠纷解决机制建设"，载《法律适用》2015 年第 7 期。
4. 龙飞："替代性纠纷解决机制立法的域外比较与借鉴"，载《中国政法大学学报》2019 年第 1 期。
5. 范愉："自贸区建设与纠纷解决机制的创新"，载《法治研究》2017 年第 1 期。
6. 范愉："当代世界多元化纠纷解决机制的发展与启示"，载《中国应用法学》2017 年第 3 期。
7. 朱福林："'十四五'期间中国特色自由贸易港建设思路与路径"，载《国际贸易》2020 年第 4 期。
8. 曹晓路、王崇敏："中国特色自由贸易港司法保障研究"，载《法律适用》2020 年第 13 期。
9. 曹晓路、王崇敏："中国特色自由贸易港立法的基本框架与实现路径——以海南自由贸易港立法为视角"，载《当代法学》2020 年第 4 期。
10. 曹晓路、王崇敏："海南建设自由贸易港的临时仲裁机制创新研究"，载《海南大学学报（人文社会科学版）》2018 年第 3 期。
11. 胡加祥："我国自由贸易港建设立法模式研究"，载《法治研究》2021 年第 3 期。
12. 胡加祥："我国建设自由贸易港若干重大问题研究"，载《太平洋学报》2019 年第 1 期。

13. 刘晓红、徐梓文："《新加坡公约》与我国商事调解制度的对接"，载《法治社会》2020 年第 3 期。

14. 刘敬东、丁广宇："自贸试验区战略司法保障问题研究"，载《法律适用》2017 年第 17 期。

15. 刘贵祥："自贸试验区司法服务与保障"，载《中国应用法学》2018 年第 5 期。

16. 胡仕浩："多元化纠纷解决机制的'中国方案'"，载《中国应用法学》2017 年第 3 期。

17. 胡仕浩、龙飞、马骁："多元化纠纷解决机制的中国趋势"，载《人民司法》2018 年第 1 期。

18. 史本叶、王晓娟："探索建设中国特色自由贸易港——理论解析、经验借鉴与制度体系构建"，载《北京大学学报（哲学社会科学版）》2019 年第 4 期。

19. 李善民、史欣向："高质量高标准建设自由贸易港的现实路径"，载《人民论坛》2020 年第 19 期。

20. 刘云亮："中国特色自由贸易港授权立法研究"，载《政法论丛》2019 年第 3 期。

21. 彭真明、王少祥："论中国特色自由贸易港建设的立法创新"，载《海南大学学报（人文社会科学版）》2020 年第 3 期。

22. 陆燕："海南自由贸易港建设在全球贸易中的作用"，载《人民论坛》2020 年第 19 期。

23. 何力："中国海南自贸港建设的国际贸易法律探讨"，载《国际商务研究》2021 年第 2 期。

24. 范健、徐璟航："论自由贸易港制度的法律属性——兼论'中国海南自由贸易港法'创制的本土化与国际化"，载《南京大学学报（哲学·人文科学·社会科学）》2019 年第 6 期。

25. 韩龙、戚红梅："《海南自由贸易港法（草案）》的三维透视与修改建议"，载《海南大学学报（人文社会科学版）》2021 年第 2 期。

26. 刘亮、邹立刚："海南自由贸易港立法的框架性制度创新探讨"，载《海南大学学报（人文社会科学版）》2020 年第 3 期。

27. 张磊、徐琳："更高标准经贸规则对上海探索建设自由港的启示"，载《国际商务研究》2020 年第 5 期。

28. 胡方："国际典型自由贸易港的建设与发展经验梳理——以香港、新加坡、迪拜为例"，载《人民论坛·学术前沿》2019 年第 22 期。

29. 王立勇："自由贸易港建设与发展的欧洲经验"，载《人民论坛·学术前沿》2019 年第 22 期。

30. 崔凡："全球三大自由贸易港的发展经验及其启示"，载《人民论坛·学术前沿》2019 年第 22 期。

31. 龚柏华："中国自贸试验区到自由贸易港法治理念的转变"，载《政法论丛》2019年第3期。

32. 佟家栋："中国自由贸易试验区的改革深化与自由贸易港的建立"，载《国际商务研究》2018年第1期。

33. 李少平："传承'枫桥经验'创新司法改革"，载《法律适用》2018年第17期。

34. 陈磊："自贸区临时仲裁的制度基础与完善路径——以临时仲裁与机构仲裁关系之优化为视角"，载《南京社会科学》2020年第8期。

35. 陈磊："中国自由贸易区临时仲裁制度的实践与制度构建——以《横琴自由贸易试验区临时仲裁规则》为切入点"，载《对外经贸实务》2019年第8期。

36. 陈磊："中国自贸区临时仲裁制度的合法化进程与规则探索——基于《横琴自由贸易试验区临时仲裁规则》条文内容的考察"，载《中国国际私法与比较法年刊》2019年第2期。

37. 李建忠："临时仲裁的中国尝试：制度困境与现实路径——以中国自贸试验区为视角"，载《法治研究》2020年第2期。

38. 汤霞："临时仲裁制度在我国自贸区适用的困境与纾解"，载《国际经济法学刊》2020年第4期。

39. 张艳、房昕："《新加坡调解公约》下我国商事调解协议的执行力问题研究"，载《法律适用》2021年第5期。

40. 孙南翔："《新加坡调解公约》在中国的批准与实施"，载《法学研究》2021年第2期。

41. 连俊雅："经调解产生的国际商事和解协议的执行困境与突破——兼论〈新加坡调解公约〉与中国法律体系的衔接"，载《国际商务研究》2021年第1期。

42. 包康赟："《新加坡调解公约》的'后发优势'与中国立场"，载《武大国际法评论》2020年第6期。

43. 程华儿："涉外法治发展视域下我国法院对《新加坡调解公约》执行机制革新的因应"，载《法律适用》2020年第24期。

44. 王淑敏、李忠操："海南自由贸易港拟建国际商事法庭应重点聚焦国际化改革"，载《政法论丛》2019年第3期。

45. 薛源、程雁群："以国际商事法庭为核心的我国'一站式'国际商事纠纷解决机制建设"，载《政法论丛》2020年第1期。

46. 王琦："海南全面深化改革进程中的国际商事纠纷调解机制研究"，载《海南大学学报》（人文社会科学版）2019年第3期。

47. 漆彤、张生、黄丽萍："调解在国际争端解决中的发展与应用"，载《武大国际法评论》2020年第2期。

48. 王徽："《国际商事仲裁示范法》的创设、影响及启示"，载《武大国际法评论》2019

年第 3 期。

49. 张卫平："现行仲裁执行司法监督制度结构的反思与调整——兼论仲裁裁决不予执行制度"，载《现代法学》2020 年第 1 期。

50. 孔庆峰："我国自贸区建设如何对标国际先进经验"，载《人民论坛·学术前沿》2020 年第 2 期。

51. 蔡宏波、钟超："中国特色自由贸易港的营商环境与法治建设"，载《暨南学报（哲学社会科学版）》2021 年第 6 期。

52. 李少平："传承'枫桥经验'创新司法改革"，载《法律适用》2018 年第 17 期。

53. 谭启平："论我国仲裁机构的法律地位及其改革之路"，载《东方法学》2021 年第 5 期。

54. 黄进："完善法学学科体系，创新涉外法治人才培养机制"，载《国际法研究》2020 年第 3 期。

55. 杜以星："自贸区司法服务保障创新供给及不足之填补"，载《法律适用》2019 年第 17 期。

56. 张龑、程财："从粗放到精细：繁简分流系统化模式之构建"，载《法律适用》2020 年第 9 期。

57. 肖新征："审判权厘定后审判业务机构改革的新进路"，载《人民司法》2020 年第 13 期。

58. 吴永辉："论国际商事法庭的管辖权——兼评中国国际商事法庭的管辖权配置"，载《法商研究》2019 年第 1 期。

59. 李鑫、王世坤："'一站式'诉讼服务体系的构建逻辑及其实践展开"，载《学术论坛》2020 年第 6 期。

60. 刘松山："论社会主义核心价值观融入法律政策体系"，载《地方立法研究》2021 年第 5 期。

61. 王亚新："诉前调解的建构：目的、悖论、因应之策"，载《人民司法（应用）》2018 年第 31 期。

62. 肖建国、丁金钰："论我国在线'斯图加特模式'的建构——以互联网法院异步审理模式为对象的研究"，载《法律适用》2020 年第 15 期。

二、外文类

（一）著作类

1. J. GMerrills, *International Dispute Settlement*, U.K, Cambridge University Press, 2017.
2. Alec Stone Sweet, Florian Grisel, *The Evolution of International Arbitration：Judicialization,*

Governance, *Legitimacy*, Oxford, Oxford University Press, 2017.

3. S. I. Strong, *Class, Mass, and Collective Arbitration in National and International Law*, Oxford, Oxford, University Press, 2017.

4. DuncanW. Galholt, Markus Rotterdam, *The Law of ADR in Canada*, LexisNexis Canada, 2018.

5. Elza Reymond-Eniaeva, *Towards a Uniform Approach to Confidentiality Of International Commercial Arbitration*, European Yearbook of International Economic Law, Volume 7, 2019.

6. Dilyara Nigmatullina, *Combining Mediation and Arbitration in International Commercial Dispute Resolution*, Routledge Research in International Commercial Law, 2018.

7. Deardorff, *Terms of Trade: Glossary of International Economics*, Singapore: World Scientific Publishers, 2014.

(二) 论文类

1. Koo AKC, "The Role of the English Courts in Alternative Dispute Resolution", *Legal Studies* Vol. 38, 2018.

2. Pryor Will, "Alternative Dispute Resolution", *SMU Annual Texas Survey*, Vol. 1, 2014.

3. Blavi Francisco, Vial Gonzalo, "Class Action in International Commercial Arbitration", *Fordham International Law Journal*, Vol. 39, Issue 4, 2016.

4. Catherine A. Rogers, "Transparency in International Commercial Arbitration", *University of Kansas Law Review*, Vol. 54, Issue 5, 2006.

5. Ridhima Sharma, "Third Party Funding in International Commercial Arbitration", *NUALS Law Journal*, Vol. 12, 2018.

6. M. Selivon, "Cooperation between Judiciary and International Commercial Arbitration", *Law of Ukraine: Legal Journal*, Vol. 2011, Issue 2, 2011.

7. Joseph Angelo D. Angel, "Mediation: A Favorable Resolution to Family Dispute Settlement", *Ateneo Law Journal*, Vol. 51, Issue 3, 2006.

8. LisaBlomgren Bingham, "Dispute System Design and Justice in Employment Dispute Resolution: Mediation at the Workplace", *Harvard Negotiation Law Review*, Vol. 14, Issue 1, 2009.

9. Kathy Douglas, Clare Coburn, "Attitude and Response to Emotion in Dispute Resolution: The Experience of Mediators", *Flinders Law Journal*, Vol. 16, Issue 1, 2014.

10. Irakli Kandashvili, "Mediation and Online Dispute Resolution (ODR) as an Innovative Form of Dispute Resolution", *Journal of Law (TSU)*, Vol. 2018, Issue 1, 2018.

11. Susan Nauss Exon, Lee Soomi, "Building Trust Online: The Realities of Telepresence for Mediators Engaged in Online Dispute Resolution", *Stetson Law Review*, Vol. 49, Issue 1, 2019.

12. Timothy Schnabel, "The Singapore Convention on Mediation: A Framework for the Cross-Border Recognition and Enforcement of Mediated Settlements", *Pepperdine Dispute Resolution Law*

Journal, Vol. 19, Issue 1, 2019.

13. Khory McCormick, "Through the Looking Glass: An Insider´s Perspective into the Making of the Singapore Convention on Mediation", *Singapore Academy of Law Journal*, Vol. 31, Special Issue, 2019.

14. Christy Nameirakpam, "Analysis and Scope of Singapore Mediation Convention", *Supremo Amicus*, Vol. 26, 2021.

15. Allan J. Stitt, "The Singapore Convention: When Has a Mediation Taken Place", *Cardozo Journal of Conflict Resolution*, Vol. 20, Issue 4, 2019.

16. Godwin Andrew, Ramsay Ian, Webster Miranda, "International Commercial Courts: The Singapore Experience", *Melbourne Journal of International Law*, Vol. 18, Issue 2, 2017.

17. Mahmood Monshipouri, "Trade Ventures and Free Zones: Dubi´s Jebel Ali Free Zone Authority", *International Studies Journal*, Vol. 3, Special Issue, 2007.

18. Sunil Thacker, "Competition Law", *Court Uncourt*, Vol. 1, Issue 1, 2014.

19. Le Gal Jean-Francois, Raynaud Iris, "The Success of the DIFC Courts: When Common Law Makes Its Way into a Civil Law Region", *International Business Law Journal*, Vol. 2017, Issue 4, 2017.

20. Cai Wei, Godwin Andrew, "Challenges and Opportunities for the China International Commercial Court", *International and Comparative Law Quarterly*, Vol. 68, Issue 4, 2019.

21. Tao-li, Geoffrey Ma, "Hong Kong and Its Role in International Arbitration", *Asian Dispute Review*, Vol. 23, Issue 1, 2021.

22. Gary B. Born, Lee Sabrina, "The Emergency Arbitrator Procedures under the New HKIAC Rules", *Asian Dispute Review*, Vol. 15, Issue 4, 2013.

23. Tarjuelo Javier, "Fast Track Procedures: A New Trend in Institutional Arbitration", *Dispute Resolution International*, Vol. 11, Issue 2, 2017.

24. Santiago Jay, "Challenges against Arbitrators: The HKIAC Way", *Asian Dispute Review*, Vol. 19, Issue 2, 2017.

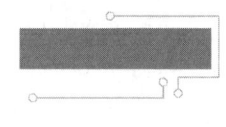

后 记

　　自由贸易港战略是习近平总书记亲自谋划、亲自部署、亲自推动的改革开放重大举措。本书旨在以矛盾纠纷的多元化解机制构建为视角,分析在自由贸易港创新型、开放性建设中,推动诉讼、仲裁、调解等多重纠纷化解机制的自身发展和相互间有机联动,支持各机制在遵循国际法和国内法规则的前提下优化纠纷解决规则和衔接保障机制体系,建立自贸港多层次、全覆盖、高效率的纠纷解决机制。在国际社会日益显现出重视替代性纠纷解决方式的背景下,在自贸港先行试验既有中国特色,又对标国际先进做法的多元、高效、自治的纠纷化解模式,有助于提升我国涉外商事纠纷解决的主导权和话语权,打造自贸港国际商事纠纷化解新高地,并助益于为全球治理贡献中国智慧和中国方案。探索在自贸港构建并完善多元化纠纷解决机制是自贸港法治建设的重要组成部分,也是完善中国特色社会主义法治理论体系建设,推进国家治理体系和治理能力现代化的坚实理论支撑,可以为形成自由、开放且包容的自贸港解纷模式新格局奠定一定的理论基础。

　　具体而言,本书研究的主要建树体现在以下三个方面:

　　第一,夯实自由贸易港多元化纠纷解决机制建构的基础理论:一方面,挖掘自贸港的建设背景、厘清其概念内容和核心特征,梳理其发展演变过程,以一窥自贸港之理论全貌;另一方面,从历史和现实两个维度对多元化纠纷解决机制的源流发展与时代价值进行充分阐释,并进一步明晰多元化纠纷解决机制是展现中国智慧和实现社会善治的有益路径和重要举措。并在此基础上提出在自贸港构建多元化纠纷解决机制是全面深化改革的有益探索、全面依法治国的必要尝试、法治化营商环境打造的必然要求以及建设更高水平开放型经济新体制的有机组成部分的综合性结论。

　　第二,系统性梳理自由贸易港诉讼制度、仲裁制度以及调解制度的发展向度：诉讼、仲裁和调解作为纠纷化解模式的"三驾马车"，在自贸港多元化解纠纷机制构建中居于重要地位。本书着眼于自贸港改革开放排头兵和创新发展先行者的革新地位，全面、系统性地梳理自贸港构建多元化纠纷解决机制中，诉讼、仲裁和调解制度改革的理论立足点、具体着力点和重要发力点，试图为自贸港各解纷机制的发展提出切实可行、行之有效的具体路径。

第三，创新地从法治保障、衔接保障和技术保障三个维度，对自贸港多元纠纷化解机制的保障体系建设进行全面探析：虽然在具体解纷机制的发展方向中既涉及对制度自身发展和改革的观点输出，亦包含关于保障解纷机制间的顺畅衔接进行的相应变革，但多元解纷机制的有效构建，衔接保障机制应是重点之一。故而，本书最后聚焦自贸港多元解纷机制的保障体系建设：其一，以法治实施的四个关键环节切入为其建构有力的法治保障；其二，从诉讼与非诉讼机制间、非诉讼机制相互之间以及"一站式"纠纷化解平台构建等方面畅达其衔接保障；其三，从线上解纷方式的推广运用、解纷平台的有效搭建和解纷服务的智能化发展等领域完善其技术保障。